法治传媒光辉历程

张　亚　著

群众出版社
·北　京·

图书在版编目（CIP）数据

法治传媒光辉历程 / 张亚著 . -- 北京 : 群众出版社，2020.3
ISBN 978-7-5014-5851-6

Ⅰ. ①法… Ⅱ. ①张… Ⅲ. ①传播媒介 - 法律 - 研究 - 中国
Ⅳ. ①D922.84

中国版本图书馆 CIP 数据核字（2020）第 032000 号

法治传媒光辉历程
张亚 著

出版发行：群众出版社
地　　址：北京市丰台区方庄芳星园三区 15 号楼
邮政编码：100078
印　　刷：北京市泰锐印刷有限责任公司

版　　次：2020 年 3 月第 1 版
印　　次：2020 年 3 月第 1 次
印　　张：19
开　　本：787 毫米 ×1092 毫米　1/16
字　　数：268 千字

书　　号：ISBN 978-7-5014-5851-6
定　　价：68.00 元

网　　址：www.qzcbs.com
电子邮箱：qzcbs@163.com

营销中心电话：010-83903254
读者服务部电话（门市）：010-83903257
警官读者俱乐部电话（网购、邮购）：010-83903253
综合分社电话：010-83901870

光荣属于你（代序）

2020年，在中国发展的编年史上注定是个特殊的年份。这一年全面建成小康社会第一个百年目标胜利实现，这一年也是脱贫攻坚决胜之年，这一年注定有若干大事发生，也有若干特别的日子来临。其中，在8月1日，中国最权威的法治媒体《法制日报》将迎来创刊四十周年。这也意味着中国法治传媒伴随着中国特色社会主义法治事业发展，走过了光荣、辉煌的历程。

1980年8月1日，一份崭新的报纸出现在世人面前，报名非常响亮，令人耳目一新——《中国法制报》(按：后更名为《法制日报》)。对于刚刚走出十年“文革”的中国来说，《中国法制报》的出刊，意味着什么？

1978年12月，党的十一届三中全会冲破长期“左”的错误的严重束缚，作出实行改革开放的历史性决策；同时强调：为了保障人民民主，必须加强社会主义法制，必须使民主制度化、法律化。从此开启了中国社会主义法制建设新时期。

1979年7月1日，第五届全国人大第二次会议审议通过了《刑法》《刑事诉讼法》等七部法律，标志着中国法制恢复重建工作高速展开，这是中国特色社会主义法治建设全新的开端。

同年10月24日，彭真同志（按：时任五届全国人大常委会副委员长兼中央政法领导小组组长）提出“政法战线要办一张报纸”，为了大力加强社会主义民主与法制建设，要办一份向法制国家迈进的报纸。《中国法制报》首任社长兼总编辑庄重清晰地记得，彭真曾对他说，他与时任中宣部部长胡耀邦谈好：“这份报纸由中央政法委和中宣部共同领导，宪法和法律的宣传由我负责，大政方针的宣传和政策策略的宣传等由中宣部负责……”

就这样，承载着为中国法制建设服务的神圣使命，《中国法制报》扬帆启航了。之后的十多年中，《人民公安报》、《中国检察报》（按：后更名为《检察日报》）和《人民法院报》先后创刊，各地法制类报刊纷纷涌现；从中央电视台到各地方电视台和广播电台，法制栏目发展日盛，加之《民主与法制》（按：1979年创刊，是创刊最早的全国性法制类杂志）、《法律与生活》等杂志也办得风生水起，一时间法治传媒盛行成为一种突出的传媒现象。

《中国法制报》的产生以及此后在一段时间内出现的法治传媒现象，为新时期中国特色社会主义事业所独有，是中国特色社会主义法治建设进程中的伴生物，她既为法治建设所催生，又为推动法治建设而发力——承载着光荣与梦想，四十年披荆斩棘，四十年激扬文字，四十年负重前行，四十年硕果累累……

如同播种机，在广袤的华夏大地上播撒法治精神的种子，让法治的青苗遍及天下，染绿神州……

如同辛勤的歌者，将法治的晨曲唱遍四方，一曲引来千曲和，一歌唱罢万歌起……

如同忠诚的史官，忠实记录中国法治进程中重大事件的发生发展、来龙去脉、前因后果，将中国法治故事书写、讲述……

如同不倦的啄木鸟，看护着生长中的法治园林，监督着破坏法治的种种蛀虫，用无数犀利的报道将破坏法治的恶行揭露……

如同无私的守望者，为中国法治天下守望，远眺四海风云，近观九州气象，报告雷霆风雨、云开雾散，书写百姓悲欢、心底诉求……

四十年过去了，中国特色社会主义法治航船已行过万里航程。此时，应该为中国法治传媒书写一部传记，告诉人们她是如何伴随中国法治航船行过万水千山，她又将怎样在推进全面依法治国的新征程上扬帆远航。

为法治建设服务，宣传法治，是中国法治传媒的初心和使命。中国共产党人在开拓法治道路的过程中曾历经曲折、坎坷，进入新时期建设法治国家相当于在没有路的地方开路，于普及法律知识、培养法治意识方面，具有极大的必要性和紧迫性。因此，从中国法治传媒诞生的第一天起，宣传法治精神、普及法律知识就始终是她神圣的使命和职责。法治传媒人为此孜孜不倦，为此绞尽脑汁，为此不断创新，为此成果丰硕。

为法治建设服务，忠实记录中国法治建设进程是中国法治传媒的重要职责。无论是重要法律出台，还是重大法治事件发生；无论是重大法治举措部署，还是重大改革推进，中国法治传媒都及时报道、深入解读、生动描述、翔实记录。当中国特色社会主义法治建设走过四十余年历程时，中国法治传媒的忠实记录成为最宝贵的新闻档案，也成为中国法治传媒人最引以为骄傲的资本。

为法治建设服务，忠诚守护法治田园，认真履行法治传媒人的监督职责，及时揭露破坏法治的种种恶行，为法治建设鼓与呼，是中国法治传媒人的光荣职责。为此，他们坚持法治信念，不惧挫折牺牲，冲破种种险阻，推出篇篇檄文。在有力的监督之下，一系列破坏法治的罪行被揭露出来，一批批作恶者被绳之以法……对于法治传媒人的贡献，法治事业记得，广大读者记得，沧桑岁月记得。

为法治建设服务，努力提高法治传媒的引导力、影响力、公信力和传播力，是中国法治传媒人孜孜不倦、持续努力的方向。当初艰苦创业、励精图治，由小到大，由弱到强，他们经历过种种磨砺；后来面对新闻业普遍扩张发展的竞争压力，他们经历过再创业的拼搏；如今面对互联网+新媒体的强烈冲击，中国法治传媒业积极顺应现代媒体业发展潮流，克服困难，突破障碍，努力在媒体融合发展中不断实现新的超越、新的发展。

四十年沧海桑田，四十年天翻地覆，四十年栉风沐雨，四十年阔步前行。当中国特色社会主义法治航船行过四十多年漫漫征程，在取得巨大成就之后，又扬帆远航，驶向推进全面依法治国的彼岸。此时此刻，中国法治传媒背负新的使命，重整旗鼓再出发。未来，中国法治传媒将面临新的跨越——

中国特色社会主义事业是中国共产党人将马克思主义与中国当代实际相结合的又一次伟大实践，开拓中国特色社会主义法治道路是其中一个辉煌篇章。前无古人，后有来者，放眼未来，风光无限。面对伟大事业的新挑战，面对未来鸿图的新使命，中国法治传媒还须牢记初心使命，正视差距短板，不惧严峻挑战，不断改革创新，不断超越自我，方能适应推进全面依法治国、全面建设中国特色社会主义法治国家的新要求。

光荣属于伟大的中国特色社会主义法治建设者，光荣属于中国法治传媒人！

是为序。

张　亚

2019 年 12 月 31 日

前　言

自20世纪80年代法治传媒在中国出现，继而迅速兴起、发展并成为一个独特的新闻传播现象，非常值得研究。

法治传媒为什么能在中国出现并且迅速兴起发展？法治传媒在发展过程中经历了怎样的蜕变？法治传媒作为新闻传播的一个门类，具有什么特殊的传播规律？在全面依法治国的历史进程中，法治传媒怎样才能履行好自身的光荣使命？面对现实的法治生态环境，法治传媒受到哪些影响，并且将如何应对？在信息革命带来的新媒体浪潮对传统媒体产生巨大冲击的现实条件下，法治传媒怎样加速自身的变革？在日益复杂的舆论环境下，法治传媒如何在涉法舆论场上努力提高影响力、引导力、公信力和传播力？……这一系列问题都亟待研究和破解。

将法治传媒发展问题作为研究课题，并列入“文化名家暨‘四个一批’人才工程”国家资助项目，始于2014年底。此后，我与课题组经过五年调查、研究，试图深入破解一系列相关问题，本书便是这一课题成果的集中展现。

法治传媒的兴起和发展，是中国独有的新闻传播现象。伴随着中国共产党人开辟中国特色社会主义法治道路的伟大实践，法治传媒与中国特色社会主义法制重建相伴而生，与中国特色社会主义法治发展相伴而长，与中国特色社会主义法治繁荣与共。因此，研究中国法治传媒发展问题，如果离开对中国共产党人开辟中国特色社会主义法治道路方面的艰辛探索和曲折历程的深入研究，就不能准确理解中国法治传媒兴起和迅速发展的深刻背景，也不能准确理解中国法治传媒在推进中国特色社会主义法治进程中的神圣使命。为此，本书对中国共产党人开辟中国特色社会主义法治道路的伟大历程进行了认真回顾和分析。全书开篇以中国共产党人的法治道路上、中、下三章的篇幅，深入回顾、分析了一代代中国共产党人在探寻和开辟中国特色社会主义法治道路方面的不懈努力，试图从中准确解析法治传媒之所以在中国兴起和勃发的深刻背景。

中国法治传媒自20世纪80年代出现至今走过了四十年发展历程，其间经历了四个发展阶段，本书在第四章对此进行了回顾和分析，展示了法治传媒的发展脉络和不同阶段的突出特点及成就。

从第五章至第十二章，本书分别从法治传媒专业化、涉法新闻监督的使命、突发性事件的舆论角力、法治生态环境与法治传媒的关系、新闻泛娱乐化对法治传媒的影响、法治传媒人的思维方式、职业精神与专业素质以及法治文化与法治信仰等方面，对法治传媒发展当中涉及的重要问题进行了深入探讨。

放眼当下，传媒业面临着深刻变革，法治传媒也不例外，既面对全面依法治国带来的巨大机遇和挑战，也面对互联网＋新媒体空前发展带来舆论环境和媒体环境异常复杂的严酷现实。现实挑战是多面的、严峻的、复杂的，本书试图在各个专题研讨中都将上述元素带入，并且结合具体实例进行有针对性的解剖和分析。

面对未来，新时代全面依法治国为法治传媒发展带来无限光明的前景，使命光荣、前程远大，法治传媒定能抓住机遇，勇于变革、善于变革，勇于发展、善于发展，不断提升舆论引导力、影响力、公信力和传播力，敢于作为、善于作为，在全面依法治国的伟大征程上阔步前行。

目　　录

第一章　中国共产党人的法治道路（上）

近代以来，当国家和社会进行重大制度性变革的时候，往往阻力重重，危机四伏，致使变革常常无疾而终。特别是在当代，多数发展中国家在完成了经济上的跨越，欲推进国家制度层面的革新时，屡屡陷入困境，陷入“中等收入陷阱”，止步于赶超发达国家的关键性里程。

中国也处在这样的发展阶段，面临同样的课题。中国的命运将会怎样？

一

那年深秋，一次重要的会议召开了。

2012 年 11 月，北京。中国共产党第十八次全国代表大会通过的决议出现如下的文字，引起了法学家们的高度关注：依法治国是党领导人民治理国家的基本方略。要加快建设社会主义法治国家，全面推进依法治国。

同年 12 月 4 日，习近平总书记出席首都各界纪念现行宪法公布施行三十周年大会并发表重要讲话，提出坚持依法治国、依法执政、依法行政共同推进，坚持法治国家、法治政府、法治社会一体建设的重要思想。

2013 年 1 月，习近平总书记就做好新形势下政法工作作出重要指示，强调全国政法机关要顺应人民群众对公共安全、司法公正、权益保障的新期待，全力推进平安中国、法治中国、过硬队伍建设，深化司法体制机制改革，坚持从严治警，坚决反对执法不公、司法腐败，进一步提高执法能力，进一步增强人民群众安全感和满意度，进一步提高政法工作亲和力和公信力，努力让人民群众在每一个司法案件中都能感受到公平正义，保证中国特色社会主义事业在和谐稳定的社会环境中顺利推进。

2014 年 4 月，习近平总书记在中央政治局第十四次集体学习时发表重要讲话指出，要全面推进依法治国，更好维护人民群众合法权益。对各类社会矛盾，要引导群众通过法律程序、运用法律手段解决，推动形成办事依法、遇事找法、解决问题用法、化解矛盾靠法的良好环境。

2014 年 10 月，党的十八届四中全会在我党历史上第一次专题研究依法治国问题，作出了《中共中央关于全面推进依法治国若干重大问题的决定》。

就在这次中央全会第二次全体会议上，习近平总书记强调，全面推进依法治国，是着眼于实现中华民族伟大复兴中国梦、实现党和国家长治久安的长远考虑。对全面推进依法治国作出部署，既是立足于解决我国改革发展稳定中的矛盾和问题的现实考量，也是着眼于长远的战略谋划。

2015 年 2 月，习近平总书记在省部级主要领导干部学习贯彻十八届四中全会精神全面推进依法治国专题研讨班开班式上的讲话中指出，全面建成小康社会是我们的战略目标，全面深化改革、全面依法治国、全面从严治党是三大战略举措。做好全面依法治国各项工作意义十分重大。没有全面依法治国，就治不好国、理不好政，“四个全面”战略布局就会落空。要把全面依法治国放在“四个全面”的战略布局中来把握，深刻认识全面依法治国同其他三个“全面”的关系，努力做到“四个全面”相辅相成、相互促进、相得益彰。

2017 年 7 月，在省部级主要领导干部学习习近平总书记重要讲话精神迎接党的十九大专题研讨班开班式上，习近平总书记发表重要讲话指出，我们坚定不移全面推进依法治国，显著增强了我们党运用法律手段领导和治理国家的能力。

2017 年 10 月 18 日，在中国共产党第十九次全国代表大会开幕会上，习近平总书记在代表中央政治局向大会所作的政治报告中提出了一系列法治新思想、新判断、新论断，“建设中国特色社会主义法治国家的总目标是建设中国特色社会主义法治体系、建设社会主义法治国家”。在这个政治报告中，“坚持全面依法治国”被明确作为十四条新时代坚持和发展中国特色社会主义的基本方略之一。

习近平总书记坚定地指出，全面依法治国是中国特色社会主义的本质要求和重要保障。必须把党的领导贯彻落实到依法治国全过程和各方面，坚定不移走中国特色社会主义法治道路，完善以宪法为核心的中国特色社会主义法律体系，建设中国特色社会主义法治体系，建设社会主义法治国家，发展中国特色社会主义法治理论，坚持依法治国、依法执政、依法行政共同推进，坚持法治国家、法治政府、法治社会一体建设，坚持依法治国和以德治国相结合，依法治国和依规治党有机统一，深化司法体制改革，提高全民族法治素养和道德素质。

习近平总书记充满自信地宣布，到2035年，我国法治国家、法治政府、法治社会基本建成，各方面制度更加完善，国家治理体系和治理能力现代化基本实现。

二

依法治国，毫无疑问是一场深刻的变革；这场变革，是完成国家治理体系和治理能力现代化的必须，是中国实现全面现代化不可缺少的条件。然而，对于中国共产党人来说，这个认识的获得是如此不易，对于法治道路的选择则更加艰辛……

在探寻和开拓中国特色社会主义法治道路方面，中国共产党人经历了漫长、曲折的过程。

在老一辈中国共产党人当中，毛泽东、周恩来等都曾有过法制方面的论述和实践，周恩来、董必武、沈钧儒等曾去日本学习法律，董必武、谢觉哉、彭真等则有过法律方面的工作经历。作为老一辈中国共产党人，在坚决地打碎旧世界的同时，他们有着建立一个新世界的理想，正是在这个美好的理想之中，有着朴素的法制因子。

早在红色苏区时期，中国共产党人就开始尝试运用法律进行社会治理。1931 年 11 月 7 日，中华苏维埃共和国在江西瑞金宣布成立。为加强对反革命分子的镇压，保卫新生的民主政权，维护群众的合法权益，苏维埃共和国先后颁布过 130 多部法律、法规，其中比较著名的有中华苏维埃共和国宪法、国家政权机构组织法、选举法令及关于国徽、国旗、军旗的法令等。在刑事诉讼、婚姻管理、经济管理、土地政策、劳动政策等方面也都制定和颁布了相关法令。根据政权建设和革命工作需要，组建了从中央到地方相对完整的司法体系。

1948 年春天，河北西柏坡。在新中国即将成立的准备工作当中，就有“三大法典”的制定。

共同纲领诞生。

1948 年 4 月 30 日，中共中央号召各民主党派和各界人士与中国共产党一起迅速召开政治协商会议，成立中华人民共和国联合政府。为此亟须制定加强各民主党派、各人民团体相互合作、一致遵循的共同纲领。10 月初，中共中央在西柏坡开始领导共同纲领草案的起草工作，由中共中央统一战线工作部部长李维汉主持起草的《中国人民民主革命纲领草稿》第一稿于 10 月 27 日完成。经过修改，11 月形成《中国人民民主革命纲领草案》第二稿。1949 年 2 月 27 日，周恩来批示将上述第二稿和有关召开新政治协商会议的其他 4 个文件汇集在一起，以《新的政治协商会议有关文件》为名集印成册、付诸讨论。6 月下旬，周恩来亲自动手修改共同纲领，并主持召开会议，反复研究、讨论，于 8 月 22 日形成了《新民主主义的共同纲领（草案初稿）》，并送毛泽东审阅。

毛泽东对共同纲领的起草工作十分关心，“共同纲领”这个名称，就是毛泽东提出来的。他多次审阅起草中的纲领草案，并屡次亲笔修改。其中，他改写了如下一段话：“各级人民代表大会闭会期间的各级政权机关为各级人民政府。国家最高政权机关为全国人民代表大会。全国人民代表大会闭会期间中央人民政府为行使国家政权的最高机关。”作为一部具有根本法性质的临时宪法，共同纲领第一次从法律层面明确中华人民共和国的政治制度是民主集中制的人民代表大会制度。它的颁布施行，为国家政权建设提供了法制依据，也为人民代表大会制度的最终确定奠定了基础。

经过10多天的紧张工作，1949年9月5日，形成并定名为《中国人民政治协商会议共同纲领（草案）》。随后，经过充分的民主协商，沟通思想，反复讨论修改，其日臻完善。9月21日至30日，第一届中国人民政治协商会议在北平中南海怀仁堂举行。9月22日，周恩来向出席政协会议的代表报告了《中国人民政治协商会议共同纲领（草案）》起草经过。9月29日，第一届中国人民政治协商会议通过《中国人民政治协商会议共同纲领》（以下简称《共同纲领》）。从某种意义上说，这部《共同纲领》堪比开国宪法。

从土地法大纲到土地改革法。

1947年7月17日至9月13日，受中共中央委托，中央工委在西柏坡村召开党的全国土地会议，刘少奇主持会议并作了报告和总结。会议总结了1946年5月4日中央《关于土地问题的指示》发布以来土地改革的情况，通过了《中国土地法大纲》，并决定同年10月10日由中共中央公布施行。《中国土地法大纲》共16条，是中国共产党关于土地制度改革的纲领性文件。它的颁布施行，彻底摧毁了几千年的封建半封建性土地制度，极大地推动了新老解放区的土改运动，广大群众参军支前的积极性空前高涨，从根本上保障了人民解放战争的胜利。新中国成立不久，中央人民政府在原《中国土地法大纲》的基础上制定了《中华人民共和国土地改革法》，并于1950年6月28日由中央人民政府委员会第八次会议审议通过，同月30日公布施行，共6章40条。

首部婚姻法在西柏坡起草。

1948年9月，中共中央在西柏坡召开解放区妇女工作会议。会上，中央书记处书记刘少奇将起草婚姻法提高到新中国制度建设的高度，并将这项工作交给了中央妇女工作委员会（以下简称中央妇委）。中央妇委随即成立了以邓颖超为组长的起草小组，帅孟奇、杨之华、康克清、李培之、罗琼等人参加，具体执笔人是上海复旦大学法律系毕业的王汝琪。中央妇委与中央法律委员会合作，以1931年中央苏区婚姻条例和各抗日根据地婚姻条例为重要参考，并分成若干小组到已解放的城乡进行调查，了解当时各解放区人民群众的婚姻家庭生活状况、政府颁发婚姻条例情况及实施经验，对土地改革后农民的觉悟程度，特别是广大群众反对封建婚姻的迫切要求进行了反复考察。1948 年冬，中央妇委与中央法律委员会拟出婚姻法草案，得到刘少奇原则批准。1949 年 3 月，中央妇委将婚姻法草案带进新解放的北平。1950 年 1 月，中央将婚姻法草案分别送全国政协、各民主党派、中央法制委员会、政治委员会以及政务院政务委员会、司法机关征求意见并修改。其中，毛泽东两次亲自主持召开有中央人民政府副主席、政府委员会委员、政务院总理和副总理及全国政协常委等参加的联席座谈会讨论婚姻法草案。根据各方面意见修改后，1950 年 4 月 13 日，《中华人民共和国婚姻法（草案）》提请中央人民政府委员会第七次会议审议。在这次会议上，中央人民政府法制委员会主任委员陈绍禹（王明）代表中央人民政府法制委员会，向中央人民政府委员会递交了《中华人民共和国婚姻法（草案）》，并作了《关于〈中华人民共和国婚姻法草案〉起草经过和起草理由的报告》。之后，中央人民政府委员会第七次会议审议通过了《中华人民共和国婚姻法》（以下简称《婚姻法》），并决定于 1950 年 5 月 1 日颁布实施。

1950 年《婚姻法》共 27 条，其立法原则非常鲜明，这便是废旧立新、保护妇女权益。《婚姻法》第一条开宗明义："废除包办强迫、男尊女卑、漠视子女利益的封建主义婚姻制度。实行男女婚姻自由、一夫一妻、男女权利平等、保护妇女和子女合法权益的新民主主义婚姻制度。"《婚姻法》第二条规定："禁止重婚、纳妾。禁止童养媳。禁止干涉寡妇婚姻自由。禁止任何人藉婚姻关系问题索取财物。"

在中国几千年的历史上，只有新中国首部《婚姻法》第一次从法律上确立了女性在家庭乃至社会中与男性完全平等的地位。从此，买卖妇女、包办婚姻、招童养媳、纳妾多妻等丑陋现象在新中国为法律所不容。

新生的中华人民共和国成立后，百废待兴，在以毛泽东为核心的第一代中共中央领导层的建国构想中，砸碎旧中国法律制度体系与建立新中国法制体系有着非常重要的位置。

1949 年 1 月 14 日，毛泽东在《关于时局的声明》中提出了“废除伪宪法”“废除伪法统”的号召，这鲜明地体现了中国共产党在夺取政权后对待国民党反动政府时期法律所持的坚决否定的立场。根据毛泽东的指示精神，1949 年 2 月 22 日，还专门颁布了《中共中央关于废除国民党〈六法全书〉与确定解放区的司法原则的指示》。

第一届中国人民政治协商会议上通过的《中国人民政治协商会议共同纲领》第十七条规定：“废除国民党反动政府一切压迫人民的法律、法令和司法制度，制定保护人民的法律、法令，建立人民司法制度。”

此后，随着新中国的成立，一批法律法规相继出台。

1950 年 4 月 13 日，中央人民政府委员会第七次会议通过了《中华人民共和国婚姻法》（以下简称《婚姻法》），毛泽东签署主席令，自 1950 年 5 月 1 日公布施行。

1950 年 6 月 29 日，毛泽东主席以中央人民政府命令的形式公布了《中华人民共和国工会法》（以下简称《工会法》）。《工会法》规定了工会的性质与组织原则、建立工会的程序、集体合同、工会参与企业管理、政府和企业拨给工会办公活动设施、工会到有关单位视察、工会干部的编制、工会活动的保障、劳动争议的处理和工会经费的来源等，明确了工会在新中国的法律地位。《工会法》的颁布实施，对于建立和发展工会组织，团结教育广大职工积极投身社会主义革命和建设，巩固人民民主专政的政权，维护职工的合法权益，起到了重要作用。

与此同时，中央人民政府委员会第八次会议于 6 月 28 日通过《中华人民共和国土地改革法》（以下简称《土地改革法》），6 月 30 日毛泽东主席发布命令公布施行。这部法律共 6 章 40 条，明确指出：土地改革的目的是废除地主阶级封建剥削的土地所有制，实行农民的土地所有制，借以解放农村生产力，发展农业生产，为新中国的工业化开辟道路。这部法律贯穿了毛泽东关于土地改革的一系列主张，其中关于“保存富农经济”的规定，展示了他高超的政治智慧和策略。

《土地改革法》规定：没收地主的土地，征收祠堂、庙宇、寺院、教堂、学校和团体等在农村的土地。富农所有自耕和雇人耕种的土地不得侵犯，其出租的少量土地一般也予以保留。土改中团结中农，保护农民的土地及其他财产不受侵犯。所有没收和征收得来的土地和其他生产材料，除依法收归国家所有的外，应统一地、公平合理地分配给无地或少地的贫苦农民所有。对地主同样分给一份土地，使其自食其力，在劳动中改造成为新人。这部法律对土地分配的方法，土地改革中特殊问题的处理，以及土改的执行机关、执行方法等，也都作了具体规定。

根据《土地改革法》，中国共产党领导全国人民开展了一场彻底铲除封建土地剥削制度的深刻革命。至 1952 年底，土地改革工作基本完成，3 亿无地或少地的农民分得了约 7 亿亩土地和其他生产资料。

从回望历史的角度看，《婚姻法》《工会法》《土地改革法》这三部法律颁布施行，不论是对我们新生的共和国而言，还是对普通百姓而言，都有着极为重要的意义。如果说《婚姻法》让广大妇女获得了解放，《工会法》确立了工人阶级国家主人翁的地位，那么，《土地改革法》则是让亿万农民从经济上翻了身。因此，这三部法律的出台，改变了中华民族几千年的历史，从法律上保障中国人民真正站了起来，扬眉吐气，当家作主。

然而，从立法价值评估的角度看，对新中国法制建设来说，这三部法律的制定还是初试身手。在新中国成立初期最具立法价值且最具法治标志性意义的，还是新中国首部宪法即“五四宪法”的制定和实施。1954 年前后，围绕“五四宪法”制定的一系列立法工作，至今都可圈可点，令人回味无穷。毫无疑问，新中国成立之初建设新生人民共和国社会主义法制的高潮，也充分体现在这部国家根本大法的制定上。

1952 年 11 月间，中共中央作出决定，立即着手准备召开全国人民代表大会，制定宪法。1953 年 1 月 13 日，中央人民政府委员会会议决定成立中华人民共和国宪法起草委员会，毛泽东任宪法起草委员会主席。

这一年的 12 月 24 日，毛泽东带领宪法起草小组的几个成员乘专列离开北京赴杭州开始起草工作。在专列上，毛泽东说，治国，须有一部大法。我们这次去杭州，就是为了能集中精力做好这件立国安邦的大事。

在杭州期间他还说过，宪法是一个国家的根本法，从党的主席到一般老百姓都要按照它做，将来我不当国家主席了，谁当也要按照它做，这个规矩要立好。

时任浙江省委书记谭启龙负责安排毛泽东一行的住所，据他回忆："毛主席住在刘庄一号楼。每天午后三点，他便带领起草小组驱车绕过西山路，穿过岳王庙，来到北山路八十四号的办公地点。当时北山路八十四号大院三十号是由主楼和平房两部分组成……毛主席就在平房里办公，往往一干就是一个通宵。"

在宪法草案起草过程中，毛泽东对草案每一章、每一节、每一条，都亲自参加了讨论。1月15日，毛泽东给在京的刘少奇等同志写信，通报了宪法起草小组的工作计划，并要政治局委员及在京中央委员阅看下列主要参考文件：（一）1936年苏联宪法及斯大林报告；（二）1919年苏俄宪法；（三）罗马尼亚、波兰、民主德国、捷克等国宪法；（四）1913年天坛宪法草案、1923年曹锟宪法、1946年蒋介石宪法；（五）1946年法国宪法，以做好讨论宪法草案初稿的准备。

为了起草宪法草案，毛泽东广泛阅读和研究了世界各类宪法和新中国成立以前旧中国的宪法。中央政治研究室秘书史敬棠当时为宪法起草小组做资料整理工作，据他回忆："社会主义类型的宪法，毛主席看了1918年苏俄宪法、1936年苏联宪法、东欧国家的宪法。1918年苏俄宪法，把列宁写的《被剥削劳动人民权利宣言》放在前面，作为第一篇。毛主席从中受到启发，决定在宪法总纲的前面写一段序言。"（按：内容引自逄先知、金冲及主编：《毛泽东传（1949–1976）》，中央文献出版社2003年版）

"毛泽东多次讲，我们的这部宪法，是属于社会主义类型的宪法。因此，他特别注意研究和借鉴1918年颁布的《俄罗斯社会主义联邦共和国宪法（根本法）》，1936年颁布的《苏联宪法》，以及斯大林《关于苏联宪法草案的报告》。此外，还注意参考东欧一些人民民主国家的宪法。"这是中共最高层领导第一次如此系统地学习法律，这对新中国的法制建设是很有意义的。《毛泽东传（1949–1976）》一书在回顾毛泽东领导五四宪法的起草工作时作了上述叙述和评价。

1954 年 3 月 23 日，宪法起草委员会举行第一次会议，毛泽东代表中国共产党向会议提出了《中华人民共和国宪法草案》初稿。毛泽东在这次会上说，“宪法的起草，前后差不多进行了七个月。最初的第一个稿子是在去年 11 月、12 月间写的。第二稿是在西湖的两个月，那是宪法起草小组搞的。第三稿是在北京，就是中共中央提出的宪法草案初稿，到现在又修改了许多。每一稿本身都有许多修改，在西湖那一稿，就有七八个稿子。前后总算起来，恐怕有一二十个稿子了。大家尽了很多力量，全国有八千多人讨论，今天还要依靠在座的各位讨论修改，总之是，反复研究，不厌其详。这个草案大体上是适合我们国家的情况的。”在会上，毛泽东还就宪法的指导思想和主要原则、全国人民代表大会同国家主席与总理的关系、全国人民代表大会与地方人民代表大会的关系、中央与地方的关系、国家主席的职权、民族区域自治、宪法结构等问题，谈了自己的看法。

6 月 14 日，中央人民政府委员会召开第三十次会议，一致通过《中华人民共和国宪法草案》，并决定向全国公布，交付全国人民讨论。会上毛泽东作了重要讲话，他说：“这个宪法草案所以得到大家拥护，大家所以说它好，就是因为有这两条：一条是正确地恰当地总结了经验，一条是正确地恰当地结合了原则性和灵活性。”并指出：“一个团体要有一个章程，一个国家也要有一个章程，宪法就是一个总章程，是根本大法。用宪法这样一个根本大法的形式，把人民民主和社会主义原则固定下来，使全国人民有一条清楚的轨道，使全国人民感到有一条清楚的明确的和正确的道路可走，就可以提高全国人民的积极性。”

9 月 14 日，在第一届全国人民代表大会第一次会议上，一些代表对宪法草案又提出了两处修改意见。毛泽东主持召开了一次中央人民政府委员会临时会议，决定同意这两处修改意见。毛泽东在会上谈到宪法起草过程时说：“这是一个比较完整的法了。最先是中共中央起草，然后是北京五百多高级干部讨论，全国八千多人讨论，然后是三个月的全国人民讨论，这一次全国人民代表大会代表一千多人又讨论。宪法的起草是慎重的，每一条每一个字都是认真搞了的，但也不必讲是毫无缺点，天衣无缝。”

9月20日，第一届全国人民代表大会第一次会议通过、颁布《中华人民共和国宪法》，这是中国第一部社会主义宪法。它以中华人民共和国成立前夕颁布的《共同纲领》为基础，又是《共同纲领》的发展。这部《宪法》除序言外，分总纲、国家机构、公民的基本权利和义务以及国旗、国徽、首都，共4章106条。

“五四宪法”在中华人民共和国宪法发展史上具有崇高的地位，它的开创性、多元性和包容性等至今都为人们所称道。

中国法学会宪法学研究会会长韩大元，在《论1954年宪法的历史地位与时代精神》一文中，对“五四宪法”作出如此评价：“‘五四宪法’是中国历史上人民第一次自主制定的宪法，也是新中国第一部宪法，确立了人民当家作主的宪法地位，集中体现了社会主义原则与人民民主原则。1954年制宪之时，对这部宪法的一个基本评价是‘得人心’，无论是在草案讨论阶段还是全票表决通过之时，都得到了社会广泛的认同和拥护。从历史的角度看，这是一部承前启后、具有基石意义的宪法。‘五四宪法’承继并完成了《共同纲领》的建国目标，其传统还可追溯至革命根据地时期的宪法文件，延续着中国共产党人的宪法传统。它开启了中国社会主义宪法的崭新历史，在根本上巩固了人民民主的社会主义政权的合法性，确认了国家的各项基本制度，宣告了人民权利受到宪法保障的事实，其精神延续至今。”“‘五四宪法’是新中国第一部社会主义类型的宪法，它无疑是耸立在在中国历史上的区分两种截然不同宪法的分水岭。”

韩大元认为，从宪政发展的历史看，“五四宪法”对新中国宪法发展产生的影响是多方面的。可以说，新中国宪法是在“五四宪法”的基础上发展和完善的。历史潮流，浩浩荡荡，作为一部符合历史发展潮流的民主宪法，当其内容得到较好实施的时候，国家总体发展就比较好；反之，当其被束之高阁，甚至“不宣而废”的时候，国家发展就处于停滞乃至陷入浩劫境地。

韩大元先生认为“五四宪法”具有三大特点：

一是制定过程中参与主体具有多元性，无论在宪法草案的起草过程中，还是在宪法草案初稿的讨论中，社会不同阶层的民众都参与了制宪的过程，既有政治精英、知识分子，也有普通工人、农民。

二是制定过程中融合了中西方不同的宪法文化，这集中体现在宪法起草委员会成员不同的留学背景方面。宪法起草委员会的33名成员中，至少有21名委员去过苏联、美国、德国、日本或法国等国家，比如朱德曾留学德国和苏联；沈钧儒、周恩来与董必武都曾去日本学习法律；宋庆龄曾留学美国；李维汉曾留学苏联和法国等。

三是“五四宪法”的内容具有包容性和开放性，这部宪法在宪法基本观念的确立、宪法体制的安排、宪法结构以及宪法语言等方面，既借鉴了社会主义国家的宪法经验，同时也参考了西方资本主义国家的宪法制度以及旧中国宪法的一些传统，这都体现了兼容并蓄的基本风格。

今天从回望历史的角度来回顾新中国成立初期中国共产党第一代领导人短暂的法制创设经历，我们会有这样鲜明的感触：毛泽东领导“五四宪法”制定时所给予的高度重视、所倾注的巨大精力、所展示出的深思熟虑和雄才大略，堪比在指挥辽沈、平津、淮海三大战役和抗美援朝、土地改革等重大革命进程中所体现出的经天纬地之才。很明显，在毛泽东的建国和治国构想当中，将宪法作为根本大法、治国之本的认识非常明确、非常清晰。首先，“用宪法这样一个根本大法的形式，把人民民主和社会主义原则固定下来，使全国人民有一条清楚的轨道，使全国人民感到有一条清楚的明确的和正确的道路可走”；其次，要为千秋万代立规矩，正如他所言，“宪法是一个国家的根本法，从党的主席到一般老百姓都要按照它做，将来我不当国家主席了，谁当也要按照它做，这个规矩要立好。”

“五四宪法”的立法过程中体现出第一代中国共产党领导核心领导重大立法工作方面的巨大能力，新中国成立初期以毛泽东为代表的中国共产党人在法律的宣传和执行上，所表现出的坚定意志和强大的组织执行能力，同样在中国社会主义法制建设的编年史上留下生动的记录，也给后人留下深刻的记忆。

新中国成立初期，党和国家把法制传播列入国家生活的重要议事议程，报刊、广播电台作为当时的主要传媒被充分利用到法制宣传中来。新中国的新闻媒体肩负起向大众宣传普及法律知识，呼唤建立新型法律制度的使命。据统计，自 1949 年 10 月至 1950 年 10 月，《人民日报》、新华通讯社共发表有关我国法制建设的消息 200 篇，重大法制评论 9 篇。

在中国这样一个缺乏法制基础和法治习惯的传统农业国家，延续几千年的封建传统文化和以皇权为代表的人治观念，都使得新中国建立法制的努力阻力重重，举步维艰。这一点特别体现在新中国首部婚姻法的贯彻执行上。

作为具有几千年封建历史的新生人民共和国，崭新的国家机器和陈旧的制度、文化、观念、习俗等反差极大。旧制度、旧文化、旧观念、旧习俗对于人民的压迫和束缚，仍然顽固地延续着，不肯轻易地退出历史舞台。这种状况特别明显地体现在旧式婚姻家庭关系方面。

从根本上说，旧式婚姻家庭制度，既是封建法律制度的基础，也是束缚广大人民群众最为普遍的制度性镣铐，亿万民众深受其害。在这方面，有一系列的文学戏剧名作作为写照。比如：巴金先生的长篇小说《家》《春》《秋》，曹禺先生的话剧《雷雨》等。从某种意义上说，在最先觉悟起来的那批中国共产党人当中，有相当一些人最初的革命动机就起始于背叛原来的封建家庭。因此，以毛泽东为核心的第一代中国共产党领导人，对于在婚姻家庭方面打碎封建枷锁对人民的压迫、束缚，也有着最深刻、最紧迫的认识和自觉。

新中国首部《婚姻法》制定时，毛泽东认为，婚姻法是“仅次于宪法的国家根本大法之一，它是全国范围内实行婚姻家庭制度改革的法律依据，是同封建主义家庭制度作斗争的有力武器，也是建立和发展新婚姻家庭关系、改造旧式婚姻家庭关系的重要工具”。

在《婚姻法》实施前夕，1950 年 4 月 30 日，中共中央就保证执行《婚姻法》给全党下发通知，要求各级党委和全体党员“把保证《婚姻法》正确执行的宣传工作和组织工作，当作目前的和经常的重要工作任务之一”。同日，中华全国总工会、中国新民主主义青年团中央委员会、中华全国民主青年联合会、中华全国学生联合会、中华全国民主妇女联合会联合发布了《关于拥护<中华人民共和国婚姻法>给各地人民团体的联合通知》，要求积极配合《婚姻法》在全国的推行工作。各大行政区、省、市领导机关也先后发出了贯彻《婚姻法》的要求。

尽管如此，对于封建传统关系极其深厚复杂的新中国来说，一部新婚姻法带来的巨大冲击波仍然超乎人们想象。首先，离婚案件大幅飙升，出现了新中国成立以来第一次离婚潮。《婚姻法》颁布实施前，在北京等21个大中城市中，1950年1月至4月受理离婚案件9300件；新《婚姻法》颁布实施后，5月至8月猛增到17763件，增加了91%。从全国来看，1950年离婚案近19万件，至1953年到达顶峰，达到了117万件。而且提出离婚的多数是女性。离婚的理由，大部分是因包办婚姻引起的，亦有重婚、遗弃、虐待等。

其次，一系列由离婚引起的极端事件相继发生。当时绥远省（按：现内蒙古自治区部分地区）达拉特旗一名妇女提出离婚，被丈夫用锥子剜掉左眼，用镐头将腿打断……陶林县（按：原为绥远省，现为内蒙古自治区所辖）一个农民逼迫提出离婚的妻子戴上脚镣，在黑屋子里关了她40多天……河北襄阳一个寡妇想改嫁，被村干部吊起来打，第二天这个妇女悲愤屈辱之下自杀了……

面对新《婚姻法》实施初期出现的阻力和困境，中共中央和政务院表现出了坚定的意志和强大的执行能力。1951年9月26日，政务院下达了周恩来签署的《中央人民政府关于检查〈婚姻法〉执行情况的指示》，要求各地政府有领导、有重点地组织一次关于婚姻法执行情况的检查。1952年7月25日，中央人民政府内务部、司法部又发出《关于“继续贯彻婚姻法”的指示》，要求各级人民代表会议及其政治协商委员会或常务委员会开会时，必须在会上报告和讨论《婚姻法》的贯彻与执行情况，并将讨论结果逐级上报。1952年11月26日和1953年2月1日，中共中央和中央人民政府政务院分别发出关于贯彻《婚姻法》的指示，决定在全国（少数民族地区和尚未完成土改的地区除外）开展贯彻《婚姻法》的群众运动，规定1953年3月为“贯彻婚姻法运动月”，号召人民群众在全国范围内开展一个宣传《婚姻法》和检查《婚姻法》执行情况的运动，旨在运用国家行政力量和广泛的社会动员，批判婚姻家庭问题上的旧思想、旧风俗和旧习惯，倡导新思想、新风尚。

在革命战争年代中国共产党极为擅长的宣传群众、动员群众和组织群众的传统和能力，在推行《婚姻法》还旧式妇女以婚姻自由，逐步改造旧式家庭从而逐渐改造整个社会方面，再次发挥出巨大的能量和优势。一时间在全国各地，各种青年会、家长会、婆婆会、媳妇会、男人会、妇女会不断召开，大张旗鼓地宣传婚姻法、婚姻自由思想，将《婚姻法》的立法思想和法律内容传导到街头巷尾、村落农居，可以说，一场轰轰烈烈的婚姻启蒙运动在华夏大地上展开了。从此，新中国首部《婚姻法》逐渐被民众所接受，也在相当大的程度上得到实施。

20世纪50年代根据评剧改编的电影《刘巧儿》风靡全国，里面有一段唱词家喻户晓：“巧儿我自幼儿许配赵家，我和柱儿不认识我怎能嫁他呀。我的爹在区上已经把亲退呀，这一回我可要自己找婆家呀……”讲述的就是女性从家庭当中独立出来有了自主选择婚姻的权利。在当时，“自己找婆家”堪称石破天惊之举。无论是评剧还是电影，这部作品的核心内容都是刘巧儿自主选择婚姻的故事，这个故事正是当时宣传新中国首部《婚姻法》的生动教材。将刘巧儿的故事讲给全国的老百姓，这本身也是新中国首部《婚姻法》贯彻实施带来生动变化的真实写照。

毫无疑问，新中国首部《婚姻法》的制定和实施是中华人民共和国成立初期中国共产党人在法制建设方面的生动实践。在这场充满着理想、信念和坚忍不拔意志的实践过程中，中国共产党人显示出他们不仅有在战场上以弱胜强、转败为胜终于战胜外国侵略者和国民党反动派八百万军队的强大能力，不仅有在土地改革当中动员亿万农民改革传统封建土地制度的强大能力，不仅有在新解放的所有城市当中迅速组织生产恢复经济的强大能力，他们还有进行法制建设以法律管理新生国家的强大能力。

1956年9月15日，中国共产党第八次全国代表大会在北京举行，毛泽东致开幕词之后，刘少奇代表中央委员会作政治报告。这篇政治报告总结了党的七大以来，特别是新中国成立后七年来的基本经验，根据新的形势，提出党的基本任务和一系列新的方针政策。报告提出，为了适应社会主义改造和社会主义建设的新形势，要进一步扩大社会主义民主，健全法制，着手系统地制定比较完备的法律。

从今天的角度回望历史，在60多年前就将“进一步扩大社会主义民主，健全法制，着手系统地制定比较完备的法律”作为全党的基本任务并且庄严地写入党的全国代表大会的政治报告，是一件多么了不起的事情。这反映出当时中国共产党第一代领导集体对于建设社会主义民主和法制的认识已经上升到一个相当的高度，并且在一定程度上成为共识。

应该承认，在新中国成立初期毛泽东在法制建设方面所阐述的主张，体现了第一代中国共产党领导核心在法制建设方面的思想，这些主张体现了马克思主义的法律观。

在新中国法制建设上，毛泽东主张实事求是的立法原则，突出强调从革命和建设的实际需要和现实可能出发，根本是要维护广大人民群众的利益。1954年，在制定新中国第一部《宪法》时，毛泽东指出：“现在能实行的我们就写，不能实行的就不写。”这是他为起草宪法确定的基本指导方针。

毛泽东主张民主立法和科学立法，在制定“五四宪法”时，他曾指出，原则基本上是两个：民主原则和社会主义原则。在毛泽东的亲自主持下，宪法草案经过了三次大规模的群众性讨论。第一次是在北京和全国各大城市组织各民主党派、各人民团体和社会各方面的代表人物共计千余人进行讨论；第二次讨论，全国有一亿五千万余人参加，提出了1180420条修改、补充意见和建议，形成了一场真正的人民立宪运动；第三次是全国人民代表大会代表对宪法草案最后修改稿进行讨论。毛泽东说：“这个宪法草案之所以得人心，是什么理由呢？我看理由之一，就是起草宪法采取了领导机关的意见和广大群众的意见相结合的方法。过去我们用了这个方法，今后也要如此。一切重要的立法都要采用这个方法。”

在主张民主立法的同时，毛泽东还强调科学立法。他说，科学没有什么谦虚不谦虚的问题。搞宪法是搞科学。我们除了科学以外，什么都不要相信，就是说，不要迷信。在制定“五四宪法”时，毛泽东亲自参加草案的起草工作。每一章、每一节、每一条，他都参与讨论，有时甚至逐字逐句地推敲修改。草案初稿完成后，又修改拿出“二读稿”“三读稿”。随后聘请了法律顾问、语文顾问对“三读稿”进行认真仔细的研究修改，通过“四读稿”。毛泽东强调“这个初稿可以小修改，可以大修改，也可以推翻另拟初稿”。可见其科学缜密的立法态度。

毛泽东从新中国的国情出发，创造性地提出了原则性和灵活性相结合的法制工作原则。1953 年针对法制工作实践中的实际问题，毛泽东指出：“原则性要灵活执行。应当是那样，实际是这样，中间有个距离。有些法律条文要真正实行，也还得几年。比如婚姻法的许多条文，是带着纲领性的，要彻底实行至少要三个五年计划。”

毛泽东在 1954 年的讲话中多次阐述，我们的宪法草案，结合了原则性和灵活性。他强调：“宪法中规定，一定要完成社会主义改造，实现国家的社会主义工业化。这是原则性。要实行社会主义原则，是不是在全国范围内一天早晨一切都实行社会主义呢？这样形式上很革命，但是缺乏灵活性，就行不通，就会遭到反对，就会失败。”

毛泽东主张“古为今用”和“洋为中用”的立法原则。由于新中国的法制建设是在摧毁国民党伪法统的基础上起步的，可以说从零开始，因此，毛泽东在领导新中国法制建设时，不仅注重研究我国的传统法律文化和历史上的立法经验，同时，也关注世界上其他国家的立法经验。毛泽东在评价“五四宪法”时指出：“它总结了无产阶级领导的反对帝国主义、反对封建主义、反对官僚资本主义的人民革命的经验，总结了最近几年来社会改革、经济建设、文化建设和政府工作的经验。这个宪法草案也总结了从清朝末年以来关于宪法问题的经验，从清末的‘十九信条’起到民国元年的《中华民国临时约法》，到北洋军阀政府的几个宪法和宪法草案，到蒋介石反动政府的《中华民国训政时期约法》，一直到蒋介石的伪宪法，这里面有积极的，也有消极的。”在 1954 年宪法起草过程中，他说：“我们是以自己的经验为主，也参考了苏联和各人民民主国家宪法中好的东西。讲到宪法，资产阶级是先行的。英国也好，法国也好，美国也好，资产阶级都有过革命时期，宪法就是他们在那个时候开始搞起的。我们对资产阶级民主不能一笔抹杀，说他们的宪法在历史上没有地位。”

在新中国成立初期的法制工作中，毛泽东特别强调，要认真守法、严格执法。他说：“一定要守法，不要破坏革命的法制。法律是上层建筑。我们的法律，是劳动人民自己制定的。它是维护革命秩序，保护劳动人民利益，保护社会主义经济基础，保护生产力的。我们要求所有的人都遵守革命法制。”

在“五四宪法”制定过程中，毛泽东强调，“这个宪法草案是完全可以实行的，是必须实行的……通过以后，全国人民每一个人都要实行，特别是国家机关工作人员要带头实行，首先在座的各位要实行。不实行就是违反宪法”。

毛泽东明确主张法律面前人人平等的原则。毛泽东多次强调，在人民内部、干群之间、官兵之间、人与人之间应该建立起平等的、互助的、同志式的关系。除被依照法律剥夺政治权利的人以外，公民在法律面前人人平等，任何人都不允许成为凌驾于法律之上的特殊公民。

新中国成立前夕，毛泽东曾经指出，某些犯有重大错误的干部和党员，“群众不但有权对他们放手批评，而且有权在必要时将他们撤职，或建议撤职，或建议开除党籍，直至将其中最坏的分子送交人民法庭审处”。1957 年 1 月，在省市自治区党委书记会议上毛泽东强调，“我们要求所有的人都遵守革命法制，并不是只要你民主人士守法。”毛泽东曾经说过，“人民犯了法，也要受处罚，也要坐班房，也有死刑”。在实践中，毛泽东对那些虽身居高位却犯有严重罪行的腐化分子，从不姑息，严格按法律来处理。新中国成立初期，他“挥泪斩马谡”，将犯有严重贪污罪的天津地区负责人刘青山、张子善处以极刑。此举不仅成为反腐倡廉的经典范例，同时也对“法律面前人人平等”这一原则作了最好的诠释。

毛泽东倡导惩办与宽大相结合的刑事政策。1950 年 6 月 6 日，在党的七届三中全会上毛泽东指出：“必须坚决地肃清一切危害人民的土匪、特务、恶霸及其他反革命分子。在这个问题上，必须实行镇压与宽大的政策，即首恶者必办、胁从者不问、立功者受奖的政策，不可偏废。”在新中国成立初期颁布的《惩治反革命条例》和《惩治贪污条例》中，都贯彻了这一政策思想。1951 年在镇压反革命运动中，毛泽东提出：“凡介在可捕可不捕之间的人一定不要捕，如果捕了就是犯错误；凡介在可杀可不杀之间的人一定不要杀，如果杀了就是犯错误。”为了使“慎用死刑”的思想落到实处，毛泽东还提出了严格的死刑审批复核程序和死刑缓期执行的思想。在《论十大关系》中，毛泽东指出：“今后社会上的镇反，要少捉少杀……他们中的多数，要交给农业合作社去管制生产，劳动改造。”后来，毛泽东又及时制定了“改造第一、生产第二”的劳动改造方针，使新中国在对犯罪分子的改造自新方面取得了极大的成功。

毛泽东对我国的刑事司法工作提出了重证据、重调查研究、严禁刑讯逼供等司法原则。他强调：“对任何人，应坚决废除肉刑，重证据不轻信口供。”毛泽东要求司法机关要坚持“有错必纠”的原则，他说：“发现了错误，一定要改正。无论公安部门、检察部门、司法部门、监狱、劳动改造的管理机关，都应该采取这个态度。”

在新中国成立初期，毛泽东在工作当中有一度曾经表现出注意运用法制手段、注意遵行法制原则的倾向。从执行法律来说，这一时段，毛泽东十分重视依据政协纲领，召开人民代表会议的工作。1949 年 8 月至 12 月，毛泽东给各地发出的关于召开各界人民代表会议的文件达 19 份。他要求把这项工作，“当做一件大事去办”；认为这种代表会议是“党和政权的领导机关联系群众的最好组织形式”；“人民政府的一切重要工作，都应交人民代表会议讨论并作出决定。必须使出席会议的代表们有充分的发言权，任何压制人民代表发言的行动都是错误的”。

彭真同志曾回忆说，那时中央领导核心开会，在作出决定前，毛泽东往往会问，我们这里要定的事，合不合宪法、法律，党内负责法制工作的董必武和彭真如果回答，这个问题研究过了，合宪合法。毛泽东会说，那我们就决定了。如果回答，这件还没有研究，毛泽东会提出“暂缓决定”。

当时一些中央领导同志在工作中也有一些运用法制、尊重法制的具体事例：1951 年，一次北京市人民委员会（市政府）开会，有人提出，市政府各项工作应当遵循的基本原则是什么？主持会议的彭真同志明确回答：无论党内党外，都必须遵守《共同纲领》。1950 年 8 月 7 日，北京市召开例行的人民代表会议，时任北京人民艺术剧院院长的李伯钊因事提出请假申请。市委书记彭真在她的请假信上批示：“人民代表会议是一件大事，我们的党员首先应该重视。我想每次人民代表会议，我党党员除非请假不可的以外，应一律出席，并认真从事。毛主席在政协总是准时到会，我们应该效法。”

今天当我们穿越时光隧道回望新中国成立初期我党尊重法制和运用法制治国的那些史实时，心绪复杂，感慨良多。我们不由得会设想：假如以毛泽东同志为核心的第一代中央领导集体能够将尊重法制和运用法制治国的苗头持续保持、发扬光大、推而广之并且固定下来形成全党一以贯之的工作习惯，有没有可能在新中国成立初期就将运用法制和依靠法制作为中国共产党治国理政的主要方式之一？有没有可能在很大程度上避免和减轻治国方面的一系列重大失误乃至十年“文革”期间给国家政治经济民生和社会秩序等方面带来的巨大损失？有没有可能将依法治国的进程提前十年、二十年？

然而，在历史的辞典中，“假如”常常只是史学家和撰写史志的作家们喜欢运用的词汇，尽管在许多影响历史进程的关键节点上确实有这样或那样看似偶然的事件屡屡起到重大作用，甚至让历史的长河在不该拐弯的地方变向长流，但是深刻地分析起来，促使历史演进的主要原因并不是那一个个偶然的突发事件，而是其间蕴含的历史必然性。这些必然因素包括政治的、经济的、军事的和统治集团内部种种复杂的矛盾等。这就是历史唯物主义。因此，当我们在回顾新中国成立初期中国共产党人建设法制所做出的种种努力和成效的时候油然而生的诸多假设也并无实际存在的可能，历史以铁一般的事实告诉我们：新中国成立后中国共产党在认识法治和选择法治道路方面所遇到的挫折，是必然的结果。

三

就在“五四宪法”制定、实施前后，一场本来是文艺争论的事件最终演化为影响全国的重大政治斗争，并成为改变中国政治走向的引子。

1952年6月8日，《人民日报》转载舒芜的文章《从头学习〈在延安文艺座谈会上的讲话〉》，并在“编者按”中指出胡风的文艺思想“是一种实质上属于资产阶级、小资产阶级的个人主义的文艺思想”。

1954年7月，胡风向中共中央政治局递交《关于几年来文艺实践情况的报告》（“三十万言书”），反驳1952年6月8日《人民日报》转载的舒芜的文章《从头学习〈在延安文艺座谈会上的讲话〉》，以及“编者按”中对胡风的批评。

1955年1月20日，中共中央宣传部向中央提交开展批判胡风思想的报告。26日，中共中央批转中宣部的报告，并指出，胡风“披着‘马克思主义’的外衣，在长时期内进行着反党反人民的斗争，对一部分作家和读者发生欺骗作用，因此必须加以彻底批判”。从2月开始，各地纷纷召开文艺界人士、高校师生座谈会、讨论会，开展对胡风思想的批判。《人民日报》《文艺报》《光明日报》等报刊纷纷发表文章，中国文联、中国作协也多次举行活动，批判胡风思想。

1955年5月18日，经全国人大常委会批准，胡风被逮捕。梅志（胡风夫人）也同时被捕。5月25日，全国文联主席团和作协主席团联席扩大会议通过决议，开除胡风的中国作协会籍，撤销他的作协理事、文联委员和《人民文学》编委的职务。

从1955年6月开始，全国展开揭露、批判、清查“胡风反革命集团”运动，使2100多人受到牵连，其中92人被捕，62人被隔离审查，73人被停职反省……

由文艺批评、争论最后演化为在全国展开揭露、批判、清查“胡风反革命集团”的政治运动，虽然声势浩大、牵连人员众多，但毕竟是局部的、短暂的，所以，还构不成在20世纪50年代改变中国政治走向的决定性事件和主要推动力。真正在同一时期改变中国政治走向方面起到决定性作用的事件是反右斗争。

1957年4月，中共中央下发《关于整风运动的指示》，提出这次整风运动的内容是反官僚主义、宗派主义和主观主义。

这次整风运动采取开门整风的形式。毛泽东和中共中央真诚地希望通过这种方式，加强党外人士对共产党员特别是党员领导干部的批评、监督，进一步密切党同群众的联系。毛泽东在1957年7月撰写的《一九五七年夏季的形势》一文中提出，要造成一个又有集中又有民主，又有纪律又有自由，又有统一意志又有个人心情舒畅、生动活泼，那样一种政治局面。这是具有革命浪漫主义情怀的伟大革命家毛泽东，在中国胜利完成对生产资料私有制进行社会主义改造这个伟大工程之后，在建设一个理想的社会政治环境方面提出的宏大设想。这是中共八大路线的继续和发展，也是在探索社会主义道路方面力求取得新成果的宣示。

然而，整风运动的走向并没有按照毛泽东的理想路径进行。其实，在当时国内和国际空前复杂的政治环境下，整风运动转向具有某种必然性。

从国内来说，出现了两方面的复杂情况。一方面，1956年下半年，国内经济出现了生产资料和生活资料供应紧张的情况，一些社会矛盾也表现得比较突出；另一方面，对生产资料私有制进行社会主义改造，引起不少人对新的社会制度不适应和对社会主义改造不赞成，他们白天敲锣打鼓拼命表现支持、拥护社会主义改造，夜晚却背地里唉声叹气甚至咬牙切齿地抗拒社会主义改造。再加上党和政府的一些工作部门普遍存在着主观主义、官僚主义作风，引起了一些群众的不满。在各种矛盾综合作用之下，1956年下半年，一些地区出现了工人罢工、学生罢课、农民退社等情况。与此同时，对政府的批评意见和对现实不满的言论也多起来了。

从国际上看，在社会主义国家阵营内部出现了一系列复杂的情况和变化。自斯大林逝世之后，在苏联共产党内出现一股反思、批判甚至清算斯大林的潮流，这股潮流不断发酵蔓延，并且在若干社会主义国家内部引起连锁反应。而后相继出现波兰、匈牙利事件，在社会主义国家阵营中产生一系列震动。

1956年6月，波兰中西部城市波兹南发生针对波兰统一工人党政府的大规模罢工事件。由于波兰政府改变工资制度，约有75%的工人工资下降。6月8日，波兹南采盖尔斯基机车车辆制造厂16000名工人提出增加工资和减税的要求，并决定派代表前往华沙，向机械工业部陈述意见。但两个星期过后，工人们同厂方谈判毫无结果。为此工人决定开始罢工，同时声援罢工的还有铁路修车厂的职工和市交通公司的职工。6月25日，机车车辆制造厂派出工人和厂方代表一同前往华沙同机械工业部部长费德尔斯基和工会主席克沃谢维奇谈判。在谈判桌上，部长费德尔斯基接受了工人的要求并允诺在波兹南继续谈判。但费德尔斯基到达波兹南后，立即食言。6月27日，铁路修车厂工人再次罢工，各工厂的代表决定在第二天组织大罢工和上街游行示威。

6月28日早晨6点半，采盖尔斯基机车车辆制造厂约80%的职工与声援者十余万人上街游行，与警察发生激烈冲突，继而工人占领了姆温斯卡街监狱并释放了257名囚犯。在这种情况下，波兰政治局开会研究决定派出军队进行镇压。波兰第十装甲师、第十九装甲师、第四步兵师和第五步兵师，共约10300人的部队和波兰国家安全部队奉命进入波兹南，军队配备有坦克、装甲车和野战炮。据官方统计，波兹南事件共造成74人死亡（包括军警8人），800人受伤，658人被拘捕，直接物质损失高达波币350亿兹罗提……9月27日至10月22日，波兹南法院开庭审判罢工事件参与者，22人被判刑。

波兹南事件暴露出当时的波兰政府在处理工人罢工问题上的严重官僚主义，也深刻而多面地折射了近年来在苏联共产党巨大的阴影下，波兰政治、经济和社会中存在的种种深层次问题和尖锐的社会矛盾，如同揭开了一个巨大的政治脓疮，从而在波兰统一工人党内引起地震。一时间，党内的斗争公开化、尖锐化，并且与社会的普遍呼声产生共振。同年10月，波兰统一工人党召开二届八中全会，过去被批评为“有右倾民族主义倾向”的哥穆尔卡当选为波兰中央第一书记，新改组的党中央为波兹南事件平反，释放被捕者。在波兰强烈要求下，苏联被迫将包围华沙的驻波部队全部撤回基地，并将担任波兰国防部部长的苏联元帅罗科索夫斯基调回国内。

10月21日，波兰统一工人党中央改组、哥穆尔卡当选中央第一书记的消息传到匈牙利，匈牙利劳动人民党内外纷纷要求效法波兰，走独立发展的社会主义道路。人民群众对拉科西时代实行的错误政策严重不满。一些右翼团体也乘机活动，煽动民众对社会主义及其政党的不满情绪。

两天后，在匈牙利首都布达佩斯，爆发了二十万人参加的示威游行。在右翼分子的煽动下，示威游行者呼喊反政府口号，占领了电台和一些军事设施，冲击劳动人民党和政府机构，甚至残酷杀害劳动人民党党员及其政府官员，致使这场游行演变为反政府暴乱。

10月23日晚上，匈牙利劳动人民党中央召开紧急会议，改组中央领导机构，纳吉进入中央政治局，并担任部长会议主席。在两天后召开的政治局会议上，又选举卡达尔担任中央第一书记。

尽管苏联共产党最高领导层在中国共产党的劝说、开导之下，试图松动对于匈牙利等东欧社会主义国家的控制，并在10月30日发表了《苏联政府关于发展和进一步加强苏联同其他社会主义国家的友谊和合作的宣言》，但是匈牙利的局势仍然继续恶化，纳吉政府宣布退出华沙条约组织，实行多党制，并把保安队和保安机关解散，人民民主专政体制已经解体，暴乱分子烧死、绞死、活埋保安队人员和共产党人，全国处于无政府状态……

在这种情况下，苏联共产党领导的态度发生根本转变，决定以雷霆手段干预匈牙利内政。11月4日，以卡达尔为总理的匈牙利工农革命政府宣告成立。同日应卡达尔要求，苏军重新回到布达佩斯。在军事手段的镇压之下，暴乱很快平息，匈牙利国内局势重新获得稳定。

山雨欲来风满楼。尽管毛泽东和中国共产党中央领导层怀着满腔热忱，要以整风的方式，重点整治中国共产党内的官僚主义和教条主义，主动解决中国共产党一些干部当中普遍存在的作风问题，将中国的社会主义革命和建设推向深入。但是，在国际国内复杂的政治背景下，中国国内的整风运动也出现了一些尖锐的问题。表现在极少数资产阶级右派反革命分子在绝大多数人民群众积极配合党的整风运动诚恳地向党组织提出各种意见、建议的同时，乘机向党和新生的社会主义制度发动猖狂进攻。当时，社会上的各种批评意见急剧升温，言辞越来越激烈，态度越来越偏激。批评的矛头直指党的领导，甚至要求与中国共产党平起平坐、轮流坐庄。在报纸上整版整版发表的一些发言、报道和评论，越来越给人们一种强烈的印象，似乎中国共产党的各级领导发生了严重问题，这些问题不是局部的，而是全局性的，根源在于党委（党组）领导负责制，似乎中国共产党的领导已经发生危机，已经朝不保夕了。在这种情绪的错误导向下，北京大学的大字报数量激增，有人公开在大学里演讲，攻击中国共产党，攻击党的领导，煽动学生上街、工人罢工……

针对这一情况，毛泽东部署组织对右派的反击。1957 年 6 月 8 日，由毛泽东亲自起草、以中共中央名义发出《关于组织力量准备反击右派分子进攻的指示》，其中指出："这是一个伟大的政治斗争和思想斗争。只有这样做，我党才能掌握主动，锻炼人才，教育群众，孤立反动派，使反动派陷入被动。""总之，这是一场大战（战场既在党内，又在党外），不打胜这一仗，社会主义是建不成的，并且有出匈牙利事件的某些危险。"

《人民日报》同日发表题为《这是为什么？》的社论，以中共中央党报社论的形式公开批评整风鸣放以来的错误言论，这是第一次。很明显，这是开始反击的信号。

一场全国规模的群众性反右派运动全面展开。

逄先知、金冲及主编的《毛泽东传（1949–1976）》一书在谈及这一时期反右斗争时写道："反右派运动迅速扩大，急剧升温，揭发批判的内容又从右派言论联系到‘历史劣迹’，在报纸上被点名批判的人越来越多。”“七、八、九三个月，全国划成右派分子的人数迅速上升。到十月上旬中共八届三中全会召开的时候，全国已划右派分子达到六万多人。到了一九五八年整个运动结束时，竟有五十五万人被划为右派分子。”

反右斗争，在很大程度上改变了毛泽东对于在新民主主义革命取得胜利之后中国社会主要矛盾的认识。本来，党的八大（1956 年 9 月）决议对于社会主义改造基本完成之后国内主要矛盾变化作了正确的判断和估计，八大决议指出，“我国无产阶级同资产阶级之间的矛盾已经基本上解决”，“国内的主要矛盾，已经是人民对于建立先进的工业国的要求同落后的农业国的现实之间的矛盾，已经是人民对于经济文化迅速发展的需要同当前经济文化不能满足人民需要的状况之间的矛盾”。

但是，1957 年 10 月上旬，在党的八届三中全会上，毛泽东就改变了八大的结论，指出：“无产阶级和资产阶级的矛盾，社会主义道路和资本主义道路的矛盾，毫无疑问，这是当前我国社会的主要矛盾。”这种认识的改变也体现在毛泽东对《关于正确处理人民内部矛盾的问题》的重大修改中：“阶级斗争并没有结束。无产阶级和资产阶级之间的阶级斗争，各派政治力量之间的阶级斗争，无产阶级和资产阶级之间在意识形态方面的阶级斗争，还是长时期的，曲折的，有时甚至是很激烈的。无产阶级要按照自己的世界观改造世界，资产阶级也要按照自己的世界观改造世界。在这一方面，社会主义和资本主义之间谁胜谁负的问题还没有真正解决。”

显然，基于对中国社会主要矛盾认识的根本改变，在很大程度上影响了毛泽东对于中国社会主义革命和社会主义建设如何依照法制和如何建设法制的认识与判断。特别在对于究竟搞人治还是搞法治，“看法和注意力”发生了重要变化，认为“法律这个东西没有也不行，但我们有我们这一套”，“我们基本上不靠那些（指宪法和法律），主要靠决议、开会，不靠民法刑法来维持秩序。人民代表大会、国务院开会有他们那一套，我们还是靠我们那一套。”“到底是法治还是人治？看来实际靠人，法律只能作为办事的参考。”有人甚至提倡法律虚无主义，提出“党的领导人讲话，《人民日报》社论都是法律，而且是更重要的法律”。这种认识上的改变，付诸实践，导致一连串的重大失误。

由于中共中央主要领导人注意力和认识上的改变，导致党和政府在法制建设方面的认识、行为也发生了明显的变化。

这方面典型的例证首先体现在政治斗争当中对于政治斗争对象在政治权利和人身权利方面不能按照宪法和法律予以尊重与保护。以波及全国的反右斗争为例，在反右斗争中，右派范围一再扩大，最终给五十五万余名知识分子、爱国人士和党的干部戴上右派“帽子”，在政治上定为“反动派”“阶级敌人”，在行政上予以降级、开除处理，直到劳动教养、遣返原籍、监督劳动等处罚，这些程度不等地剥夺公民权利的行为都没有什么法律依据，也没有依法定程序办理。自反右以后，政治斗争频仍，特别是在1962年八届十中全会以后，在“以阶级斗争为纲”的基本路线左右下，基层群众揭发批判、自我教育、自我革命的运动方式受到高度肯定，渐成主流；所谓群众发动起来自己教育自己、在改造自己主观世界的同时改造客观世界，不仅改造自然世界而且还要改造人的灵魂……这种政治运动中对被改造对象灵魂的改造过程，轻则开会揭发、批判、集中学习，重则斗争、关押劳动改造乃至判刑送进监狱，到了“文革”，连堂堂的中华人民共和国主席刘少奇也可以让造反派批斗、非法监禁、迫害致死……

其次，曾经引以为重视并写入“五四宪法”的人民代表会议制度被束之高阁，宪法赋予人民代表大会及其常务委员会的权力被空置。中国人大制度理论研究会副理事长（按：内容引自张春生：《新时期的法制建设从这里起步》，载《法律日报》2018年12月18日）一文中对20世纪50年代中国政治、经济开始脱离法制轨道的过程作出如下回顾：“1958年，由反右派直接引发了对1956年正确开展的反冒进的否定和批判，并由此发动了‘大跃进’运动。现在的老年人都亲身经历过‘大跃进’的重头戏‘大炼钢铁’。这一年的2月份，第一届全国人大召开第五次会议，薄一波副总理受国务院委托，作了1958年国民经济计划的报告。报告提出当年钢产量指标为624.8万吨，比上一年535万吨的产量增加 17%。这已经是一个积极的发展指标了。全国人大会议经过审议，作出决议，批准了这个计划和报告。全国人大的决议，属于依据宪法作出的法律性质的决议。但后来没有再经人大审议，就把当年的钢产量指标翻一番，改为 1070 万吨，写进了北戴河政治局扩大会议公报，由此发动了全民大炼钢铁的群众运动。这场‘大炼钢铁’运动，经济上投入很大，效益很低；国民经济比例严重失调；经济秩序和企业管理混乱。修改和调整工业发展指标不是不可以，但要依宪法规定报给全国人大讨论、决定。不经人大讨论决定就付诸实施，是直接违反宪法秩序的行为。”

“1958 年的人民公社化运动。1954 年宪法规定的我国农村基层的政权体制，是乡镇人民代表大会及其选举产生的乡镇人民委员会（政府）。为了推动‘大跃进’和‘向共产主义早日过渡’，没有经过全国人大修改宪法的有关规定，只由党内作了一个决定，就在 5 亿多农村人口中，搞起了人民公社化运动，废除了乡镇人大和人民委员会，建起‘政社合一’（政权组织和经济组织）基层组织。当时，大多数地方是把高级社合并，实行一乡一社，也有些地方实行‘一县一社’。由于要在公社范围内消灭贫富差别，这就加重了‘一平二调’的‘共产风’，破坏了农业生产力。当时的湖北省委第一书记王任重同志在向中央的报告中讲了一个典型例子，该省当阳县跑马乡的党委书记在大会上宣布：11 月 7 日是社会主义结束之日，11 月 8 日是共产主义开始之日。会一开完，大家就上街去拿商店的东西，商店的东西拿完后，就去拿别人家的。你的鸡我可以抓来吃，这个队种的菜，别的队的人可以随便跑来挖。在广大农村，随便‘共别人的产’，一时成风。”

再次，以党的意志代替国家的意志，以党的文件代替国家法律法规，以言代法盛行，朝令夕改，直至已经制定的宪法和法律被完全废弃。在 20 世纪 50 年代后期至党的十一届三中全会召开前的一段时间内，我们国家成了一个没有宪法和法律的国家，使党和国家及广大人民群众遭受了空前的劫难。

中国共产党是个伟大的政党，其伟大之处正是在于善于纠正自身的错误，特别是在其近百年的历史上，在其漫长、曲折、复杂和伴随着无数斗争、无数苦难和无数牺牲的征程中，一次次从挫折、失误乃至失败中吸取教训、总结经验，一次次跌倒了又爬起来，一次次失败了又再崛起，一次次走了弯路，又重新摸索着探寻出新的坦途。无论是在新民主主义革命时期，还是在社会主义革命时期；也无论是在摸索和寻找以农村包围城市、武装夺取政权的中国革命解放道路，还是探寻、开拓以改革开放发展中国特色社会主义经济建设之路，中国共产党都是从无数次重大的挫折、错误和失败中反反复复摸索出路、探寻路径和总结教训当中一步步走上坦途，最终开拓出中国特色社会主义道路。在法治建设方面，同样经过了这样的曲折历程。

第二章　中国共产党人的法治道路（中）

当中国共产党人深刻认识到法制建设的极端重要性时，已是在“文革”结束之后。1978 年 12 月 18 日，党的十一届三中全会在北京召开，会议以非凡的勇气、智慧和魄力，在作出全面实行改革开放这个历史性抉择的同时，也作出另一个历史性决定，这就是在党的八大召开 22 年之后，再次把发展和健全社会主义民主法制列入全党全国的重要工作日程。

十一届三中全会公报指出：为了保障人民民主，必须加强社会主义法制，使民主制度化、法律化，使这种制度和法律具有稳定性、连续性和极大的权威，做到有法可依、有法必依、执法必严、违法必究。从现在起，应当把立法工作摆到全国人民代表大会及其常务委员会的重要议程上来。

从此，中国特色社会主义法治建设的征程正式开启。尽管这条道路并不平坦，充满挑战，但是与 22 年前党的八大政治报告中曾经提出“进一步扩大社会主义民主，健全法制”时相比较，经过社会主义革命和建设中忽视法制带来的巨大损失和惨痛教训，中国共产党人更加深刻地认识到，在建设中国特色社会主义的道路上，社会主义法制是重要的制度性保障，只有努力建设社会主义法制并不断加以完善，才能保障社会主义革命和建设胜利地到达彼岸。这一点认识得来是如此不易，促使中国共产党人在建设中国特色社会主义法治的重要性、紧迫性上广泛地达成共识，在选择和坚持走中国特色社会主义法治道路方面更加坚定、更加清醒、更加自觉。在对中国特色社会主义法治的认识上，中国共产党人也在不断深化、不断发展、不断超越。

一

党的十一届三中全会后，建设中国特色社会主义法治经历了恢复重建法制、满足改革开放急需、建设社会主义法律体系和全面推进依法治国四个阶段，每个阶段都历经挑战，每个阶段都攻坚克难，每个阶段都阔步向前……

解放思想，勇于开展中国特色社会主义法治实践，努力探索和开拓中国特色社会主义法治道路，是中国共产党人在新时期中国特色社会主义实践中的一项伟大创举。这项创举的起步异常艰难，是从一片法制的废墟上开启征程的。当时的目标非常明确，恢复重建曾经被打碎、被践踏的法律制度和法律秩序。

党的十一届三中全会把发展社会主义民主、健全法制列入全党全国的重要工作日程。邓小平在1978年底的中央工作会议上提出："立法成了法制建设的紧迫任务。现在的问题是法律很不完备，很多法律还没有制定出来。往往把领导人说的话叫作法，不赞成领导人说的话就叫作违法，领导人说的话改变了，法也就跟着改变。"

从此，新时期中国特色社会主义法治实践开启第一个阶段，恢复重建法制阶段。这个阶段的主要任务，是制定一批最基本、最急需的法律。

要制定法律，就要建立一个有权威的立法工作机构。1978年10月3日，邓小平同胡乔木等人谈话，在谈到立法工作的繁重任务时，就提出："要搞立法，总得有个立法机构才行。"

1979年1月，中央确定由全国人大常委会统筹立法工作。2月17日，举行了第五届全国人大第六次常委会会议，乌兰夫副委员长作了"关于设立全国人大常委会法制委员会的说明"。会议决定设立全国人大常委会法制委员会（以下简称法制委员会），其任务是协助常委会加强法制建设，并通过了由80人组成的委员会名单。

法制委员会的名单一经披露，就被各界认为是一个规模大、规格高、有权威的机构，成员中包括党和国家资深领导人和各界知名人士。彭真（按：时任五届全国人大常委会副委员长）为主任，副主任和委员有胡乔木、谭政、王首道、史良、安子文、杨秀峰、沙千里、董其武、刘斐、胡愈之、荣毅仁、费孝通、季方、雷洁琼、胡启立、薛暮桥等，其中时任全国人大常委会副委员长和政协副主席的就有11人。这个机构的基本职责是起草和审议法律草案，重要法律由这个机构起草，提请全国人大及其常委会审议的法律草案须经这个机构审议后提出。

1979年3月13日上午，法制委员会在人民大会堂召开第一次全体会议。由于中央已经酝酿确定，3个月后的人大会议要审议七部法律(《选举法》《地方组织法》《法院组织法》《检察院组织法》《刑法》《刑事诉讼法》和《中外合资经营企业法》)草案，立法任务非常紧迫。彭真说，立法迫在眉睫，刻不容缓。接着他就法制委员会的性质、任务、机构建设，当前要抓紧制定的七部法律作了分工安排，并讲了个人意见。

法制恢复重建工作就在这样十分紧迫的情况下开始了，法制委员会成员们不仅以时不我待、只争朝夕的精神与时间赛跑，而且还以对人民负责、对国家负责和对未来负责的态度对每部法律草案条文反复推敲、反复修改。

张春生（按：1979年调入全国人大常委会从事立法调研和服务工作，曾任第八届、第九届全国人大常委会法制工作委员会副主任）在法制恢复重建时调入全国人大常委会从事立法调研工作，至今对当时法制委员会建立时的情景历历在目："法制工作委员会组成人员，大多数已是七八十岁的老人，'文革'中受过'无法无天'之苦，现在党和国家要建立法制，都看到了希望，怀着一种为法制添砖加瓦的心愿，要尽一份心力。"

"作为法委主任的彭真，年近80岁，称得上率先垂范。在立法机构成立大会上，他称自己年事已高，但要当半个'苦力'。做起事来，给人的印象他是法委'第一苦力'。对每部法律案，他不仅把握大的原则，还要对条文字斟句酌。他亲手把刑诉法中侦查机关'搜集证据'改为'收集证据'，强调禁止'搜罗'证据，故意'整人'。他白天在大会堂开会，晚饭后往往要加个班，然后在工作人员陪伴下，走路返回台基厂家中，放松一下疲劳的身心。经常是王汉斌把起草的报告或法律案晚上送到他家中，他连夜修改完毕，王汉斌第二天一上班就能见到他送过来的修改稿。1979 年 5 月下旬，彭真患重感冒，高烧不退，住进医院。5 月 29 日下午，中央政治局安排讨论刑法和刑事诉讼法问题，须由彭真对两个法律草案作说明。他要求医护人员为他打了一支退烧针，赶到中南海，参加了政治局会议。”（按：内容引自张春生：《新时期的法制建设从这里起步》，载《法制日报》2018 年 12 月 18 日）

1979 年 7 月 1 日，第五届全国人大第二次会议在北京举行，这次会议是新时期法制建设起步的标志。会议审议的七部法律草案立足于当时的客观实际，充分体现了法制恢复重建的客观必要性和紧迫性。

恢复重建法制，当务之急是使在十年“文革”中被砸烂和破坏的各级国家机关，在民主的基础上加以恢复，并正常地运转起来。这七部法律草案中的《选举法》《地方组织法》《法院组织法》《检察院组织法》均属于此类法律。而《刑法》《刑事诉讼法》的宗旨，在于惩治犯罪、保护人民，维护正常的生产、工作和社会秩序。

经过热烈讨论，第五届全国人大第二次会议通过了七部法律，社会反响热烈。四十多年后，这次会议一次审议通过七部法律被法律界简称为“一日七法”，作为法制恢复重建时立法工作紧迫状况的真实写照。的确，这一时期所立的第一批法律，主要解决法制重建面对的“无法无天”问题和现实最为迫切需要解决的重大法制问题。除了上面提及的七部法律，还有三部法律非常重要，第一部是“八二宪法”，第二部是《婚姻法》，第三部是《民法通则》。

宪法在法治上的地位、作用毋庸置疑，宪法是立国之本、法之源泉、法之统领。在法制重建当中当然首当其冲。

“五四宪法”尽管是一部好宪法，但自“五四宪法”颁布实施以来，国家政治、经济、社会生活等方方面面都发生了很大变化，后来虽然有了“七五宪法”和“七八宪法”，但是从宪法立法的角度来看，这两部宪法都带有以阶级斗争为纲的浓厚时代印迹，是宪法立法史上令人不堪回首的一幕。

1982 年，历时两年多起草，一份《宪法修改草案》由全国人大常委会交付全国各族人民讨论。这次宪法修改，是以新中国第一部宪法——

"五四宪法"为基础，在4个月的时间里，数亿人参加讨论并提出大量建议意见，很多意见被采纳。这在世界各国制宪史上都是罕见的。

1982年12月4日，第五届全国人大第五次会议审议并通过了现行的《中华人民共和国宪法》。这部宪法，被称为"八二宪法"。

"八二宪法"对"五四宪法"精神的复兴是较为彻底和有效的。彭真在"八二宪法"修改草案报告中说，"这个宪法修改草案继承和发展了一九五四年宪法的基本原则"。从文本的总体内容看，"八二宪法"沿用了"五四宪法"确立的一些基本制度和原则，包括人民代表大会制度、民族区域自治制度、统一战线的制度以及民主集中制、法律面前人人平等原则等，在公民基本权利等方面还增加了新的内容。"八二宪法"也基本上沿用了"五四宪法"中关于国家机关性质职能的总体定位，采用列举的方式规定公民较为全面和广泛的基本权利保障模式。

从文本的总体结构看，"八二宪法"沿用了"五四宪法"序言外加总纲、国家机构、公民的基本权利和义务、国旗国徽和首都四章内容的立法体例，但是将第二章与第三章的顺序对调，理顺了公民与国家的关系。在宪法具体内容方面，"八二宪法"对"五四宪法"也有诸多继承，比如"八二宪法"第十三条第二款有关"国家依照法律规定保护公民的私有财产的继承权"的规定继承了"五四宪法"第十二条的规定；"八二宪法"第八十三条有关"中华人民共和国主席、副主席行使职权到下届全国人民代表大会选出的主席、副主席就职为止"的规定承继了"五四宪法"第五十四条的规定；此外，"八二宪法"有关通讯秘密受法律保护、公民有获得国家赔偿的权利、公民有依照法律纳税的义务等规定也是对"五四宪法"的继承。"八二宪法"延续了"五四宪法"的文本特征与内在精神，一些重要的原则在新宪法中得到恢复，并根据国家生活的变化获得新的内涵。

中国法学会宪法研究会会长韩大元认为，"八二宪法"为中国社会发展作出的贡献是多方面的，但其中最重要的贡献之一是通过宪法治理初步形成了社会共识，为凝聚民心、维护社会共同体价值奠定了基础（按：引自韩大元：《论宪法实施与中国社会治理模式的转型——纪念1982年宪法颁布实施三十周年》一文，载《中国法学》2012 年第 4 期）。

韩大元指出，在围绕修宪达成共识的基础上，“八二宪法”的修改在内容与规范内涵方面，力求通过宪法规范承载社会共同体价值，为刚刚起步的改革开放奠定正当性与合法性基础。作为建立社会治理体系的一种积极努力，“八二宪法”一方面调整了整体的篇章结构，另一方面完善了基本权利的内容体系，力图理顺国家、社会与个人的关系，以建立有效的社会治理体系。

韩大元认为，“八二宪法”既为社会治理提供基础，同时又通过宪法规范不断调整社会治理的方式。在宪法与社会的互动中，通过实施宪法体现问题意识和现实关怀，发挥宪法对执政行为的调整功能，使国家决策更好地体现宪法理念、宪法意识和宪法路径。

从法制恢复重建亟待解决“无法无天”问题的角度看，对民众来说，在宪法之下便首推婚姻法了。1950 年《婚姻法》颁布实施以来，我国婚姻家庭方面发生的变化之大，是整个国家政治、经济、社会生活变化的折射。亟须用一部适应这些变化的新婚姻法去规范和调整。

1978 年 11 月，根据中央对全国妇联关于修改婚姻法报告的批示，全国妇联邀请民政部、卫生部、最高人民法院等 10 个机构的负责同志在北京开会，决定成立修改婚姻法领导小组。

三十年沧海桑田，方方面面变化之大，致使修改婚姻法中争议很多，一大焦点是法定婚龄如何确定。据张春生回忆：1950 年婚姻法规定的法定婚龄是男 20 岁、女 18 岁。经过 30 年，如何适度地提高法定婚龄，各方面意见不一。城里职工、干部和知识分子大多能够接受晚婚，农村则对过晚结婚抵触很大。计划生育部门从减少出生人口出发，要求把法定婚龄提高到 23 岁、24 岁，个别地方还提出到 25 岁、26 岁。医学专家林巧稚提出，男女青年 20 岁左右，生理、心理条件都达到成熟，国家不能用强制的办法，压抑他（她）们的婚恋要求。对此，法制委员会充分听取了全国妇联和各方面的意见，提出：确定法定婚龄，既要从国家当前的政治经济文化状况出发，也要照顾到青年本身的要求和子女的教养；既要切合社会需要，也要有科学根据。立法要从实际出发，不要立的法行不通。全国人大常委会绝不能通过多数群众不赞成或不很赞成的法律。经过统筹考量，向第五届全国人大第三次会议提请审议的婚姻法修改草案中，提出了“男22周岁、女20周岁”的法定婚龄，男女各增加两岁，获得了大多数代表的认同。

另一大焦点就是离婚问题如何规定，对于男女一方坚持要求离婚，另一方不同意离婚如何处理？在讨论中发生过很大争议，形成两种对立意见。一种是经调解无效，应准予离婚，理由是不能以法律强行维持感情破裂的婚姻。这在当时被称为“感情说”。另一种是“理由不正确”（如喜新厌旧、有第三者插足）等，不应准许离婚，当时被称为“理由说”。在一段时间里，意见争执不下。经法制委员会反复研究协调，将这一规定修改为：“人民法院审理离婚案件，应当进行调解。如感情确已破裂，调解无效，应准予离婚。”这样处理，既坚持了婚姻应以感情为基础，又照顾了现实情况，被当时多数人接受。

经过历时近两年的修改，1980年9月10日，第五届全国人民代表大会第三次会议通过中华人民共和国第二部《婚姻法》。

中国法学会婚姻家庭法学研究会会长、中国婚姻家庭研究会副会长夏吟兰认为：1980年《婚姻法》进一步巩固和发展了社会主义婚姻制度，保障公民合法的婚姻家庭权益。这部法律主要有三个重大变革。

第一个重大变革是首次将实行计划生育内容明确写进法律，成为《婚姻法》第五大原则。越来越多的夫妻选择只生一个孩子，这使得男女平等观念进一步普及，也使以前的大家庭日渐为核心家庭所取代。在20世纪80年代增加这一内容十分必要，因为当时我国刚刚开始实行计划生育并作为基本国策。把计划生育上升为法律，并确立为法律的基本原则，跟当时国情是契合的。

另一个重大的变革就是对离婚的法定理由作了一个实体性的规定，将“感情确已破裂”作为离婚的条件。对此，多年以后夏吟兰在接受记者采访时回忆道：这一条款曾引起一场社会大讨论，离婚标准究竟应该是“理由说”还是“感情说”引发巨大争议。之所以要在1980年《婚姻法》中确立离婚的法定标准，这跟之前的“文化大革命”有关。我们知道，历次政治运动都会对家庭产生特别大的冲击。从1957年到1976年的20年间，我国处于一个政治高于一切的年代，我国经历了一系列的政治运动，1950年《婚姻法》建立起来的婚姻家庭制度受到了极大冲击，政治标准代替了婚姻关系中的情感因素，结婚和离婚也不自由。曾经有一对农村夫妻要求离婚，法院判决不允许，理由是双方都是贫下中农子弟，是一根藤上的两颗苦瓜，是阶级兄弟姐妹，所以不能离婚。与此同时，由于政治原因被迫离婚的不在少数，不少离婚夫妻在法院门口抱头痛哭。这就是1980年《婚姻法》将感情破裂确立为离婚标准的原因，目的就是强调婚姻的本质必须是感情。

1980年《婚姻法》还有一个重要内容是将家庭的范围扩大到了祖孙关系和兄弟姐妹关系，对老年人的赡养和对儿童的保护都进行了规定。这一改变是考虑了我国养老育幼的传统文化，体现中国价值、中国特色。这些规定给我国的婚姻家庭带来了前所未有的巨变（按：内容引自《婚姻法三次变革从简单粗糙到制度化体系化》，载《法制日报》2019年6月21日）。

继《宪法》《婚姻法》之后，还有一部法律的颁布具有开创性意义，这就是《民法通则》。

孟德斯鸠在《论法的精神》中说，在民法慈母般的眼里，每一个人就是整个国家。民法平等、包容，前所未有地关注着每一个人从出生到死亡的每一项权利，但自新中国成立到20世纪80年代，我国还没有民事方面的基本法。要建立社会主义法制，维护公民权利，这个空白亟须填补。必须立即着手制定一部简明适用的民法典。

在十一届全国人大法律委员会主任委员胡康生记忆中："随着经济体制改革的推进，许多经济和民事方面的关系正在发生变化，但又没有定型。这种不确定性也使彭真对民法起草问题更加慎重。"谈及这段历史，胡康生再次讲述了"先零售后批发"的故事：起草民法究竟采取什么方针？彭真当时认为，民法与刑法不一样，民事活动与经济活动互相联系，我们的经济体制正处于改革中，制定完整的民法典恐怕还有困难，条件不成熟。恐怕需要采取"零售"的方法，根据实际需要，成熟一个制定一个。这样，既可以适应实际需要，又可以为制定整个民法典打下基础（按：内容引自《民法立法曲折坎坷渐行渐进》，载《法制日报》2018 年 12 月 8 日，下同）。

据胡康生回忆，当时彭真认为，从民事实体法看，单行民事法律已经有了一些，但只有单行法还不够，还需要有统一的民法原则，要把民法总则搞出来。他提出：对于统一的民法究竟冠以什么名称，需要考虑一下。要把民法的所有内容都规定下来，恐怕一时还有困难，但把民法的原则性内容先规定下来是可以的。因此，这个法的名义，不妨称为民法总则。1985 年夏，民法总则草案有了基本框架。最后，彭真定了调子。他说，既然这里面不仅包括总则的内容，而且也包括分则的一些内容，叫总则不合适，那就叫通则吧，总则和分则都通起来了。

“民法通则的名称就这样确定下来了。”胡康生说。

然而，要制定一部民法通则，又怎一个难字了得。

自新中国成立之后，民法典的起草工作先后启动三次，分别是 1954 年、1962 年和 1979 年。前两次起草都无疾而终，关于 1979 年 11 月第三次起草工作，张春生回忆说：“1979 年 10 月 2 日成立了民法小组，搞民法典，两年多后写出了民法典第二稿。但是这个稿不能实施，问题在于改革刚刚开始，经济方面的许多制度尚难定型，500 多个条文的稿子许多是沿袭外国人的规定。”（按：引自《四十年立法中那些鲜为人知的事》，载《工人日报》2018 年 12 月 22 日）

在十一届全国人大法律委员会主任委员胡康生的记忆中，制定《民法通则》的过程中，始终伴随着各种激烈的交锋。

首先遇到的就是民法与经济法的立法方向、定位之争。这场争论从 1979 年开始，一直持续到 1986 年《民法通则》颁布。其间，1985 年草案征求意见时争论更是达到了白热化程度。

据胡康生回忆，当时民法与经济法争论的焦点是民法的调整范围。《民法通则》草案第二条规定，民法的任务，是调整公民之间和依法成立的组织之间，以及它们相互之间的财产关系和人身关系。“这个规定引起经济法学界轩然大波，以至于在《民法通则》通过前的四个月内集中交锋了三个回合。”

胡康生细述了这三次交锋：

第一个回合是1985年12月。这一年12月4日至11日，全国人大法律委、全国人大常委会法工委联合在北京召开座谈会，邀请一些高等院校、科研机构的法律专家和中央及地方有关部门的180多名同志，征求他们对民法通则草案的意见。这既是一次立法工作会议，也是一次学术会议。会议在草案修改和学术交流上都取得了进展，对制定民法通则达成共识。然而，与此同时，远隔千里之外的广州，国务院经济法规研究中心和中国经济法学研究会也在联合召开全国第二次经济法理论工作会议。会议主要议题之一就是反对制定民法通则。争论的焦点是，经济活动，包括国管企业、集体企业横向经济活动，是用经济法还是用民法调整。经济法学界有“大经济法”主张，认为这些企业姓“国”不姓“民”，它们的经济活动，无论纵向的（国家计划管理），还是横向（各类企业之间）的，都应由经济法调整，不应由民法调整。在对民法通则草案讨论的过程中，不少与会人员对民法通则草案提出了批评意见。于是，北京和广州，一北一南两个会议，颇有唱“对台戏”的意味。

面对此种局面，立法机关对经济法专家的反对意见，采取了民主、开放、包容的态度，反复加以研究，吸收其中科学合理的成分，写出了立法研究报告。报告提出：“民法通则主要调整平等主体的公民之间、法人（包括公有制法人）之间，以及他们相互之间横向联系的财产关系和经济关系，并不是调整所有的财产关系和经济关系，国家和企业之间、企业主管机关和企业之间等纵向的经济关系，主要由经济法（有的属于行政法）调整。”这就从总体上划清了民法和经济法的界限，为两类立法理出了思路。

面对此次交锋，彭真委员长指出，民法通则仍然要按照立法步骤进行，同时应进一步听取经济法专家的意见。1986年1月21日至30日，全国人大常委会法工委在北京召开座谈会，听取包括经济法专家在内的各方面专家和实际工作者对民法通则草案的意见。

第二个回合是1986年2月。这一年2月3日，时任全国人大法律委员会副主任委员项淳一、时任全国人大常委会法工委副主任顾昂然到国务院经济法规研究中心，征求中心负责人顾明对民法通则草案的意见。顾明谈了意见后，将一份6000多字的《关于对民法通则草案的意见和急需制定单行法规的建议》交给项淳一和顾昂然。17天后，法工委提出了《关于顾明等同志对制定民法通则的意见的请示》报告，认为顾明等的意见不应影响现在制定民法通则，制定民法通则并不影响经济立法，也不妨碍其他有关调整经济关系的法律制定。彭真对此表示同意。他说，民法通则的制定不能因为有人反对就停止，但是，应当允许和欢迎别人提反对意见，顾明的反对意见可以进一步公开，立法民主化就要在这方面有体现。

第三个回合是1986年3月。这一年3月12日，《经济参考报》第一版刊登出《经济法纲要起草大纲制定完毕》的消息。同日，新华社动态清样刊登了题为《经济法专家呼吁〈民法通则〉和〈经济法纲要〉应协调同步制定》的文章。3月14日，陈丕显副委员长主持召开委员长会议，会议同意民法通则草案经常委会审议后，提请第六届全国人大第四次会议审议，由王汉斌秘书长向顾明说明情况。

至此，这场关于民法通则立法的争论方才告一段落。如何看待这场争论？这场争论的实质是什么？民法通则立法之难的关键在哪里？多少年过去了，亲身参加民法通则立法全过程的著名民法专家、中国政法大学教授江平评论道："今天回过头来看，这场争论绝不是什么'意气之争'、'领地之争'、'生死存亡之争'，这场争论背后的实质，是中国经济走向之争，是中国经济改革中计划作用与市场作用之争。"（按：引自江平：《沉浮与枯荣——八十自述》，法律出版社2010年版）

《民法通则》在立法方法上开创了立法工作者与专家和实际工作者三结合（实际工作者如法院等司法和执法部门的工作者）的方式。在这部法律的起草过程中，方方面面倾注了极大的精力。相对于《刑法》《刑事诉讼法》等七部法律，《民法通则》在立法过程中经历了相当程度的捶打与磨砺，仅在1979年就产生了四稿；在7年立法过程中反复征求各部门和各方面专家意见的基础上，吸收了方方面面的意见、建议；对于刚刚在改革当中出现的新现象、新问题，也在集思广益的基础上予以充分、恰当的考虑和表述。中国人民大学佟柔、中国政法大学江平、社会科学院法学所王家福、北京大学魏振瀛，被民法圈内称为“四大名旦”。这4位专家，同时作为《民法通则》的顾问，“起把关作用”，直到开人民代表大会审议期间，他们4位还在人民大会堂值守。

回忆起这段往事，胡康生说：“民法通则制定的实践证明，采取这样的立法方法是正确的、行之有效的。现在立法仍一以贯之地坚持着这一基本方法。”（按：引自《四十年立法中那些鲜为人知的事》，载《工人日报》2018年12月22日）

1986年3月19日，第六届全国人大常委会召开第十五次会议，到会126人，以118票赞成的多数通过《民法通则（草案）》，并决定提交第六届全国人大第四次会议审议。4月12日，第六届全国人大第四次会议通过《民法通则》，自1987年1月1日起正式实施。

《民法通则》作为新中国历史上第一部正式颁行的民事基本法律，被誉为“中国的权利宣言”。民法通则明确规定了民事法律的基本原则，坚持改革方向和立法的科学性，从制度上把民事活动尤其是经济方面的民事活动，从国家行政活动中划分出来，确立了独立的民事法律关系。这就以法律形式确认并保障了平等主体之间的民事活动，改变了计划经济体制下由政府包揽经济活动的局面，为推进有计划的商品经济并进而实行市场经济，奠定了重要的法制基础。

二

新时期探索和开拓中国特色社会主义法治实践，努力开辟中国特色社会主义法治道路，在恢复重建法制阶段性目标完成之后，马不停蹄地进入第二个阶段，这就是为改革开放服务，从满足应急之需到创设适应改革开放要求的法治环境。这是一个伟大的目标，这是一个艰巨的任务，这是一个神圣的使命，这是一个充满挑战的过程。

实际上，在法制恢复重建阶段具有开创性和标志性意义的“一日七法”中第七法——《中外合资经营企业法》，就是为满足改革开放急需而紧急制定的。

已经去世的顾明同志在1979年曾任国务院副秘书长，他在谈到《中外合资经营企业法》诞生时曾经说过，当时我们想吸引外资来华，但外商说没有法律，他们的权利没法保障，所以不来。于是，时任全国人大常委会委员长的叶剑英要求国务院有关部门半年内提交中外合资经营企业法草案。之后，这部法律草案初稿由顾明具体组织起草，征求了主管部门和专家的意见，于1979年6月25日报送中央，得到中央原则批准。

新时期中国特色社会主义的起步，如同从茫茫原野上开辟道路，改革开放，前无古人，既无现成经验可循更无成熟模式可依，只能摸着石头过河，大胆地闯、大胆地试。既需要非凡的胆略，又要有超群的智慧。为改革开放开路的立法，尤其是这样。

“这是第一部对外开放的法律，旨在引进外国资金、先进技术和先进管理经验。”十届全国人大法律委员会主任委员杨景宇回忆当时立法的经过时说。起草这部法律时，我国没有实践经验。怎么办？一是打破传统观念束缚，整理了一份《列宁关于用租让制利用外资的一些论述》。二是借鉴国外成功经验，整理了《一些国家和地区办合资企业的规定》等十几份资料。三是规定得原则一些，不宜过细，只有15条（按：内容引自《改革开放40年亲历者讲述立法故事》，载《新京报》2018年12月16日）。

法制委员会在讨论中外合资经营企业法草案初稿的时候，尽管这个初稿已经被中央原则批准，但是荣毅仁委员还是提出了不同意见。草案中规定“外国合资者的投资比例，一般不高于49%，不低于25%”。这是一个带有国际惯例性的规定，认为外国投资比例不超过49%，本国占51%以上，才能把合资企业控制在本国手里。荣毅仁提出不同意见的理由是，我们之所以搞中外合资经营，是由于国内资源丰富，技术落后，特别是外汇资金缺乏，在不丧失国家主权的前提下，以平等互利的原则，尽量吸收更多的外资投入国内建设。由此出发，不低于25%的比例是必要的，但一般不高于49%，这一限制不利于吸引外资。

邓小平看了荣毅仁的意见后批示，“我看所提意见颇有道理”，并批送华国锋、叶剑英、李先念、陈云阅批。陈云批示：“我同意荣毅仁的意见，只要外资愿意来中国，我们总有办法对付。”这样，提交第五届全国人大第二次会议审议的草案中，删去了外资投资比例“一般不高于49%”的规定，保留了其投资比例“不低于25%”的下限（按：内容引自张春生：《新时期的法制建设从这里起步》，载《法律日报》2018年12月18日）。这是一个理念上的重大突破，对于我国打开国门、引进外资具有重大意义。

其实，仅有15个条文的《中外合资经营企业法》，本身只是政策宣示性的法律，其象征意义远远大于实质性的法律意义。如果脱离了中国特定的历史发展阶段，如果脱离了中国特定的时代背景，如果不了解新中国成立后经济建设走过怎样曲折的发展道路，就无法深刻认识这部法律颁布所蕴含的全部意义。经历了以“阶级斗争为纲”等种种“左”的严重干扰所造成的在社会主义革命和经济建设中的重大挫折，刚刚结束十年“文革”的社会主义中国，实行对外开放的国策是开天辟地的大事件，这是中国共产党人领导中华民族进行新时期的伟大实践，开创中国特色社会主义宏伟事业的新使命。为此，以法律的形式，向世界宣示中国鼓励、保护对外开放的政策，对新中国来说，本身也是开天辟地的大事件。其意义，其影响，怎么估计都不过分。

作为参与制定这部法律的工作人员之一，张春生在四十年后满怀感慨地回忆道：“新时期首批法律之一的中外合资经营企业法，作为从事这项立法工作的人，当时感觉到它是一部对外开放的法律。多年后才意识到，开放同时启动改革。这部法律也是改革的‘龙头’法律。它所体现的改革方向，主要在两大方面，一是它在整体的公有制体制内，开了鼓励和保护非公有制经济和私有资产的先河。二是它在整体的计划经济体制内，开辟了一片市场的空间。”

的确，尽管只有15个条文，但是这部法律对于保护非公有经济和私有资产的规定是鲜明的。它规定：中国政府依法保护外国合资者的投资、应分得的利润和其他合法权益。在合营各方的投资中，既包括现金、实物这些有形资产，也包括工业产权（专利与商标）这些无形资产。外国合营者所得的净利润，可以汇往国外。这是在中国实行单一公有制经济多年之后，首次以法律的形式，作出的保护私人资产的规定。这难道不是开天辟地之举吗？

合资企业的经营活动是按照市场原则运行的。这首先表现在国家以法律形式确认合营企业是自主经营的独立主体地位，包括董事会讨论决定合营企业的一切重大问题，合营企业的生产经营计划，只是报主管部门备案，其实施都通过经营合同方式执行。当时的国家各级计划委员会，对合营企业的产供销各方面，都不予具体干预。

这些简明而又重要的规定都在表明，在中国整体的公有制计划经济体制内，出现了一个市场经济的主体，在经济活动中按市场原则独立运行。这个新的主体规模还不大，运行中还有不少困难，但是它是一次破冰之举。由此可以说，《中外合资经营企业法》是中国走向社会主义市场经济的一个"龙头"法律。

了解了这些，就会理解这部法律颁布后，为什么影响会如此之大。在张春生的记忆中，一次重大外事活动中的交谈非常难忘：当时邓小平接见日本一个代表团，对方说这（按：指《中外合资经营企业法》）是一个宣言式的法律。邓小平说不错，是我们对外开放政策的一个宣言。

《中外合资经营企业法》是中国为实行对外开放国策而立法的开山石，随着这部法律推出，一系列相关立法随之启动。从此，为改革开放服务，从满足应急之需到创设全面适应改革开放新要求的法制环境成为新时期法制建设者的光荣使命。新时期法制建设由此进入第二阶段。

对于改革开放而言，中国用法律向世界发表政策性的宣示是必要的，但仅仅有政策性的宣示还不足以吸引足够多的外资放心大胆地进入中国，更不能保障外资进入中国后的合资项目能够安全、高质、高效地发展；还需要一系列完备的法律、法规和规章等作为系统性的支撑和保障。显然，在这方面立法机关任重道远。

《中外合资经营企业法》的颁行，推动了两个工业产权法律即商标法和专利法立法工作的启动。这既是逻辑演进的结果，更是实践发展的必然。

1979年8月25日至9月8日，法制委员会连续召开座谈会，听取《中外合资经营企业法》实施过程中的有关情况汇报，讨论配套法律的制定工作。由于《中外合资经营企业法》规定的，可以用“工业产权”出资，商标法、专利法理所当然地列入了配套法律。

商标法的制定相对来说比较容易。商标制度是商品经济的产物。商标是商品或者服务的标志，它的作用是把一个企业的商品（服务）与其他企业的商品（服务）严格加以区别。随着商品经济的发展，同一类商品（服务）会有多家生产（提供），由此产生日益激烈的竞争。商品生产者为了取得竞争优势，一方面努力提高商品（服务）质量，另一方面要通过注册取得特定商标的专用权。商标专用权既可以保护企业的正当竞争，维护市场正常秩序，也方便消费者通过商标区别同类产品（服务），择优购买。

1982年5月11日，习仲勋（按：1981年春天，由于彭真同时兼任中央政法委书记，又主持起草宪法，中央提议并经全国人大常委会决定，免去他法制委员会主任职务，由副委员长习仲勋同志兼任）主持法制工作委员会全体会议，讨论国务院提交审议的商标法草案。草案是对计划经济体制下商标管理条例的修订。修订的主要内容，是对商标从强制注册改革为自愿注册，经国家主管部门核准注册的商标，注册人享有商标专用权，受法律保护。讨论中对实行自愿注册发生争论。有人主张对商标实行全面强制注册，由注册人对商品质量予以保证。但多数人认为，商标的主要作用在于维护企业和商品的信誉，适应市场竞争，要不要取得商标专用权，是企业的自主行为，不应予以强制。法制委员会肯定自愿注册是改革方向，在当年8月全国人大常委会会议审议中，自愿注册的原则得到多数委员的认同，《商标法》审议通过。

专利法的制定，则迈过了三个门槛。第一个门槛，是中国要不要实行专利制度，当时争论很大。张春生记得，对于要不要实行专利制度，工业主管部门、国家经委的一部分同志反对，理由是用外国技术不花钱，也可以“一家花钱引进，百家使用”；一些同志认为专利制度与社会主义公有制不相容，实行这种制度，会使科技成果互相保密封存，成果推广更为困难。然而，在这个问题上，科技界的态度截然不同，他们坚持要制定专利法。理由是，从发展来看，我们应当制定专利法，社会主义国家也可以实行专利制度。世界各国的经验证明，专利制度可以鼓励企业和科技人员进行发明创造，吸引外国先进技术。一个现实的例子是，昆明第二橡胶厂技术员刘忠笃，已有54项新发明，盼望专利法实施后再行公开。

那段时间，中央领导层也在关注制定专利法的问题并作出重要指示。1983年1月4日，时任中共中央书记处书记胡启立在《光明日报》的一篇文章上批示：要尽快通过我国的专利法，先有一个试行草案也好。同时应建立宣传专利知识及信息的公开的刊物报纸。这件事拖久了不利。此后制定专利法，在最高领导层得到肯定。彭真与邓小平商议后，主持委员长会议，决定将国务院提请审议专利法草案的议案列入常委会议程，同时提出：“专利法主要是对外，对内也要有相应规定，同时也要有利于推广先进技术，当然也不能吃大锅饭。”（按：内容引自张春生：《新时期的法制建设从这里起步》，载《法律日报》2018年12月18日）

第二个门槛，是规定几种专利。张春生在回顾这段时期的立法工作时说，当时专利局倾向于搞三种，有的同志倾向于搞一种，怕“大的抓不住，小的特别繁琐”，最后国务院决定搞三种专利。

第三个门槛，是法律草案的文本结构。1984年初，农历大年三十前一天下午，有同志提出，草案的结构照抄了台湾地区的“专利法”，用起来也不方便。当时专利法已经经过人大常委会会议审议，经过几次修改，就要提交表决了。尽管如此，法律委员会主任彭冲还是决定修改。于是，利用春节三天假期，张春生把一条条剪出来的条文重新组合，将三种专利合并在一起写，减少了几十个条文。最终，这个方案获得通过（按：内容引自《改革开放40年亲历者讲述立法故事》，载《新京报》2018年12月16日）。

1984年3月12日，第六届全国人大常委会第四次会议经过充分审议，表决通过了《专利法》，并决定于1985年4月1日起实施。4月1

日法律开始实施当天，国内外申请即达3455件。这之后的实践表明，专利制度为我国科技和经济发展注入了强劲动力。

改革开放对于中国经济变革的突破是从改变传统、僵化的计划经济开始，又从发展社会主义商品经济扩展、深化，逐步过渡到发展和完善社会主义市场经济的过程。从某种意义上说，无论是商品经济还是市场经济，其显著特征和本质都是交易经济。随着经济改革的逐步推进，无论是农村还是城镇，交易主体的扩大，是必然趋势。这种趋势也势必提出一个法律课题——制定合同法，用以规范交易者的活动规则，建立和维护商品经济秩序。

我国合同法律的制定，与整个民法典一样，走的是一条从分散到统一，从"零售"到"批发"的道路。在改革开放初期，先是制定了《经济合同法》，继而制定了《涉外经济合同法》，接着又出台了《技术合同法》，最后才通过修改补充完善，整合成一部统一的《合同法》。

1981年12月制定的《经济合同法》，是第一部在民事主体经济上规范权利义务关系的协议之法，是计划经济母体里出生的第一个进入市场的婴儿，最能体现计划经济向市场经济的过渡。因此，这部法律带有明显的两重性。一方面，它首次肯定了自然人、法人（主要是公有制企业）和其他组织，以主体身份订立和履行经济合同，并有权按照合同进行交易，因对方违约造成的损失，有获得赔偿的权利。另一方面，它又限定这种合同权利，明确其受国家计划的制约。立法宗旨明确规定了实行合同制度，要保证国家计划的执行；在合同的订立和履行中，"属于国家指令性计划产品和项目的经济往来，必须按国家下达的指标签订经济合同；如果在签订时不能达成一致意见，由双方上级计划主管机关处理；如果订立经济合同，所依据的国家计划被修改或取消，则允许变更和解除合同。"如果以今天的眼光看待这种限定，会感到匪夷所思，然而，当时这种认识却是天经地义的。在改革开放之初，从国家主管部门的立场来看，当事人之间的合同只是实现国家计划的一种手段。

1981年12月13日，第五届全国人大第四次会议通过了《经济合同法》。这部法律的第一条开宗明义："为了保护经济合同当事人的合法权益，维护社会经济秩序，提高经济效益，保证国家计划的执行，促进社会主义现代化建设的发展，特制定本法。”显然，“保证国家计划的执行”是这部法律鲜明的主旨。

还有一个重要的问题，经济合同分为涉内涉外，一部《经济合同法》是否都能管得了？据张春生回忆，在这部经济合同法起草时，国家进出口管理委员会（后改为对外经济贸易部、商务部）和国际贸易促进委员会，正开始起草涉外经济合同法。当时，对这两个法律案是否合二为一，曾经进行过研究。1981 年 2 月 16 日，国务院法规研究中心季崇威写信给顾明、王汉斌，提出了这一要求。顾明认为：涉外合同较复杂，很难合并到经济合同法中去。法制委员会主任会议同意了这一意见。这可以看出，我国当时的经济合同法与国际上完全按市场运作的合同规则存有很大的差异（按：内容引自张春生：《新时期的法制建设从这里起步》，载《法律日报》2018 年 12 月 18 日）。这便有了《涉外经济合同法》。

1985 年 3 月制定的《涉外经济合同法》，是第二部合同法，也是继《中外合资经营企业法》之后的又一部经济方面的涉外法律。这部法律所规范的各类合同行为，包括投资、对外贸易放款、担保以及合作勘探、开发自然资源等，除适用中国有关法律外，还必须与我国参加的国际条约和国际惯例保持一致。因而在法律案的审议中，如何符合国际惯例，就成了一个重点问题。

国务院提请审议的法律案，总体上遵循了这个原则，但较多地强调了遵循我国法律。在全国人大常委会审议过程中，有些委员和地方、部门、专家提出，为更好适应改革开放的需要，应当进一步按照国际惯例修改完善。法律委员会和全国人大常委会采纳了这些意见，主要表现在：

第一，除某些类型的合同（在我国主要是外国对华投资合同、中外合作勘探开发、自然资源合同）外，当事人可以自行选择适用哪些国家的法律，以体现意思自治原则。当事人没有选择的，适用与合同有最密切联系的国家的法律。我国法律没有作规定的，可以适用国际惯例。

第二，根据有些专家的意见，增加了一项重要规定，我国缔结或者参加的国际条约，如果同我国的法律有不同规定的，应当适用该国际条约。但是，我国声明保留的条款除外。

这些按照国际惯例的修改，在相当程度上摆脱了计划经济体制的约束，推动了对外经济技术合作。更为重要的是，为我国日后加入世界贸易组织，在相当程度上铺平了道路。

1985 年 3 月 21 日，第六届全国人大常委会第十次会议通过了《涉外经济合同法》，同年 7 月 1 日施行。

1987 年 5 月出台的《技术合同法》，是由于经济体制改革和科技体制改革的推动，为开放而发展技术市场，推进科技发展，促进科技为现代化建设服务而制定的。

这个法律制定过程中，争议最大的是技术成果的产权归属问题，这是商品经济发展和技术市场开放中势必提出的问题。为此，立法机关通过调查研究，明确规定：执行单位的任务，或者主要是利用单位的物质条件所完成的技术成果，是职务技术成果。职务技术成果的使用权、转让权属于单位，单位有权就该项职务技术成果订立技术合同。单位应当根据使用和转让职务技术成果所取得的收益，对完成该项成果的个人给予奖励。非职务技术成果的使用权、转让权，属于完成技术成果的个人。完成技术的个人，有权就该项非职务技术成果订立技术合同。

这一规定，完善了技术成果的产权归属和收益归属，对维护技术市场秩序、发挥多方面主体的积极性起到了推动作用。

1987 年 6 月 23 日，第六届全国人大常委会第二十一次会议通过了《技术合同法》，自同年 12 月 1 日起施行。

三部合同法在七年内先后出台，带有鲜明的时代特征，非常符合当时改革开放初期的特点和国情，也非常符合当时法制刚刚重建所具有的立法水平和条件。站在今天的法治水准上回望，一些年轻的法律研究学者，可能很难理解：三部密切相关的法律为什么不能统一制定呢？作为亲历者，张春生在多年以后谈了切实的感受：从立法方式看，合同立法选择从分散到统一的道路，并非立法机关主观上不努力，而是受制于客观条件。在改革进程中，这种立法模式也有好处，它既适应了改革的迫切需要，又为制定统一的合同法律积累着经验。

也是在多年以后，著名民法专家江平坦诚地指出，在改革开放初期，这三部合同法为维护交易秩序和促进市场发展起到了很大作用。但在进入20世纪90年代后，三部合同法并存已不能适应调整社会生活的需要。一是合同法必须统一。三部合同法是改革开放初期由不同的行政部门牵头起草的，分别规范不同的合同关系，相互间缺乏协调。合同概念、违约责任、合同主体、基本原则、合同形式在三部合同法中内容不是统一的。比如，《经济合同法》《涉外经济合同法》使用经济合同概念，而《技术合同法》却没有使用经济合同概念。当时为了适应经济贸易的发展，合同法叫经济合同法。这不符合市场规律，也不符合国际惯例，可以叫商事合同、贸易合同，但叫经济合同，还真是少见。其实，之所以叫经济合同，“经济”就意味着政府权力的干预，有的合同必须经过政府的批准才能成立。统一合同法的名称，首先意味着要减少政府对合同的干预，这对工商部门的冲击是最大的。在传统体制下，工商部门与合同的成立、合同纠纷的解决密切相关。二是合同不能分国内国外。改革开放后，我们的国际交往增加，出口量越来越大，因此，有个合同法叫涉外合同法。这实际上是把合同区别对待，不符合国际惯例。

适应改革开放新变化新需求，起草一部统一的合同法成为立法机关的明确目标。1993年，起草工作开始起步。当时一批著名民法专家成立“民事立法研究组”，挂靠在人大法工委民法室。也就是在那个时期，随着小平视察南方，改革开放掀起一波新浪潮。这股浪潮带来的突出变化之一就体现在交易方式上，社会上出现了大量的合同形式，如旅游合同、体育合同、承包合同，等等。

江平至今清晰地记得当时的情形：新合同法究竟要写上哪些合同？是十几个二十几个，还是全都写上？法工委找来当时民法研究居全国领先水平的十二个院校：中国政法大学、北京大学、中国人民大学、中国社会科学院法学研究所、对外经贸大学、吉林大学、烟台大学、武汉大学、西南政法学院、中南政法学院、西北政法学院、华东政法学院。这些院校各派代表在一起开了个会，由江平主持。会上，大家把合同法“分拆”成十几部分，各领各的“作业”回家。这一起草阶段的工作进行得很快，不到半年，也就是1994年下半年，各个院校就完成了自己的任务。为什么这一阶段起草工作速度如此之快？江平认为，一来是因为合同法的内容在民法典的草案中原本就有一些；二是作为现代经济生活中交易活动必备的各种合同类型各个国家都有，比如买卖合同、借贷合同，没有什么超出规律性的东西，可以借鉴外国的立法例。

起草工作始终伴随着热烈的讨论乃至争论，据江平回忆：我们争论最多的是合同法总则，比如合同的订立、履行，要约与承诺，经济合同法里并没有这些问题。国际的规则能不能真的在中国实行，一些新的制度能不能用，有关代位权的规定是台湾地区才有的，要不要采纳？诸如此类。但争论归争论，在最后定夺时，为了适应市场经济的发展，我们还是开放性地吸收了其他国家、地区的先进经验。

1997年5月，在法制工作委员会的组织下，合同法征求意见稿起草完成。根据各方面意见进行修改后，于1998年8月提请第九届全国人大常委会第四次会议审议。根据全国人大常委会的决定，将合同法草案全文公布，广泛征求意见，共收到中央有关部门、地方、企业事业单位和人民来信对合同法草案的意见160多份。时任人大常委会委员长李鹏针对审议中提出的主要问题，亲自进行多次调查研究。全国人大法律委员会、财政经济委员会和全国人大常委会法制工作委员会联合召开了有关部门、企业事业单位和法律专家的座谈会，征求意见。根据常委会组成人员的审议意见和各方面的意见，对合同法草案又作了较多的修改、补充。合同法草案经第九届全国人大常委会第四次、第五次、第六次、第七次会议审议，决定提请第九届全国人大第二次会议审议。

1999年3月15日，第九届全国人大第二次会议通过《合同法》，自同年10月1日起施行，该法共23章428条。至此，《经济合同法》、《涉外经济合同法》和《技术合同法》统一于一法，这三部法律也同时废止。

为改革开放服务，从法制层面满足革旧立新应急之需的另外一项重要立法工作，是修宪。随着改革开放政策实施，自1987年始，各地出现房地产热和开发区热，但土地使用权商品化并无法律依据，因为“八二宪法”在规定经济制度时有一个严重的时代局限，那就是明确规定我国社会主义经济制度的基础是生产资料公有制，即全民所有制和劳动群众集体所有制。这一规定意味着，只有全民所有制和劳动群众集体所有制才是合法的。

改革不能违反宪法，宪法则要服务于改革。1988年2月，中共中央正式提出修改宪法的建议。据张春生回忆，根据1987年党的十三大精神，党内最高领导人提出来立法要为改革服务，改革也要遵守宪法法律，请全国人大考虑修改宪法问题。人大最后经过反复研究改了两条。一条以宪法的制度肯定了私营经济的合法化，另一条允许土地使用权有偿转让。

1988年4月12日，第七届全国人大第一次会议通过宪法修正案。内容主要有两条：一是“国家允许私营经济在法律规定的范围内存在和发展。私营经济是社会主义公有制经济的补充。国家保护私营经济的合法权利和利益，对私营经济实行引导、监督和管理”。二是“任何组织或个人不得侵占、买卖或者以其他形式非法转让土地，土地的使用权可以依照法律的规定转让”。张春生认为，前者是商品经济发展的必然结果，因为市场经济是交易经济，不能只是公有制企业之间做交易。这一修正案，使民营经济这个重要市场主体获得了宪法地位。这也是继中外合资经营企业法之后，国家对私有财产实行保护的又一重大进展。后者则是从宪法制度上把土地使用权转化为一个“大商品”。这个交易大原则的确立，为以后的市场化、城镇化发展起到了重大推动作用。

应该强调的是，这是我国第一次采用宪法修正案的形式修改宪法，此后的历次修宪都采用了这一形式。

1992年在我国改革开放的历史进程中具有特殊意义。这一年1月18日至2月21日，邓小平先后到武昌、深圳、珠海、上海等地视察，并发表了一系列重要讲话，通称南方谈话。讲话针对“八九政治风波”、苏联解体和东欧剧变以来人们思想中对于如何坚持发展社会主义、进一步推进改革开放和发展社会主义市场经济普遍存在的疑虑，重申了深化改革、加速发展的必要性和重要性，并从中国实际出发，站在时代的高度，深刻地总结了十多年来改革开放的经验教训，在一系列重大的理论和实践问题上，提出了新观点，讲出了新思路，开创了新视野，有了重大新突破，将建设有中国特色社会主义理论与实践，大大地向前推进了一步。这个重要讲话，不仅标志着继毛泽东思想之后，马克思主义与中国实际相结合的第二次伟大历史性飞跃的思想结晶——邓小平理论的最终成熟和形成，而且也标志着中国改革开放第二次浪潮的掀起。

3 月 26 日，《深圳特区报》率先发表了《东方风来满眼春——邓小平同志在深圳纪实》，继而全国主要报刊纷纷转载。一时间小平视察南方成为举国上下街谈巷议的共同话题，小平南方谈话中的一系列金句令人振聋发聩、茅塞顿开，产生了难以想象的巨大影响。

1992 年 10 月 12 日，党的十四大召开。会议作出将社会主义市场经济作为我国经济体制改革目标模式的重要决策。

为保证和促进社会主义市场经济体制的建立，及时肯定社会主义市场经济体制的法律地位，在总结多年来宪法实施经验的基础上，1993 年 3 月，第八届全国人大第一次会议通过宪法修正案。此次修宪作了 9 处修改，其中将“社会主义初级阶段”“建设有中国特色的社会主义的理论”“坚持改革开放”及“中国共产党领导的多党合作和政治协商制度”等写入宪法；将“国家在社会主义公有制基础上实行计划经济”修改为“国家实行社会主义市场经济”。

在不少学者看来，这一次修宪具有特殊意义。“它不仅仅是宪法条文的简单修改和变动，还是宪法实施要求的真实反映。”中国法学会宪法学研究会会长韩大元认为，我国的经济体制改革是在遵守宪法的基础上进行的。因此，我国的经济体制改革是一种依法改革活动，而不是非法改革活动。

关于国家实行社会主义市场经济的宪法修正案，是对传统社会主义经济体制的重大突破，也构成了中国特色社会主义的一个重要标志。同时，以这次修宪为标志，法制建设为改革开放服务，从满足应急之需的初期，开始进入创设适应改革开放新要求的法治环境。围绕这个总的目标模式，我国法律体系中的各个法律门类，包括宪法修正案、民商法、行政法、劳动和社会保障法以及仲裁和诉讼法律等体现市场经济的各项法律制度相继出台。其中，实现市场主体平等的《公司法》(1993年)、规范合同自由的统一《合同法》(1999年)、平等保护公私财产的《物权法》(2007年)以及调整劳动关系、保护劳动者合法权益的《劳动法》《劳动合同法》《社会保险法》等，则是其中的支柱性法律。社会主义市场经济的法律制度在实践中一步步地建立和完善。在这个过程中，法制建设也由为解决改革开放应急之需，逐步向健全、完善法制体系，以形成适应改革开放需要的具有中国特色的社会主义法制体系和法治环境转变。

在纪念改革开放四十周年前夕，十二届全国人大法律委员会主任委员乔晓阳感慨地说道，经过四十年的努力，中国特色社会主义法律体系已经形成并且不断地完善，我国经济、政治、文化、社会及生态文明建设各个方面都实现了有法可依，立法的内容越来越具体，也越来越全面。

"法律数量增加了，条文更全面、详尽了，带来的问题是什么呢？就是几乎每一项重大改革都涉及与现行法律规定的关系。"乔晓阳举例称，2013年十八届三中全会决定推出一系列改革举措，经法工委研究梳理，改革领域涉及现行法律139部，需要制定修改和废止立法项目76个。

这是一个意义非常重大、影响非常深远、内涵非常深刻的变化。如果说，经过28年武装斗争，中国共产党人历经千辛万苦、百般挫折、无数牺牲，将马克思列宁主义的普遍真理同中国革命的具体实践相结合，终于找到中国人民解放和民族独立的成功之路，最终夺取政权建立新中国，创下经天纬地的功勋，取得举世公认的成就，作为用马克思列宁主义、毛泽东思想武装起来的政党，无疑是非常成功的。在取得全国政权以后，作为执政党，以毛泽东为核心的第一代中国共产党人虽然怀着"进京是赶考，力争考出好成绩，不当李自成"的决心，也在如何从一个成功的革命党转变为在治国理政方面同样驾轻就熟的执政党方面进行了长期的探索，在社会主义革命和建设方面进行了种种努力和实践，但是正是在五大问题上出现了重大失误，经历了重大挫折，造成了重大损失，也产生了深刻教训。一是在生产资料的社会主义改造完成以后，对于中国社会主要矛盾的判断出现严重失误，继而在党的中心工作的决断上出现重大错误；二是在对于社会主义阶段敌我矛盾和人民内部矛盾的判断和把握上出现严重失误，继而屡屡在历次政治运动中打击面过宽，将一系列人民内部矛盾当成敌我矛盾来处理，严重伤害了一大批人；三是在社会主义革命和社会主义建设关系的判断和把握上出现重大失误，严重影响了国家社会主义经济建设；四是在认识和掌握社会主义经济建设规律方面出现重大失误，将公有制经济在社会主义经济建设中的地位和作用绝对化，将计划经济体制在社会主义经济建设中的地位和作用绝对化，致使僵化的经济体制严重束缚了经济发展；五是在运用何种方式治党治国方面出现重大失误，始终习惯于运用群众运动、阶级斗争的方式治党治国，严重影响了社会主义革命和建设的正常运行……

新时期中国共产党人再一次将马克思列宁主义的普遍真理同中国革命具体实际相结合，开拓出中国特色社会主义成功之路的历史性实践和历史性变化正是始于对这种种失误和挫折的深刻认识和反思。自从党的十一届三中全会之后，中国共产党人开始了新时期中国特色社会主义的伟大探索，通过一次次深刻汲取新中国成立后社会主义革命和建设中的经验教训，不断深化改革开放，取得社会主义建设持续高速发展的经济奇迹；通过一次次及时认识、总结、反思改革开放中的新经验、新教训，不断校正改革方向，不断推进改革、深化改革，不断健全、完善社会主义制度体系，不断提高治国理政能力和水平。在准确把握改革开放和健全法制的关系上，从改革开放之初，由无法可依而紧急制定相关法律，到凡属重大改革都要于法有据，正是这种深刻变化的具体体现，这不仅是中国共产党人在治国理政理念上的深化和认识上的升华，更是在执政方式上的转变和执政能力上的升华。

正是在十八届三中全会上，习近平总书记指出：“这次全会提出的许多改革措施涉及现行法律规定，凡属重大改革要于法有据，需要修改法律的可以先修改法律，先立后破、有序进行。有的重要改革举措需要得到法律授权的，要按法律程序进行。”

乔晓阳说，这段话虽然是针对实施改革措施讲的，同时也是对立法工作提出的要求，对于处理好立法与改革的关系具有重要指导意义。在当前全面改革开放和全面依法治国同时推进的新形势下，立法与改革的关系又有了新的时代特点，就是立法要发挥引领和推动作用。要发挥好这个作用，关键就是实现立法与改革决策相衔接，立法要适应改革需要，服务于改革。

乔晓阳列举了十二届全国人大及其常委会的几种做法。第一，党中央作出的改革决策与现行法律规定不一致的，赶紧修改法律适应改革需要。第二，有些改革决策需要法律授权的，法律要赶快予以授权，立法要为“先立后破、有序进行”积极服务。第三，有些改革决策需要通过立法进一步完善。第四，立法要为改革决策预留空间。

如今改革开放的巨轮，在时光长河中已驶过四十余载，此时此刻我们回望改革开放新时期改革征程刚刚起步时的情景，不免感慨万千：仅仅四十余年光阴，与改革开放相伴相随，与改革开放共同启程、共同成长、共同开拓、共同前进。当中国通过改革开放以震惊世界的成就再次令世人惊叹的同时，中国特色社会主义法治建设也在以辉煌的进步向世界证明：中国人民正在完成从站起来、富起来到强起来的历史性转变，其显著特征之一就是中国特色社会主义法治文明将骄傲地屹立于世界文明之林。

党的十九大作出中国特色社会主义进入新时代的历史性判断，标志着改革开放和中国特色社会主义法治建设都将开启新征程。在这个新的历史节点上，习近平总书记对于改革开放与法治的关系作出深刻阐述，全面深化改革、全面推进依法治国如鸟之两翼、车之双轮。这一论述深刻地阐明了改革与法治内在辩证统一的关系，彰显了在法治下推进改革、在改革中完善法治的理论逻辑和实践逻辑。这一论述也为过去、现在和将来中国特色社会主义法治建设不断为改革开放服务完成新跨越提供了更加丰富而深刻的注解。这同时意味着，法治建设为改革开放服务只有进行时，没有完成时。法治建设为改革开放服务永远在路上。

三

在中国特色社会主义法治建设前进和发展过程中，有两个里程碑：第一个里程碑是党的十五大。十五大首次提出依法治国、建设社会主义法治国家，并且要求用15年时间建成具有中国特色社会主义法律体系。以此为标志，中国特色社会主义法治建设进入深入推进阶段。

15年过去了，在2011年3月的第十一届全国人大第四次会议上，出现了一个令人记忆深刻的场景：

这一年3月10日上午9时，北京人民大会堂，时任全国人大常委会委员长吴邦国向近3000名全国人大代表庄重宣布：党的十五大提出到2010年形成中国特色社会主义法律体系的立法工作目标，如期完成。一个立足中国国情和实际、适应改革开放和社会主义现代化建设需要、集中体现党和人民意志的，以宪法为统帅，以宪法相关法、民法商法等多个法律部门的法律为主干，由法律、行政法规、地方性法规等多个层次的法律规范构成的中国特色社会主义法律体系已经形成。

在代表们潮水般的掌声平息下来后，吴邦国接着说，中国特色社会主义法律体系的形成，是我国民主法制史上的里程碑，具有重大的现实意义和深远的历史意义。

据统计，自1982年通过了现行宪法，此后又根据客观形势的发展需要，先后通过了4个宪法修正案。到2010年底，我国已制定现行有效法律236部、行政法规690多部、地方性法规8600多部，并全面完成对现行法律和行政法规、地方性法规的清理工作。

新华社在为这一事件播发的通稿中使用了如下激情洋溢的文字："这是庄严的宣告。中国已在根本上实现从无法可依到有法可依的历史性转变，各项事业发展步入法制化轨道。""这是郑重的宣示。中国坚定不移实施'依法治国'基本方略，建设社会主义法治国家。""数十年不懈求索，实现历史性跨越。从'无'到'有'，中国共产党领导亿万人民不懈奋斗，如期实现'形成中国特色社会主义法律体系'的宏伟目标。"（按：引自2011年1月24日新华社报道《吴邦国：中国特色社会主义法

律体系已经形成》）

第二个里程碑是党的十八大。2012 年 11 月，党的十八大确认法治为治国理政的基本方式，提出“科学立法、严格执法、公正司法、全民守法”的法治建设“新十六字方针”（按：相对于原有的“有法可依、有法必依、执法必严、违法必究”十六字方针）。

2013 年 11 月，党的十八届三中全会将“推进法治中国建设”作为全面依法治国和全面深化改革的重要任务。

2014 年 10 月，党的十八届四中全会专题研究全面依法治国重大问题，作出《中共中央关于全面推进依法治国若干重大问题的决定》（以下简称《决定》），制定了法治中国建设的路线图；以此为标志，中国特色社会主义法治建设进入推进全面依法治国新阶段。这个阶段的任务是：建设中国特色社会主义法治体系。

中国法学会副会长张文显多年从事中国特色社会主义法治理论研究，在他看来，中国特色社会主义法治体系，以五大体系为支撑：就是在中国共产党领导下，坚持中国特色社会主义制度，贯彻中国特色社会主义法治理论，形成完备的法律规范体系、高效的法治实施体系、严密的法治监督体系、有力的法治保障体系，形成完善的党内法规体系。

党的十八届四中全会以来，中国特色社会主义法治体系建设取得重大成就。

一是法律规范体系更加完备。截至 2018 年 11 月，我国已有一部宪法（包括五个宪法修正案），现行有效的法律 269 部、行政法规 755 部、地方性法规 1.2 万余部。通过加强党对立法工作的领导、优化立法职权配置、加强和改进政府立法制度、明确立法权力边界、赋予设区的市地方立法权，改革立法体制，优化立法资源配置，提出科学立法、民主立法、依法立法，提升立法理念和立法原则，强调把社会主义核心价值观融入法律法规，立法效率和质量显著提高，法律规范体系更加完备、更加优质，以良法促进了发展、保证了善治。

二是法治实施体系更加高效。通过强化法律实施体系建设，提出严格、高效、公正、公开执法和司法的明确要求，有的放矢地推进执法体制改革和司法体制改革，有法不依、执法不严、违法不究现象大量减少；公职人员滥用职权、失职渎职、执法犯法甚至徇私枉法的情况得到有效遏制；普通公民、公职人员特别是领导干部正在习惯于遇事找法、解决问题依法、化解矛盾靠法。

特别是宪法实施卓有成效。党的十八届四中全会《决定》提出的保障宪法实施的措施得到全面落实和体现，全国人大法律委员会更名为全国人大宪法和法律委员会，完善了全国人大及其常委会宪法监督制度，使全国人大及其常委会履行宪法监督、宪法解释、合宪性审查、宪法宣传等职权职责有了更为坚实的制度保证和组织保障。实行宪法宣誓制度，激励和教育国家工作人员忠于宪法、遵守宪法、维护宪法，加强宪法实施。将每年 12 月 4 日（现行宪法颁布实施的日期）确定为国家宪法日。加强备案审查制度和能力建设，依法撤销和纠正了一批有违宪法法律的规范性文件。此外，正进一步健全宪法解释程序机制等。

三是法治监督体系更加严密。党中央提出建立由党内监督、人大监督、民主监督、行政监督、司法监督、审计监督、社会监督、舆论监督构成的更加严密的监督体系，形成强大的监督合力，同时着力推进监督工作规范化、程序化、制度化，形成对法治运行全过程全方位的法治化监督体系。《中华人民共和国宪法修正案》对国家监察体制改革成果的确认和监察法的制定实施，对形成严密的法治监督体系具有决定性意义。

四是法治保障体系更加有力。法治保障体系包括政治保障、制度保障、思想保障、组织保障、运行保障等。坚持党的领导，把党的领导贯穿于依法治国各领域全过程，是社会主义法治的政治保障，保障社会主义法治的正确政治方向；坚持中国特色社会主义制度是社会主义法治的制度保障，保障社会主义法治立足于社会主义基本经济制度和民主政治制度的基础上；贯彻中国特色社会主义法治理论是社会主义法治的思想保障，保障社会主义法治的科学发展；建设素质过硬的法治工作队伍是社会主义法治的组织和人才保障，保障法治的尊严、权威和有效实施；建立科学的法治建设指标体系和考核标准并有效实施是社会主义法治的运行保障，保障全面推进依法治国各项任务的细化和落实。从新中国成立之初，我党就十分关注法治保障问题，努力为法治实施建立良好的制度环境和人才支撑。党的十八届四中全会《决定》正式提出法治保障体系概念，并将其纳入中国特色社会主义法治体系之中。经过5年来的建设，法治保障体系建设取得重大成就。

五是党内法规体系更加完善。党内法规既是管党治党的重要依据，也是建设社会主义法治国家的有力保障。根据习近平总书记关于加强党内法规制度体系建设的一系列重要指示，按照十八大和十九大精神以及十八届三中、四中、五中、六中全会和十九届二中、三中全会的部署，有关部门认真贯彻落实《中共中央关于加强党内法规制度建设的意见》和党内法规建设规划，截至2019年5月，现行有效的党内法规有5989部，其中，中央党内法规270部，部门党内法规287部，地方党内法规5432部，一个内容科学、程序严密、配套完备、运行有效的党内法规制度体系已经形成并不断完善，已经成为社会主义法治体系的重要组成部分和国家治理体系的重要构成部分，为提高党的执政能力和领导水平、推进国家治理体系和治理能力现代化、实现中华民族伟大复兴的中国梦提供了有力的党内法规制度保障（内容引自张文显:《新中国法治70年的伟大成就》，载《法制日报》2019年10月1日）。

张文显认为，建设中国特色社会主义法治体系，是深化全面依法治国的“牛鼻子”，也是建设法治中国的必由之路。建设法治中国，就是要依法治国、依法执政、依法行政共同推进，法治国家、法治政府、法治社会一体建设。改革开放以来，特别是党的十八大以来，我们党坚持以建设法治国家为目标、以建设法治政府为重点、以建设法治社会为基础，呈现出三者相辅相成、协调发展的良好局面。

第三章　中国共产党人的法治道路（下）

中国特色社会主义道路是中国共产党人将马克思主义与中国革命具体实际相结合的第二次成功实践，这个实践的内容非常丰富，中国特色社会主义法治建设是其中非常重要的部分。那么，对于中国特色社会主义法治的再认识是如何完成的？这个实践又是如何一步步深化的呢？

一

20 世纪 80 年代，重大事件多发。其中，在法制领域就发生了一个意义重大的事件，这就是法制讲座进入中南海。

时任司法部部长邹瑜是法制讲座首次进入中南海全过程的参与者，在他的记忆深处，事件的起因与彭真有关。“1980 年年初的一天，彭真（按：时任全国人大常委会副委员长兼法制委员会主任）同志对刘复之（按：时任全国人大常委会法制委员会副秘书长）讲，人大常委会要组织一个‘苦力’班子，最好是搞过政法、又有地方工作经验的人来担此任。刘复之推荐了我。1980 年 4 月，我从国家地震局局长的岗位上调到了全国人大常委会法制委员会任副秘书长。这一年，彭真提出要对人民公社立法进行调研。当时派了三个组去几个省调研，我带一个组，另外两组分别由段君毅、杜润生带队。我们跑了三四个省的农村，调查结果一致认为，人民公社法不但不能立，人民公社的体制还应当撤销。在当时的调研过程中，不少基层干部和老百姓提出了许多法律问题。例如：家里发生继承财产的纠纷怎么办？悔婚不退彩礼怎么办？借钱拖着不还怎么办？八十年代初，立法机关虽开始了系统的立法进程，司法机关也恢复正常运转，但是由于受‘文化大革命’的影响，加上大多数的干部和群众不懂法，由此引发的各种违法犯罪问题困扰着人们。1984 年前后，彭真同志（按：已担任六届全国人大常委会委员长）几次提出‘把法律交给人民’，必须要让人民掌握法律，做到懂法、知法、守法、用法。从那时候起，我就有了要普及法律常识的想法。”（按：内容引自《法制讲座走进中南海的前前后后》，载《法制日报》2019 年 8 月 9 日）

为了完成这一使命，邹瑜在担任司法部部长后就开始注意发现各地法制宣传的好典型。辽宁本溪钢铁公司领导干部带头给职工上法制课的事，给他留下深刻印象。

在邹瑜记忆中有这样一件事：“1984 年春，我再次带着一个工作组到本溪蹲点，和职工一起听法制课。课堂上，我发现多数职工认真做笔记，休息时我就与一位车间主任聊天。我问：‘学法有兴趣吗？’他回答：‘不但有兴趣，而且挺管用。’我问：‘你讲讲怎样管用？’他说：‘学法前，车间常常丢失工具和物品，学法后再没有丢失过东西，而且有的职工还悄悄地把东西送了回来。’”

1984 年 6 月 5 日至 7 日，司法部在辽宁省本溪市召开了有各省、市司法厅局长参加的全国法制宣传工作现场会，在这次会议上首次提出“争取用五年左右的时间，在全体公民中普及法律常识”。

1985 年 6 月 9 日至 15 日，中共中央宣传部、司法部在北京共同召开了全国法制宣传教育工作会议。全国各省省委宣传部长、司法厅（局）长参加了会议，这是新中国成立以来第一次专门讨论法制宣传教育工作的全国性会议。

1985 年 8 月 20 日，国务院向全国人大常委会提出了《关于加强法制宣传教育在公民中普及法律常识的决议（草案）》的议案。

11 月 8 日至 22 日，第六届全国人大常委会第十三次会议在北京举行，会议把这个议案列入了议程。

11 月 13 日上午，时任全国人大常委会委员长彭真在全国人大常委会全体会议上讲话时指出，国务院提请这次会议审议的《关于加强法制宣传教育在公民中普及法律常识的决议（草案）》，很有必要，很及时。我们的宪法和法律的实施首先是建立在干部、群众自觉遵守、执行的基础上的。所以，加强法制宣传教育，在公民中普及法律常识，很重要，现在也是一个好的时机。

邹瑜至今还记得："当时，有人对决议能否得到有效实施有些担心。在决议表决前，我曾向彭真委员长解释说：'我们要求不高，第一呢，是普及法律常识，不是普及法律知识，常识跟知识是两个档次。第二呢，是基本普及，什么叫基本普及呢？有60%的公民受到一定的教育，懂得一些基本的法律常识就可以了。'听我讲完以后，彭真同志说好，就付表决，就表决了。"

1985年11月22日，第六届全国人大常委会第十三次会议通过了关于在公民中基本普及法律常识的决议，由此开启了在亿万人民群众中普及法律常识、开展法制宣传教育的宏大工程。

这是全国人大常委会作出的第一个普法决议。决议指出：为了发展社会主义民主，健全社会主义法制，必须将法律交给广大人民群众掌握，使广大人民知法、守法，树立法制观念，学会运用法律武器，同一切违反宪法和法律的行为作斗争，保障公民合法的权利和利益，维护宪法和法律的实施。决议强调，普法的重点对象是各级干部和青少年，尤其是各级领导干部；普法的内容以宪法为主，包括刑事、民事、国家机构等方面基本法律的基本内容；普法要在中国共产党的领导下，动员和依靠全社会的力量。各级人大常委会和人民政府要采取有效措施，认真贯彻执行本决议。

不久，法律讲座进入中南海的动议产生了。"当时我想到，全民普法首先要领导带头，于是在司法部党组会议上提出为中央领导干部举办法律知识讲座的设想。"当时的情景邹瑜记忆深刻："按照我们党历来的工作经验，凡事只要领导干部带头，有了表率，下面就跟着办。如果领导都不学法、知法，要下面的人学法，怎么可能领导别人呢？学法要从中央领导开始，从中南海学法开始。大家都很赞成我的想法，对讲座的内容和主讲人也做了讨论，还征求了一些法学家的意见。接着，我又向时任中央政法委书记乔石同志作了汇报，他表示同意。"

邹瑜立即着手准备，"不到一周时间，时任中央书记处书记胡启立找我商定上课的计划，并确定了四个课程内容和主讲人。当时四位主讲人分别是中国人民大学副教授孙国华、中国政法大学研究生院院长张晋藩、外交部条法司司长王厚立、中国政法大学教授江平。这几个人都是各自领域的权威学者，孙国华当时经常来司法部做培训，我们很熟。那时我还兼任中国政法大学校长，和张晋藩、江平也很熟悉。由于当时国际斗争很激烈，法律纠纷不少，中央领导很希望听听国际法方面的内容，我们得知王厚立是这方面的行家，就请他准备一课。”

经中共中央书记处决定后，司法部与中国法学会协同准备第一次中南海讲课。第一讲是孙国华，孙国华闻讯后既高兴又激动，同时也担心讲不好。当时给他准备讲稿的时间只有两周，预定的题目是《马克思主义关于法的作用》。孙国华再三考虑后没有讲这个题目，他说中央领导马克思主义理论水平都很高，像胡乔木就是全党公认的马克思主义理论权威，认为讲这个题目压力太大。

1986 年 7 月 3 日，是第一讲的日子。上午 9 时之前，司法部派车将孙国华接到中南海。邹瑜和另一位副部长陪同孙国华进入中南海小礼堂。孙国华讲课的题目是《对于法的性能和作用的几点认识》。

参加听课的是中共中央政治局和书记处成员以及中共中央纪律检查委员会、中央办公厅、中央政法部门、中央宣传部门和中共北京市委的主要负责人。

一个月后的 8 月 28 日，张晋藩作了第二讲《谈谈中国法制历史经验的借鉴问题》；之后，王厚立作了第三讲《外交斗争与国际法》；随后，江平作了第四讲《经济建设与法制建设》。

二

8 年后，中央领导集体学法再次启动。1994 年 6 月 21 日，在司法部、中宣部、中国法学会共同举办的“国家中高级干部法学讲师团”成立一周年座谈会上，许多专家建议为中共中央政治局领导举办法制讲座。司法部党组立即向中央请示并获得批准，于是就有了 1994 年 12 月 9 日的中央法制讲座第一讲。

据肖扬回忆："1993 年 3 月至 1998 年 3 月，我担任司法部部长。根据党中央关于加强法制建设的要求，1994 年下半年，司法部党组经过慎重研究，向党中央正式提出为中央领导同志举办法制讲座的报告，并且草拟了讲座的选题。党中央很快批准了报告和选题。经过紧锣密鼓的准备，1994 年 12 月 9 日，中央第一次法制讲座在中南海举行，江泽民（时任中共中央总书记）同志主持讲座并发表了重要讲话。主讲人是时任华东政法学院教授、后来担任最高人民检察院检察长的曹建明，他主讲的题目是《国际商贸法律制度与关贸总协定》。"

在主持讲座时，江泽民说："学习和掌握必要的法律知识，努力提高各级领导运用法律手段管理经济、管理社会的本领，这是新时期党对各级领导干部坚持党的基本路线、保证深化改革开放、维护社会稳定的重要要求。建设社会主义法制，实行以法治国，是为了把我们国家建设成为富强、民主、文明的社会主义现代化国家。我们正在建立社会主义市场经济体制，必须学会运用法律来规范和引导市场经济的运行，充分发挥市场机制对经济发展的积极作用，把市场运行纳入规范和法制的轨道，保证社会主义市场经济体制健康发展。依法管理各项事业，是写入了我们的党章总纲和国家宪法的，作为管理国家各项事业的各级领导干部必须努力学习和掌握必要的法律知识。"

此后，为中央政治局举办法制讲座开始规范化、制度化。在曹建明之后，中国社会科学院学部委员、法学研究所研究员王家福主讲了第二次和第三次法制讲座。1995 年 1 月 12 日，王家福为中央政治局主讲了《社会主义市场经济法律制度建设问题》，讲稿的核心是从"法制"到"法治"的转变。

王家福主讲的第三次法制讲座意义重大。对这次讲座题目司法部经过了仔细推敲和反复研究，方案换了几个，最后确定为"依法治国，建设社会主义法治国家"。

据王家福回忆："1996 年年初，中央决定以'关于依法治国，建设社会主义法治国家的理论和实践问题'作为中央第三次法制讲座的题目。我接到以这个题目讲法制课的任务时，离确定讲课的日期已经很近。根据我对这一问题多年研究的积累，在课题组刘海年、肖贤富、刘翰、梁慧星、韩延龙等同志的大力协助下，我在很短的时间里精心地准备好了讲稿，并顺利通过了试讲。”

王家福真切地记得：“1996年2月8日下午2点多，我从家赶往中南海怀仁堂。3时整，讲座正式开始。”“还是在中南海怀仁堂，还是围坐在那长椭圆形的会议桌旁，我围绕依法治国、建设社会主义法治国家是建设中国特色社会主义伟大事业的根本大计；依法治国、建设社会主义法治国家必须具备的条件；依法治国、建设社会主义法治国家是一个渐进的历史发展过程；加强和改善党的领导，为依法治国、建设社会主义法治国家而奋斗四个方面论述了依法治国，建设社会主义法治国家的重大意义、必备条件、正确观念、制度建设和党的领导等问题。”

王家福说，我明确提出，“在改革开放取得伟大成就、新世纪即将来临的关键时期，党中央提出‘依法治国，建设社会主义法治国家’具有十分重大的现实意义和历史意义。我把依法治国，建设社会主义法治国家最重要的理论原则、制度和实践问题用心与在座的领导同志交流，并得到了他们的回应，这令我十分高兴。中央领导同志对我的讲课表示满意，提出了不少问题并进行了亲切生动的讨论。”

多年以后，王家福仍然记忆清晰：“江泽民同志在讲座之后发表的那段重要讲话至今仍回响耳畔：加强社会主义法治建设，依法治国，建设社会主义法治国家，是邓小平同志建设中国特色社会主义理论的重要组成部分。”（引自《中央政治局的法制课》，载《法治周末》2014年11月14日）

王家福认为：“回想起来，这次讲座实际上对后来的十五大报告的起草，是一次在中央最高层的很重要的铺垫、酝酿和理论探索。”

1996年11月到1997年9月，王家福参加党的十五大报告的起草工作。在报告起草的自始至终，关于依法治国、建设社会主义法治国家的表述和论述就一直是报告稿中的重点段落，成为十五大报告的突出亮点。十五大将“建设社会主义法制国家”升华为“建设社会主义法治国家”，标志着中国共产党人对于法的认识完成了从“法制”到“法治”的深化，与此同时，中国共产党人在治国理政方面也开始了从法制到法治的飞跃。

自 1994 年 12 月中央政治局集体学习法制讲座至 2012 年底，共有 25 位法学家走进中南海主讲了 21 场法制讲座。每一场法制讲座的主题，都与当时国际、国内的焦点事件，或者是改革和发展中的热点、难点问题密切相关。

20 世纪 90 年代，国际关系错综复杂，外交当中涉法问题很多。1996 年 12 月 9 日，外交学院卢松副教授为中央政治局主讲《国际法在国际关系中的作用》。1997 年香港回归前夕的 5 月 6 日，中国社科院法学所吴建璠研究员为中央政治局主讲《“一国两制”与香港基本法》。面对国企扭亏转盈进入决战决胜阶段，如何运用法制保障、促进国有企业改革发展？ 1999 年 11 月 26 日，中国政法大学教授王卫国为中央政治局主讲《依法保障和促进国有企业的改革与发展》。针对信息网络发展中的涉法问题，2001 年 7 月 11 日，中国社科院法学所研究员郑成思为中央政治局主讲《运用法律手段保障和促进信息网络健康发展》……

2002 年 12 月 26 日，适逢毛泽东诞辰 109 周年纪念日。在这一天，胡锦涛主持了就任总书记后的第一次中央政治局集体学习，主题是宪法。

那一天，39 岁的武汉大学周叶中教授和 78 岁的中国人民大学许崇德教授，一同在中南海怀仁堂，为新一届中央政治局领导讲宪法。

据周叶中教授回忆，那天的讲座安排在下午。13 时 45 分，时任中央政治局常委、国务院副总理温家宝走进怀仁堂，他老远就向周叶中招手示意，并连声喊“老师好”。温家宝走近后，紧握着周叶中的手说：“我们今天来听你的课，都是你的学生。”过了一会儿，胡锦涛总书记迎面走来，紧握着许崇德教授的手，尊敬地称许崇德教授为许老。

那天许崇德教授非常感慨，他知道：当年，就是在举行讲座的这间屋子后面的怀仁堂，新中国第一部宪法诞生。接着，许崇德就宪法的根本法地位、新中国宪法的发展历程、现行宪法的主要内容和特点等问题作了讲解，并就加强宪法解释等问题提出建议。在这次讲课中，许崇德特别强调如何通过宪法治理国家，在宪法实施中，既要重视宪法修改，同时也要重视宪法解释。在讲座最后，许崇德提出，要积极发挥宪法解释的作用。

据统计，十六届、十七届中央政治局从2002年12月第一次集体学习宪法至2012年11月共举办法制讲座9次，分别由许崇德、周叶中、林尚立（复旦大学教授）、李林（中国社科院法学所研究员）、吴志攀（北京大学法学院教授）、王利明（中国人民大学法学院教授）、马怀德（中国政法大学教授）、史际春（中国人民大学法学院教授）、郑成思、吴汉东（中南财经政法大学教授）、张志明（中央党校教授）、卓泽渊（中央党校教授）、梁慧星（中国社科院法学所研究员）、徐显明（时任中国政法大学教授）、信春鹰（全国人大法工委）、胡建淼（国家行政学院教授）16位法学专家主讲，其中王利明、卓泽渊分别主讲两次，延续着为中央领导同志讲授法制课的历史使命。

中国政法大学校长马怀德至今还记得为中央政治局主讲法制讲座的情景。2005年12月20日，马怀德和中国人民大学法学院教授史际春为中央政治局讲授《行政管理体制改革和完善经济法律制度》。

马怀德记得，讲课那天，课程开始前半个小时左右，在中南海怀仁堂，不少领导已经陆续到了。“胡锦涛总书记进来后跟我和史际春握了握手，简单聊了几句，然后就跟我们说在这个范围内可以放开讲，大家还可以自由讨论。”马怀德对记者笑着说：“因为毕竟是给领导人讲课，我们多少会有一些紧张，所以这种问候和简单的聊天让我们放松下来。”

下午2点课程开始，马怀德和史际春先后登台讲课。前半部分马怀德主讲，讲解行政管理体制改革；后半部分由史际春负责讲解完善经济法律制度。讲座在下午5点左右结束。

“上课的时候，台下的领导人都听得非常专注，都在认真地做笔记或者翻阅讲稿，课堂很安静。”马怀德对记者回忆道：“讲授结束后开始讨论，政治局委员们纷纷提问题或者发表自己的看法，气氛很热烈。最后，由胡锦涛总书记总结讲话。总书记先是对我们的讲课给予了感谢，然后谈了几点体会，包括深刻认识推进行政管理体制改革的重大意义、以转变政府职能为重点来推进行政管理体制改革，加强行政法制建设等。”（按：内

容引自《中央政治局的法制课》，载《法治周末》2012年11月14日）

从回望历史的角度来看，20世纪80年代当法制讲座刚刚进入中南海时，人们普遍感到新鲜、兴奋，但实际上对这一事件的深远意义并没有看清楚。在今天看来，法制讲座进入中南海，并不仅仅具有表面上的象征意义，也并不仅仅止于中共中央领导带头学法所具有的带动效应，更深一层的意义是，中共中央领导层对于法治作用的认识在不断深化，进而深刻地影响到党和国家对于中国特色社会主义法治道路的选择，并且深刻地影响到法治在整个国家治国理政当中地位和作用的确定。

三

就中国特色社会主义法治的历史进程而言，以进入新时期为起点，中国共产党人伴随着改革开放的历史性实践，不断提升和深化对于中国特色社会主义法治的认识，这一点从党的十一届三中全会后中国共产党历任主要领导人对于法治建设的论述中，可以看到一条清晰的轨迹。

中国共产党第二代领导集体的核心邓小平同志回顾历史，深刻指出："最重要的是一个制度问题。""制度好可以使坏人无法任意横行，制度不好可以使好人无法充分做好事，甚至会走向反面。"他多次强调："为了保障人民民主，必须加强法制。必须使民主制度化、法律化，使这种制度和法律不因领导人的改变而改变，不因领导人的看法和注意力的改变而改变。"邓小平强调指出："民主和法制，这两个方面都应该加强，过去我们都不足。要加强民主就要加强法制，没有广泛的民主是不行的，没有健全的法制也是不行的。"

江泽民同志（按：1989年6月至2002年11月任中共中央总书记）指出："依法治国，就是广大人民群众在党的领导下，依照宪法和法律规定，通过各种途径和形式管理国家事务，管理经济文化事业，管理社会事务，保证国家各项工作都依法进行，逐步实现社会主义民主的制度化、法律化，使这种制度和法律不因领导人的改变而改变，不因领导人看法和注意力的改变而改变。依法治国，是党领导人民治理国家的基本方略，是发展社会主义市场经济的客观需要，是社会文明进步的重要标志，是国家长治久安的重要保障。党领导人民制定宪法和法律，并在宪法和法律范围内活动。依法治国把坚持党的领导、发扬人民民主和严格依法办事统一起来，从制度和法律上保证党的基本路线和基本方针的贯彻实施，保证党始终发挥总揽全局、协调各方的领导核心作用。”［按：引自《高举邓小平理论伟大旗帜，把建设有中国特色社会主义事业全面推向二十一世纪》（1997 年 9 月 12 日），载中共中央文献研究室编：《十五大以来重要文献选编》（上册），人民出版社 2000 年版］

江泽民同志强调：“实行依法治国，建设社会主义法治国家，是一项复杂的社会系统工程，在立法、执法、司法和普法教育等方面都有大量的工作要做，需要付出艰苦的努力。要认真研究和分析实行依法治国所要解决的突出问题和矛盾，确定工作的重点，既立足于现实，又着眼于长远，扎扎实实地加以推进。当前，要在以下几个方面加大工作力度。一要继续加强立法工作，提高立法质量，特别是要加快建立和完善适应社会主义市场经济的法律体系。二要保证政府机关坚持依法行政，保障公民权利，坚决制止政府机关中存在的滥用权力、违法行政的现象。三要保证司法机关严格执法，坚决纠正有法不依、违法不究的现象。要在总结经验的基础上，有领导地加快司法改革的步伐，逐步形成有中国特色的司法体制。对执法中存在的地方保护主义和部门保护主义，对一些领导干部以言代法、干预司法部门独立办案的行为，对一些司法人员执法犯法、贪赃枉法的活动，要依照党纪国法严肃查处。同时，要继续建立和健全有关制度，从根本上保证严肃、公正执法。四要继续深入开展普法教育，增强全民的法律意识，首先要提高领导干部的法制观念和依法办事能力。在青少年中加强法制教育，是实施依法治国的带有长远性、根本性的工作，要持之以恒地抓下去。”［按：引自《在全国政法工作会议上的讲话》（1997 年 12 月 25 日），载中共中央文献研究室编：《十五大以来重要文献选编》（上册），人民出版社 2000 年版］

胡锦涛同志（按：2002 年 11 月至 2012 年 11 月任中共中央总书记）指出：“改革发展稳定的任务越是繁重，越要增强依法治国、依法执政的自觉性和坚定性，越要注重维护法制的统一和尊严，依法处理和解决各种矛盾和问题，引导和规范各种社会行为，为全面建设小康社会、不断开创中国特色社会主义事业新局面提供有力的法制保证。”胡锦涛指出：“坚持依法治国、依法执政，是新形势新任务对我们党领导人民更好地治国理政提出的基本要求，也是提高党的执政能力的重要方面。全党同志特别是各级领导干部都要切实增强法制观念，带头学法守法，在全党全社会营造依法执政、依法治国、依法办事的良好氛围。要进一步加大以宪法为核心的法制宣传教育的力度，提高全民特别是各级领导干部和国家机关工作人员的宪法意识和法制观念。各级领导干部要努力提高依法执政、依法行政、依法办事的能力，自觉地在宪法和法律的范围内活动。越是工作重要，越是事情紧急，越是矛盾突出，越要坚持依法办事。要善于运用法律手段促进经济的繁荣发展和社会的全面进步，管理经济和社会事务，妥善处理人民内部矛盾和其他社会矛盾，切实维护广大人民群众的权益。要加强学习和研究，不断解决依法治国、依法执政实践中的新情况新问题，努力从理论和实践的结合上回答推进依法治国、依法执政提出的重大理论和现实问题，更好地带领广大人民群众为全面建设小康社会而奋斗。”（按：引自《政治局第 12 次学习胡锦涛强调依法治国》，载《人民日报》2004 年 4 月 28 日）

在党的十九大报告中，习近平总书记指出：“全面推进依法治国总目标是建设中国特色社会主义法治体系、建设社会主义法治国家”。“全面依法治国是中国特色社会主义的本质要求和重要保障。必须把党的领导贯彻落实到依法治国全过程和各方面，坚定不移走中国特色社会主义法治道路，完善以宪法为核心的中国特色社会主义法律体系，建设中国特色社会主义法治体系，建设社会主义法治国家，发展中国特色社会主义法治理论，坚持依法治国、依法执政、依法行政共同推进，坚持法治国家、法治政府、法治社会一体建设，坚持依法治国和以德治国相结合，依法治国和依规治党有机统一，深化司法体制改革，提高全民族法治素养和道德素质”。到 2035 年，我国“法治国家、法治政府、法治社会基本建成，各方面制度更加完善，国家治理体系和治理能力现代化基本实现”。

伴随着中国共产党人对于中国特色社会主义法治建设认识的深化，在开拓和深化中国特色社会主义法治建设实践方面方向日益明确，步伐越来越大。自从党的十一届三中全会以来，经过多个关键节点，从中可以清晰地看到，自从法制讲座进入中南海以后，中国特色社会主义法治建设的步伐明显加快。

1978 年 12 月，党的十一届三中全会提出加强社会主义法制，使民主制度化、法律化。

1997 年 9 月，党的十五大首次提出依法治国、建设社会主义法治国家，并且提出立法目标：用十五年时间，建成具有中国特色的社会主义法律体系。

1999 年 3 月修改宪法时，把“依法治国，建设社会主义法治国家”载入宪法，使之成为一项不可动摇的宪法原则和制度。

2002 年 11 月，党的十六大强调，发展社会主义民主政治，最根本的是要把坚持党的领导、人民当家作主和依法治国三者有机统一。这次党代会在修订党章时，在党章中增加了“依法治国，建设社会主义法治国家”的表述，使之成为执政党的宗旨和行为规范。

2007 年 11 月，党的十七大修改党章时增加相应表述：“党要适应改革开放和社会主义现代化建设的要求，坚持科学执政、民主执政、依法执政，加强和改善党的领导。”这次党章修改还进一步丰富了依法治国方略的表述：坚持党的领导、人民当家作主、依法治国有机统一，走中国特色社会主义政治发展道路，扩大社会主义民主，健全社会主义法制，建设社会主义法治国家。

2012 年 11 月，党的十八大确认法治为治国理政的基本方式，提出“科学立法、严格执法、公正司法、全民守法”的法治建设“新十六字方针”。

2013 年 11 月，党的十八届三中全会将“推进法治中国建设”作为全面依法治国和全面深化改革的重要任务。

2014 年 10 月，党的十八届四中全会专题研究全面依法治国重大问题，作出《中共中央关于全面推进依法治国若干重大问题的决定》，制定了法治中国建设的路线图。

2017 年 10 月，党的十九大作出中国特色社会主义现代化建设进入新时代的判断，对深化依法治国实践提出一系列新任务、新要求，明确提出：到 2035 年，我国法治国家、法治政府、法治社会基本建成，各方面制度更加完善，国家治理体系和治理能力现代化基本实现。2019 年 10 月，党的十九届四中全会作出《中共中央关于坚持和完善中国特色社会主义制度、推进国家治理体系和治理能力现代化若干重大问题的决定》，强调：坚持和完善中国特色社会主义法治体系，提高党依法治国、依法执政能力。建设中国特色社会主义法治体系、建设社会主义法治国家是坚持和发展中国特色社会主义的内在要求。必须坚定不移走中国特色社会主义法治道路，全面推进依法治国，坚持依法治国、依法执政、依法行政共同推进，坚持法治国家、法治政府、法治社会一体建设。要健全保证宪法全面实施的体制机制，完善立法体制机制，健全社会公平正义法治保障制度，加强对法律实施的监督。

新时代中国特色社会主义法治建设的新征程已经开启。

第四章　法治传媒发展历程

粗眉，细目，一副近视镜和一张瘦长脸，这是个长相极为普通的小伙子。

然而，就是这位混在人群里辨识度很低的年轻人，却掀起了一波舆论潮。

2016年4月21日，21岁的西安电子科技大学计算机专业学生魏则西，病逝了。

两年前，也就是2014年4月，他被检查发现腹部有滑膜肉瘤。在通过百度检索发现“生物免疫医疗法”后，他最终选择在武警北京总队第二医院采用此疗法治疗。2015年9月，魏则西先后在院内共接受4次“生物免疫”治疗，花费20多万元。

在魏则西去世近20天后，他于2016年2月26日发布的网帖引发网友广泛关注。网帖中，魏则西质疑医院宣传的“肿瘤生物免疫疗法”在美国早被淘汰，并质疑百度竞价排名的医疗信息有误导之嫌。

此事在网上持续发酵。据相关舆情监测机构搜集的数据显示，截至2016年5月3日，共有相关舆情信息1398077条。在报道媒介上，微博信息占比最高，约占80.2%；新闻信息次之，为15.9%；论坛信息量占比为3.9%。

根据网民举报，国家网信办会同国家工商总局、国家卫生计生委成立联合调查组进驻百度公司，对此事件及互联网企业依法经营事项进行调查，要求切实整改。涉事医院生物诊疗中心停诊。

2016年6月25日，国家互联网信息办公室发布《互联网信息搜索服务管理规定》，其中要求“提供付费搜索信息服务，应当依法查验客户有关资质，明确付费搜索信息页面比例上限”。

无独有偶，在魏则西病逝十几天后，又有一个年轻的生命逝去了，他就是毕业于中国人民大学的硕士研究生雷洋。

不同的是，雷洋是死在警察的执法过程中。

2016 年 5 月 7 日晚，中国人民大学 2009 级硕士研究生雷洋离家后身亡，警方称其涉嫌嫖娼被抓后因突然身体不适经抢救无效死亡。

事件离奇的情节引发雷洋家属及其校友的强烈质疑，再加上证据链的缺失，在“标签”与删帖的双重刺激下，此次事件迅速发酵成为一场公共舆论事件。

其间，涉事机关分别于 5 月 9 日、11 日两次进行通报，引发了更大的质疑声音。与此同时，各大媒体纷纷以不同角度探究警方执法过程，与网民共同形成了舆论倒逼格局。随后，检察机关、律师等其他力量也先后介入案件。

2016 年注定是不平静的年份，除魏则西事件、雷洋死亡案外，还有最高人民法院决定再审聂树斌案、快播行政处罚案等。这一系列法治事件，不仅被媒体争相报道，而且横扫整个社会舆论场，引起了观点碰撞激烈的讨论。

在网事如潮、热点更迭的今天，这些事件并不如烟。从发生到发展，从不断反转到一朝定案，从引燃网上情绪到理性渐渐回归，这些法治事件在媒体的报道和舆论的热议中，积极地推动着社会的进步，普及着科学、法治与人文精神。

这一系列事件，也很好地诠释了当今社会传媒与法治的关系。

根据《现代汉语词典》的解释，“传媒”特指报纸、广播、电视等各种新闻工具，其相近的词汇有媒体，即交流、传播信息的工具。随着现代科技的发展，网络也成为重要传媒之一。

法治，则属于政治文明范畴，是以法律制度为载体，对公共权力进行分解和限制的国家治理方式。

从来没有一个时代像今天这样，将传媒与法治紧紧维系在一起，并且一次又一次地引爆舆论的热点。究其原因，在于“传媒与法治”均涉及当今社会一个重大命题：依法治国。法治国家的建立，必须借助于大众传媒促进良法之治。共同的价值理念使传媒与法治二者紧密联系，相同的目标追求让二者密切互动。

一

与法律相关的信息传播历史悠久，可以上溯至公元前五百多年前。先民们把法律条文铭刻在青铜鼎上留存下来，应该算作最原始的法制信息传播了。在人类社会发展进程中，法制信息传播是与社会的法制实践相伴而生的。法制古已有之，法制信息传播自古以来也与法制相生相伴。人们在不断传播法制信息的过程中，法制新闻与法制新闻报道渐渐兴起。

早期的法制信息传播，无论是“人口”传播，还是“人手”传播，都只能算个体传播，还不能算大众传播。

青铜器产生以后，奴隶主将一些重要的法律条文铸在青铜器上。比如春秋时期的晋国和郑国，就将刑法铸成“鼎”。“刑鼎”的出现在当时具有划时代的意义。这可以算作原始的法制信息传播了。但此时的传播只是法律条文的直接公布与昭告，目的是让人们知晓与遵守，并不是现代意义上的法制新闻传播。

汉代进入了以文字传播为主的时代。这期间，主要有布告、露布、驿传等传播方式。

随着生产力的不断发展，历史进入唐朝，中国封建社会进入鼎盛时期。盛唐开元年间的“开元杂报”是已知中国最早的原始状态报纸，也可看作我国最早的官方报纸。“进奏院状”“状报”“报状”“上都留后状”“留邸状报”“邸吏状”“报”等信息载体中，有关朝廷诏令章奏以及其他政要事项的内容，则可以看作政府机构内部传阅的“法制内参”。

宋代的“邸报”不仅由朝廷设立的都进奏院实行统一管理和编发，而且刊期也由原来的不定期改为相对定期的刊物。除“邸报”外，还有非官方办的“小报”发表一些中枢部门没有公开的“朝廷机密”，大都与法有关。

明代中叶以后，不但官办邸报有了新发展，民间印报也逐渐增多。

内容从宫廷消息到查抄贪官污吏、案狱判词等，读者群从内阁幕僚、地方官吏扩大到士大夫、知识分子，甚至普通老百姓。传播的信息主要是朝廷的政事、臣僚的奏章等，也不乏朝廷律令、案件判断等内容。

清代官报的内容，主要是宫门抄、上谕、臣僚章奏三部分。其中，除刊登皇帝诏书、朝廷律令、官吏任免、社会治安等法制信息外，在皇帝诏令、大臣表奏中也有征粮赋税等与法制相关的信息。流行于民间的小报上也有相当部分内容与法制有关，且传播速度快，往往先于京报到达地方。毫无疑问，这些经过挑选、甄别而被报道、出售的法律信息是法制新闻的胚芽。

时光的脚步迈进近代，《察世俗每月统记传》《天下新闻》《东西洋考每月纪传》等中国报刊，相继展现在国人面前。在宣传西方教义和为洋人来华经商服务的同时，报道了西方国家的时事政治，也披露了中国的一些社会问题和重大案件。这些报纸的报道形式和内容已经具备了现代法制新闻报道的基本形态。

这一时期，相关的法制新闻报道有所增加。同时还出现了专门从事法制新闻报道的记者和编辑人员。比如，《华字日报》就设有专职的“法院记者”，专门从事法制案件报道。再如，上海的《中报》大胆披露、追踪报道被称为“满清第一冤案”的“杨乃武与小白菜案”，对案件进行了三年的连续报道，一时间在全国造成轰动效应，并最终促使清朝当局为杨乃武与“小白菜”平反昭雪，惩处制造冤案的各级官员，报纸媒体监督的威力首次显现。《中报》的报道形式和内容已经具备了现代法制新闻报道的基本形态。

清末著名记者黄远生极为关注法制新闻报道，作品中有不少涉及法制方面的新闻内容。这一时期，民主和法制的观念开始在人们心中萌发，思想上的解放最终推动了辛亥革命的爆发，导致了中国几千年来封建王朝的覆灭。

辛亥革命之后，孙中山就任南京临时政府大总统。此时的舆论环境比较宽松，报纸言论比较活跃。但好景不长，袁世凯上台后，封建专制卷土重来，报刊不被收买即被查封。尽管如此，在寒流中仍然挺立着一批在夹缝中不懈奋斗的记者，如邵飘萍、林白水、吴远生、张季鸾等。著名报人邵飘萍创办和主编的《京报》，是中国现代影响最大的报纸之一。《京报》关于反动军阀出卖国权、镇压革命罪行的报道，关于“二七大罢工”“五卅惨案”“三·一八惨案”等事件和案件的报道，关于社会黑暗以及不平问题和现象的报道，都在不同程度上揭露了旧中国的反动与腐朽。

1919年“五四运动”揭开了中国现代历史新阶段的序幕，也书写了中国现代新闻事业的新篇章。同一时期的大批知识分子、爱国青年，通过传播多种报刊，特别在俄国十月革命的影响下，创办了一批马克思主义的报刊，大力鼓吹革命的新文化运动，批判封建主义的旧文化，有力地推动了中国社会的进步与发展。

中国共产党成立后创办了中共中央第一个政治机关报《向导》以及《新青年》季刊、《前锋》月刊，还有共青团中央机关刊物《中国青年》，包括在第一次国共合作期间国共两党合作创办的《政治周报》《民国日报》等。这些报纸刊物对揭露封建军阀专制统治的黑暗和腐败，反映民众呼声，呼唤建立新的政治和法律制度，都发挥了重要的作用。

第二次国内革命战争时期，中国共产党及其领导的中国工农政府出版了工农政权的第一张报纸《红军日报》。1931年12月11日在江西瑞金创办的苏维埃机关报《红色中华》，在对事实要闻和法制建设予以经常性报道的基础上，专门开辟了“工农民主法庭”专栏，集中选登苏区的案例及司法、执法消息。可以说这是中国共产党领导下的新闻媒介最早的法制新闻报道。

新中国成立以来，我国法制传媒的发展同新闻事业和法制工作一样，也经历了一个曲折发展的阶段。新中国成立初期，党和国家把法制传播列入国家生活的重要议事议程，报刊、广播电台作为当时的主要传媒被充分利用到法制宣传中来。新中国的新闻媒体肩负起了向大众宣传普及法律知识，为建立新型法律制度呼喊的使命。如1949年10月至1950年10月《人民日报》、新华通讯社共发表有关我国法制建设的消息200篇，重大法制评论9篇。

随之出现了许多专门以法制建设为报道内容的法制刊物，如《中央政法公报》《法院工作通讯》《人民检察》等，掀起了我国法制刊物出版的第一个浪潮。

1957年—1978年，由于以阶级斗争为纲等种种“左”的错误路线影响和十年“文革”的冲击，国家民主法制建设在这一时期遭到极大的干扰和破坏，新闻报道被严重波及，法制新闻传播也失去正常的声音。

二

法治传媒再次出现和发展，是在党的十一届三中全会之后。

在我国结束十年“文革”，进入拨乱反正、改革开放的新时期，国家政治生活走上正轨，各项事业逐渐得到恢复和发展，法制建设工作重新提上党和国家的重要议事日程，法治传媒的发展也得以起死回生。

1979年8月，以报道政治、法律、伦理、社会综合性新闻为主要内容的《民主与法制》杂志在上海创刊，受到读者的热烈欢迎，最高发行量达100多万份。

1980年8月1日，中国第一张向国内外公开发行的全国性法制类报纸《中国法制报》(按：1988年1月1日更名为《法制日报》)在北京诞生。出版后吸引了大量读者，订数最多时达200万份。

《中国法制报》首任社长兼总编辑庄重如今已逾百岁，在他的脑海中，这份报纸创办时的记忆仍然非常真切：

党的十一届三中全会提出了发展社会主义民主、健全社会主义法制的目标。当时各条战线都在拨乱反正，深受林彪、“四人帮”一伙严重破坏的政法战线也是百废待兴。彭真时任中央政治局委员、中央政法领导小组组长。他要求正在筹建中的司法部为即将成立的中央政法委员会筹办一份报纸。这份报纸要以宣传中国社会主义民主和法制的成就为目的，是要办给全国人民看的。

1979年10月的一天，时任司法部部长魏文伯将时任司法部宣传司司长庄重叫到办公室交代任务说：“这项办报任务就交给你了。”

筹建中的司法部当时只有20人左右，其他几乎一无所有。司法部宣传司在庄重主持下，经过调查研究，就办报宗旨、读者对象、基本任务、编辑方针、栏目设置、版式和刊期等有关办报的问题提出了初步方案，决定根据现有条件，先办一份小型周报，以后有了条件再逐步扩大，并将这张报纸定名为《中国法制报》。

11 月 24 日，司法部党组将由党组书记魏文伯和党组副书记李运昌署名的《关于创办〈中国法制报〉的方案》，报送彭真和当时担任中共中央宣传部部长的胡耀邦。彭真、胡耀邦、朱穆之（时任中宣部常务副部长）先后对方案进行了审阅批示。彭真对魏文伯说，《中国法制报》是中央政法委员会的机关报，由中央政法委员会和中央宣传部共同领导，中央政法委员会委托司法部党组代管，有关报社建设和宣传报道等方面的重要问题，要向中央政法委和中央宣传部报告请示，并形成制度。

1980 年 1 月 16 日，经过修改后的《关于创办〈中国法制报〉的方案》正式报中宣部批准。

从 1980 年 2 月开始，司法部宣传司一边筹备自身建设，一边着手以中国法制报社的名义编辑出版《中国法制报》试刊，在政法系统内部征求意见。4 月中旬，李运昌指派庄重向彭真请示办报工作，送去包括《中国法制报》的方针、任务和主要内容的请示报告及两期试刊，请彭真审阅指示，并请彭真为即将正式创刊的《中国法制报》题写报名。当时的彭真工作十分繁忙，他不仅忙于政法队伍的重建和整顿，忙于一些重要法律的起草和组织工作，还直接领导着举世关注的对林彪、江青反革命集团两案的审查工作。尽管如此，彭真仍然十分关心《中国法制报》在创办过程中可能出现的各种问题。他委托时任全国人大常委会秘书长王汉斌和中央政法委员会秘书长刘复之研究解决《中国法制报》创办中遇到的有关问题。王汉斌、刘复之曾多次向庄重打招呼：彭真同志让我们多关心《中国法制报》的创办工作，你们有什么困难，可以随时直接来找我们。4 月 26 日，王汉斌写信给彭真的秘书，请彭真对《中国法制报》试刊的编辑、发行工作提一些意见，也请彭真为即将创刊的《中国法制报》题写报名。

1980 年 8 月 1 日，中国第一家以宣传社会主义民主和法制建设为主要任务的报纸——《中国法制报》，在北京正式创刊了。刚创刊的《中国法制报》为四开四版周报，在全国公开发行后，立刻受到全国广大读者的欢迎。报名正是时任中央政治局委员、中央政法委员会书记彭真题写的。《中国法制报》的创刊，标志着中国社会主义民主与法制建设进入了新时期。

……

《中国法制报》创刊后，彭真在百忙中仍然关注着《中国法制报》，亲自指导《中国法制报》的编辑工作。例如，《中国法制报》经常刊登一些易为广大群众接受的审判、侦查、辩护、调解等案例，作为普法宣传的一种形式。彭真看后很高兴，就叫一位同志传话给庄重：《中国法制报》用案例宣传法律的办法很好，我爱看《中国法制报》刊登的各种案例，每期都看（按：内容引自庄重、郑乃康：《彭真与〈法制日报〉的创办》，载《党史博览》2003 年第 1 期）。

……

经过三年多的努力，到 1984 年 1 月，《中国法制报》已由四开周报发展成为对开周三大报，在国内外发行达到百万份。

……

1987 年底，经中央政法委员会批准，《中国法制报》决定从 1988 年 1 月 1 日起更名为《法制日报》。这时的《法制日报》发行量已达 200 万份，成为国内外具有一定影响的大型日报。应《法制日报》全体同志的请求，彭真第三次为报纸题写了报名。他勉励《法制日报》工作人员在党中央领导下，为宣传社会主义民主与法治建设尽职尽责。

《法制日报》的创刊是一座里程碑，从那以后，法制专业媒体和法制记者进入了社会公众的视野，法制报道也越来越多地占据了报纸的版面、广播电视的频道。当时的法制报道留在人们记忆里的不仅是报道本身，更多的是思想的冲撞和观念空白的填补。《人民日报》的一篇文章《法制思想启蒙刍议》，现在看来命题简单得不能再简单，但在当时却引起了热议；《法制日报》的一篇评论《全国人大常委会在哪里》，反映了人们对立法机关方位乃至中国法制走向的关注……

紧随其后，《人民武警报》《人民公安报》《中国检察报》（1996年1月更名为《检察日报》）《人民法院报》《法律与生活》等法治行业类报刊，以及各省、市、自治区政法机关主办的数十家法治类报刊，如雨后春笋般破土而出，在新闻界形成了一道亮丽的风景。

为了宣传法律知识和法制精神，在全社会形成知法、守法、护法的良好氛围，1985年，中共中央、国务院批转了中宣部、司法部《关于向全体公民基本普及法律常识的五年规划》，六届人大常委会也作出了《在全体公民中普及法律常识的决议》，从而在全国范围内掀起了前所未有的法制传播高潮。

1985年11月，司法部在武汉召开了我国新闻史上和法制宣传史上第一次研究法制新闻工作的全国性会议，要求各种新闻媒体加强法制宣传力度，培养一批具有较高政治水平和业务水平的法制新闻编辑、记者队伍。

从1985年至今，中共中央、国务院先后通过了七个“普法五年规划”，在每一个五年规划里，都明确提出文化、新闻出版、广播影视等部门都要充分发挥大众传媒的作用，开展形式多样、生动活泼的法制（按：在党的十五大之后，法制改为法治，下同）宣传教育。新闻媒体当仁不让地成为普法的重要载体，以传播法制信息为己任的法制传媒获得了新的发展、兴盛、改革与创新的机遇和条件。

与此同时，法制领域也成为中国社会生活中的一片“热土”。据统计，从1982年到1999年，全国人大及其常委会总共通过法律171件，关于修改、补充法律的决定和有关法律的决定156件。

在此过程中，法治传媒及时准确地传达中央的声音，从法治的视角关注社会民生，反映法治建设的问题，进行舆论监督，运用典型案例剖析案件法理，揭露违法犯罪、鞭挞社会丑恶，为我国的法治建设作出了巨大的贡献。

随着依法治国和建设社会主义法治国家观念不断深入人心，人们对法治新闻的关注度越来越高，各种新闻媒体的法治新闻日益增多。除上述《法制日报》《民主与法治》《法律与生活》和各省、市、自治区的法治类专业报刊外，许多非法治类报纸也开辟有法治类专版、专栏和专题。20世纪80年代后期，上海《文汇报》率先开辟了“道德法庭”专栏。《人民日报》创办的“民主与法治”周刊,《光明日报》创办的“法治”周刊,《中国青年报》创办的“法治社会”和《南方周末》创办的“法治”专版等，颇受读者欢迎。

值得关注的是，这个时期，全国电视台也陆续创办了法制新闻栏目。1985年5月22日上海电视台《法律与道德》试播。1985年9月15日，南京电视台开办了《法制园地》栏目。1985年12月，中央电视台的法制栏目《规矩与方圆》开播。

经过多年的发展，法治节目已经成为深受听众或观众喜爱的节目类型。全国已有大量电台开办了法治类专栏，如中央人民广播电台第一套节目的《法治新世纪》和《现在开庭》。电视传媒方面，大量专业或综合法治频道及栏目纷纷增设并迅速发展。如1999年1月2日开播的中央电视台《今日说法》栏目。据有关统计数据显示，截至2007年，全国已有11家电视台开办了专业化的法治频道，法治栏目已超过200个。内容涉及新法律的颁布、立法工作和对重大法律案件的报道等，形式以短消息为主。

法治新闻报道不但在传统媒体上占据了重要地位，而且在互联网上也是大有作为。据统计，2003年被搜狐网收录的法律网站为2035个，到2006年为6726个，2007年则达到7659个。大量未被收录的法律网站、网页更是不可胜数。而且，法律网站呈现出多元化的发展趋势，各种类型的法律网站并存。

随着法治报道的日益普及和快速发展，它已经突破过去消息、通讯的传统写作模式，逐渐向着多样化的方向发展。从形式上看，如利用现场直播或实况录像录音进行报道。1998年7月11日，中央电视台现场直播“98中国电影第一大案”，一时成为新闻热点。再如，让受众和法律专家共同参与到报道中来。从表现手法上看，越来越注重故事化的叙述方式，在新闻语言上也越来越注意并努力追求法律语言与新闻表述的最佳结合。

法治新闻报道的这些发展特点既是时代的必然产物，也是法治建设的新要求。总体而言，我国的法治新闻报道经历了由小到大、由稚嫩到成熟，由专业到综合的发展过程。在新的历史时期，推进全面依法治国伟大方略的确立，为我国的法治建设提出了远大的目标，也为我国的法治新闻传播展示了广阔的前景。

作为法治传媒业的旗舰——《法制日报》的发展历程，是法治传媒业整体发展的样本。其四十年成长和发展的历史，为法治传媒的发展提供了一份真实可信并且可供借鉴的研究范本。

《法制日报》自创刊以来，一直得到中央领导同志的亲切关怀和大力支持。邓小平、江泽民、彭真、万里、李鹏、乔石、罗干等同志，多次为《法制日报》题词、题写报头、作出重要批示和接受《法制日报》记者采访。

历经四十年奋斗，《法制日报》各项事业有了长足发展。作为中央宣传部确定的中央主要新闻媒体之一，《法制日报》目前已成长为全国规模最大、最具权威性和影响力的综合性法治传媒，在政法界、法律界和社会各界广大读者中享有很高声誉。目前法制日报社拥有《法制日报》《法治周末》《法制文萃报》《法制日报·社区版》四张报纸，法制网、法治号和两微一端等互联网+新媒体矩阵，《法制与新闻》《法人》《法治参考》三本杂志；主办了《情况汇报》《国务院信息专报》《政法综治要情》《来信摘编》等多份内参。《法制日报》在全国各地建有37个国内记者站，覆盖全部省份及计划单列市；在美国、俄罗斯、日本、韩国、乌克兰、中亚、斯里兰卡等国家和地区设立了7个国外记者站。法制日报社现有在职员工600多人，已拥有一支国内规模最大最强最专的法治新闻工作者队伍。近十年来，报社先后有多人入选“文化名家暨‘四个一批’人才”；有20多人获长江韬奋奖，获评全国优秀新闻工作者、全国百佳新闻工作者等奖项；多人多次获得包括中国新闻奖一、二等奖在内的多项全国性新闻奖项。

多年来，《法制日报》经过多次改版，不断提高版面定位水平，不断推进媒体专业化建设，不断提升整体策划能力和深度报道能力，不断提高媒体整体报道水平，不断推进融媒体建设，努力提高互联网 + 新媒体条件下的媒体报道能力和运营能力，不断提升作为主流法治媒体在互联网 + 新媒体舆论环境下的舆论引导力、影响力、传播力和公信力。

法制日报社原总编辑陈应革在《法制日报》创刊三十五周年时曾撰文写道：走过三十五年的《法制日报》，留下报社几代人多少深深的足迹，产生了大量人们耳熟能详的法治新闻精品，传诵着许多生动感人的美好佳话！而最为人们所称道的是，我们报纸始终坚持以事实为根据、以法律为准绳的法治原则，并出色地宣传报道了这一原则。

三

回顾法治传媒发展历程，经历了四个发展阶段：

第一阶段（20 世纪 80 年代——1980 年至 1989 年）。

这十年正逢中国法制重建，经历了法制建设遭受严重干扰和破坏的曲折和坎坷，中国共产党人开始了将马克思主义与中国当代具体实际相结合的又一次伟大实践。他们一方面在改革开放的征途上大胆起步，加快农村以联产承包为主要内容的改革步伐；另一方面探索建设经济特区，在改革开放方面大胆地闯、大胆地试。与此同时，在中国特色社会主义法治建设方面，中国共产党人针对民主法制恢复运转最紧迫和改革开放最急需的问题抓紧立法工作。

于是，刚刚诞生不久的法治传媒一边艰苦创业一边全力投入到法制宣传报道当中，为民主法制建设鼓与呼，创造了若干个法治传媒报道法制的第一次：

1983 年 6 月 6 日至 21 日，根据“八二宪法”选举产生的第六届全国人大第一次会议在北京举行，《中国法制报》三名记者组成的采访组出现在会场和驻地，这是法治传媒首次对全国人大会议进行采访报道，并对刚刚选举产生的最高人民法院院长郑天翔和最高人民检察院检察长杨易辰分别进行专访。

1983 年 1 月一个寒冷的冬日，全国首个法制宣传日在北京举行，《中国法制报》记者首次出现在现场对时任司法部部长刘复之进行采访。

在凛冽的寒风中，记者问道，如何将法制宣传日推向全国？刘复之部长笑答，法制宣传日是个好形式，人民群众很欢迎，司法部将推动法制宣传制度化，并将法制宣传日活动推向全国。

全民普法宏大工程启动是这一时期具有里程碑意义的事件。

1984年6月5日至7日，司法部在辽宁省本溪市召开了有各省、市、自治区司法厅（局）长参加的全国法制宣传工作现场会，在这次会议上首次提出“争取用五年左右的时间，在全体公民中普及法律常识”。

1985年6月9日至15日，中共中央宣传部、司法部在北京共同召开了全国法制宣传教育工作会议。全国各省省委宣传部长、司法厅（局）长参加了会议，这是新中国成立以来第一次专门讨论法制宣传教育工作的全国性会议。

1985年11月22日，第六届全国人大常委会第十三次会议通过了关于在公民中基本普及法律常识的决议，由此开启了在亿万人民群众中普及法律常识、开展法制宣传教育的宏大工程。

这是全国人大常委会作出的第一个普法决议。决议指出：为了发展社会主义民主，健全社会主义法制，必须将法律交给广大人民群众掌握，使广大人民知法、守法，树立法制观念，学会运用法律武器，同一切违反宪法和法律的行为作斗争，保障公民合法的权利和利益，维护宪法和法律的实施。决议强调，普法的重点对象是各级干部和青少年，尤其是各级领导干部；普法的内容以宪法为主，包括刑事、民事、国家机构等方面基本法律的基本内容；普法要在中国共产党的领导下，动员和依靠全社会的力量。各级人大常委会和人民政府要采取有效措施，认真贯彻执行本决议。

其间，《中国法制报》在及时报道普法工作进程的同时，先后对辽宁本溪、湖北沙市等普法工作重大典型进行深入采访并连续推出长篇通讯予以重点报道，用典型经验推动全国普法工作，产生了重大的社会影响。对“一五”普法顺利展开营造了良好的社会舆论环境。

20世纪80年代正值法制重建伊始，多年来在以“阶级斗争为纲”“左”的严重干扰下法制建设遭受严重破坏的影响持续存在，以权压法的情况普遍存在，《中国法制报》积极为推进法制建设鼓与呼，高举舆论监督的大旗，在深入调查、反复核实的基础上，先后推出长篇调查性报道并配发评论，对河南省长葛县少数领导以权压法严重违宪等数起违法事件进行批评，在全国产生强烈的社会反响，并推动问题得到解决。

20 世纪 80 年代正值改革开放春风初起，各地改革者的改革尝试屡屡遭遇旧观念、旧制度、旧习惯势力的阻碍和打击，一些改革者甚至锒铛入狱。《法制日报》敏锐地抓住这一倾向性问题，深入调查典型案（事）件，先后推出长篇报道并配发评论，为改革者鸣锣开道，呼吁依法保护改革者，产生强烈的社会反响，为推进改革创造了良好的舆论环境。

第二阶段（20 世纪 90 年代——1990 年至 1999 年）。

20 世纪 90 年代是中国法制建设取得重大进展的十年，有三个具有标志性意义的成就载入了法治史：一是第一次明确市场经济就是法治经济的理念，并且在党的十四届三中全会上作出决定，要建立和完善社会主义市场经济法律体系；二是将依法治国作为党的治国方略在党的十五大上首次提出；三是 1999 年把“依法治国，建设社会主义法治国家”写入宪法，这是中国特色社会主义法治建设取得重大突破的明确标志，在中国法治史上具有里程碑的意义。

这十年也是法治传媒取得扩张性发展的十年，《人民公安报》《中国检察报》（后更名为《检察日报》）《人民法院报》先后创刊，各地法制类报刊纷纷涌现；从中央电视台到各地方电视台和广播电台法制栏目发展日盛，以《民主与法制》《法律与生活》等为代表的法制类杂志也办得风生水起，一时间法治传媒盛行成为一种突出的传媒现象。

在这十年中，以法制讲座持续进入中南海为标志，中国共产党人在深入认识和不断开拓中国特色社会主义法治道路方面取得重大进展。自 1986 年 7 月、8 月间，法制讲座首次进入中南海并举行四次之后，1994 年 12 月 9 日起，法制讲座再次进入中南海并持续进行。特别是 1996 年 2 月 8 日，王家福教授以“关于依法治国，建设社会主义法治国家的理论和实践问题”为题，为中央领导讲授第三次法制讲座，标志着中国共产党人对于中国特色社会主义法治建设完成了从“法制”到“法治”的飞跃。在不久之后召开的党的十五大上，依法治国和建设社会主义法治国家写入党的政治报告，此后又写入党章和宪法。

法治传媒对于法制讲座进入中南海一直持续关注并予以突出报道，并多次配以重要评论，深入阐述其意义和价值。尤其是围绕王家福教授以依法治国为主题的第三次讲座，《法制日报》等法治传媒的详尽报道和评论给广大读者留下深刻印象，使依法治国和法治国家一时间成为舆论热词。

1992 年 10 月 12 日，党的十四大召开。会议作出确立将社会主义市场经济作为我国经济体制改革目标模式的重要决策。为保证和促进社会主义市场经济体制的建立，及时肯定社会主义市场经济体制的法律地位，在总结多年来宪法实施经验的基础上，1993 年 3 月，第八届全国人大第一次会议通过宪法修正案。此次修宪作了 9 处修改，其中将“社会主义初级阶段”“建设有中国特色的社会主义的理论”“坚持改革开放”及“中国共产党领导的多党合作和政治协商制度”等写入宪法；将“国家在社会主义公有制基础上实行计划经济”修改为“国家实行社会主义市场经济”。

其间，《法制日报》不仅为进一步推进改革开放鼓与呼，而且在如何以法治保障和促进改革方面深入思考、深入研讨并推出一系列报道和评论，并在一篇重要评论中率先提出“市场经济就是法治经济”的重要观点，产生了非常大的社会影响，为深入推进改革、努力完善法治环境营造了良好的社会舆论。

在这十年中，法治传媒继续高擎新闻监督的大旗，对于破坏法制、严重违背法治精神的恶性涉法问题积极进行新闻监督，大大提升了法治传媒的舆论影响力。

在 20 世纪 90 年代中期前后，出现了一种特殊的社会现象，一批改革开放初期的功臣，因为种种原因发生了惊人的蜕变，甚至成为为恶一方的恶霸。天津大邱庄的禹作敏，从改革开放初期造福一方的改革功臣，沦为独霸一方、无法无天，甚至为害乡里草菅人命的恶霸。《法制日报》记者冒着种种风险、顶着重重压力、运用各种技巧，深入调查、反复核实，先是通过内参反映，后来运用公开报道手段，最终在中央有关领导的过问之下，在有关部门的强力介入之后，将禹作敏绳之以法。

在 90 年代，有一类社会问题相当突出，一些地方的流氓、恶霸势力借改革开放初期鼓励搞活经济和法制相对缺失的特殊环境，以流氓、恶霸手段鱼肉乡里，他们或是强行垄断一地的交通运输或某项交易，或是强行征收“保护费”等，或是形成车匪路霸雁过拔毛，如此等等。严重危害地方社会治安和经济秩序，严重恶化地方社会风气，也引起人民群众的强烈不满。法治传媒针对这类问题展开积极、有效的新闻监督活动，一批深入调查地方流氓、恶霸借经济搞活之机以犯罪手段为害一方等种种恶行的新闻报道频频亮相，形成一个时期各方普遍关注的舆论热点，并促使地方重拳出击，集中打击和整治为害一方经济、社会的流氓黑恶势力以及车匪路霸等。

在 90 年代，还有一类社会问题引起人们普遍关注，这就是少数公安和司法人员违法违纪问题突出，甚至倚仗公安、司法权力称王称霸为害一方。《法制日报》记者深入采访、反复核实，用一年左右追踪调查并连续批评报道山西“三盲法院院长”姚晓虹，产生极大的社会反响，最终将其绳之以法。

在 90 年代，为地方保护以公安和司法权力非法介入经济纠纷问题相当普遍，或是以涉嫌经济犯罪为由将一方当事人强行拘押，以追讨债务；或是为一方当事人非法追讨债务，违规强行扣押货款、货物等。公安、司法机关违规介入经济纠纷，擅自动用公安、司法机关的强制权力帮助经济纠纷一方当事人追讨债务等行为，严重破坏了公安、司法机关的社会形象，严重破坏了法律秩序和经济秩序，严重破坏了执法和司法环境，引起社会各界普遍不安，也引起人民群众的强烈不满。法治传媒以维护社会公平正义的强烈责任感，以敏锐的新闻嗅觉及时开展新闻监督活动，通过深入调查、认真核实，将少数地方公安、司法机关非法介入经济纠纷，违规动用强制权力，非法拘押经济纠纷当事人，非法扣押货款、货物等行为向社会曝光，促使有关地区和有关部门及时纠正了一系列违法违规行为；在社会上产生了强烈的影响，形成了一定的舆论声势，对于遏制和缓解此类问题产生了积极的作用。

第三阶段（新世纪前十年——2000 年至 2009 年）。

进入新世纪头十年，中国特色社会主义法治建设继续保持强力前行的势头，中国共产党人对于社会主义法治的认识继续深化，中国法治建设继续大步前进。

十六届、十七届中央政治局从 2002 年 12 月第一次集体学习宪法至 2012 年 11 月，共举办法制讲座 9 次。

2002 年 11 月，党的十六大强调，发展社会主义民主政治，最根本的是要把坚持党的领导、人民当家作主和依法治国三者有机统一；这次党代会在修订党章时，在党章中增加了“依法治国，建设社会主义法治国家”的表述，使之成为执政党的宗旨和行为规范。

2007 年 11 月，党的十七大修改党章时增加相应表述：“党要适应改革开放和社会主义现代化建设的要求，坚持科学执政、民主执政、依法执政，加强和改善党的领导。”这次党章修改还进一步丰富了依法治国方略的表述：坚持党的领导、人民当家作主、依法治国有机统一，走中国特色社会主义政治发展道路，扩大社会主义民主，健全社会主义法制，建设社会主义法治国家。

在这十年中，法治传媒对于中央领导专题学习法治一直予以高度关注并持续突出报道，并多次运用评论对中国共产党人深化认识中国特色社会主义法治建设的深远意义予以深刻阐释。对于依法治国、建设中国特色社会主义法治国家写入党章、写入宪法，法治传媒更是充分运用报道和评论手段予以深入报道，使依法治国、建设中国特色社会主义法治国家日益深入人心。

在这十年中，法治传媒继续引领法治舆论，努力为中国特色社会主义法治建设营造良好的舆论环境，党的十五大确立目标用十五年时间建设中国特色社会主义法律体系，为完成此目标，法治传媒加强策划、整合资源，持续加大对于全国人大立法活动的报道力度，对于物权法等一系列重要法律的立法活动和进展加强报道，并努力丰富报道手段，提升报道水平，增强立法活动报道的感染力和影响力，使广大人民群众更加理解、支持国家的立法工作。《法制日报》先后创设的《人大视窗》《人大立法》等专版、新闻版影响日盛，并引领一些法治传媒相继开设立法方面的专刊、专版。

在这十年中，法治传媒面对互联网时代出现的新情况新特点，努力更新办报观念，提升报道能力，丰富报道手段，积极介入努力引领日益复杂的涉法舆论。对于孙志刚事件（按：一个外地务工人员，在广州市因为没有暂住证被非法收容，在遭受毒打后医治无效死亡），法治传媒通过报道和评论，积极发声，引导舆论，最终促使国家废除了施行了二十年之久的《城市流浪乞讨人员收容遣送办法》。对于邓玉娇案件（按：一个宾馆女服务员由于拒绝为基层政府官员提供“特殊服务”遭到反复纠缠，最终基于自卫目的刺死刺伤当地镇政府工作人员，这一事件引起全国舆论关注），法治传媒也予以强烈关注，在形成互联网与新闻媒体交互作用的舆论大势中，通过报道和评论努力引导舆论，产生了较大的报道影响。

在这十年中，法治传媒积极推进传媒业改革，一方面继续加强媒体专业化建设，提升专业化报道水平，通过不断改版和改革机构设置，完善内部管理，努力提高法治传媒质量，努力提升传媒整体运营水平，努力跟上传媒业发展大势。

第四阶段（新世纪第二个十年——2010 年至 2019 年）。

对于法治建设来说，新世纪第二个十年具有里程碑意义：

2011 年 3 月，中国特色社会主义法律体系宣告基本建成。

2012 年 11 月，党的十八大确认法治为治国理政的基本方式，提出“科学立法、严格执法、公正司法、全民守法”的法治建设“新十六字方针”。

2013 年 11 月，党的十八届三中全会将“推进法治中国建设”作为全面依法治国和全面深化改革的重要任务。

2014 年 10 月，党的十八届四中全会专题研究全面依法治国重大问题，作出《中共中央关于全面推进依法治国若干重大问题的决定》，制定了法治中国建设的路线图。

2017年10月，党的十九大作出中国特色社会主义现代化建设进入新时代的判断，对深化依法治国实践提出一系列新任务、新要求，明确提出：到2035年，我国法治国家、法治政府、法治社会基本建成，各方面制度更加完善，国家治理体系和治理能力现代化基本实现。2019年10月，党的十九届四中全会作出《中共中央关于坚持和完善中国特色社会主义制度、推进国家治理体系和治理能力现代化若干重大问题的决定》，强调：坚持和完善中国特色社会主义法治体系，提高党依法治国、依法执政能力。建设中国特色社会主义法治体系、建设社会主义法治国家是坚持和发展中国特色社会主义的内在要求。必须坚定不移走中国特色社会主义法治道路，全面推进依法治国，坚持依法治国、依法执政、依法行政共同推进，坚持法治国家、法治政府、法治社会一体建设。要健全保证宪法全面实施的体制机制，完善立法体制机制，健全社会公平正义法治保障制度，加强对法律实施的监督。

中国特色社会主义法治建设进入推进全面依法治国新阶段，为法治传媒事业开启了前所未有的新征程。法治传媒努力在习近平新时代中国特色社会主义思想引领下，为推进全面依法治国全面提升宣传报道能力、水平。运用全媒体报道的各种手段和方式，无论是在组织推进全面依法治国专家理论解读，还是在策划组织全面依法治国深度分析报道；无论是在运用系列高端评论阐释全面依法治国新理念新思想新战略，还是在系统报道各省依法治理新实践新成效新经验，法治传媒都以焕然一新的面貌，将推进全面依法治国报道提升到前所未有的新高度。

在这十年中，司法改革和整个政法领域改革进入全面、深入推进的新阶段，改革由点到面、由浅到深、由易到难，覆盖到司法和政法领域各方面，改革以前所未有的广度、深度和力度稳步推进，效果尽显。法治传媒以全媒体手段，全领域视角和全新策划，对改革持续关注、密切追踪、深度报道和全新解读，为司法改革和政法改革提供了丰富、生动和及时的全方位报道，为整个改革营造了良好的舆论环境。

在这十年中，涉法舆论、环境也发生了生动、多面的变化，一系列涉法突发事件和舆论事件时时发生，广大公众以公平正义、法治正义为集中关注点，涉法舆论关注度和参与度屡创新高。法治传媒在种种涉法突发事件和舆论事件中，不断提高报道能力和舆论引导能力，以山东辱母案、昆山反杀案和明星涉税案等为代表，法治传媒及时发声，适时引导，以报道澄清事实，以评论引导舆论，为司法机关和政法机关正确、适度依法审处涉法突发案（事）件赢得时间，并且营造了良好的舆论环境。

在这十年中，法治传媒紧跟互联网+新媒体发展大势，积极主动投入融媒体改革浪潮之中，更新观念，创新方式，整合资源，改革体制，使整个法治传媒的面貌有了很大的改变，为未来创新发展打下了良好基础。

站在面向未来发展的时间节点上，法治传媒人清醒地认识到，推进全面依法治国已进入新时期新阶段，中国特色社会主义法治建设将面临更具挑战更具希望的新局面，未来的改革和发展将面临更加复杂的局面，许多情况前所未有，许多变化前所未有，许多挑战前所未有，许多考验前所未有；与此同时，法治传媒面临的机遇也前所未有。毫无疑问，与法治建设相伴而生、相向而行的法治传媒，必将在今后推进全面依法治国的历史进程中承担更加神圣的职责。可以预见，在中国特色社会主义法治巨轮扬帆远航、乘风破浪的航程中，法治传媒重任在肩、前景无限。

第五章　法治传媒专业化

在当下互联网＋时代，创办一家媒体往往意味着背后有大笔投资，往往意味着先大把大把地烧钱直至将此媒体做火甚至成功上市，往往意味着先用巨资将一众专业人才从相关媒体挖将过来，往往意味着一亮相这家媒体就以专业巨人的姿态屹立于同业之林……

然而，当初法治传媒的出现并非如此。当第一家法治传媒出现在公众视野的时候，几乎是用着刀耕火种的生产方式，将略带油墨味道的报纸送到读者面前。

当广大读者欣喜地翻阅着这份新创刊的报纸时，办报人所处的窘境，他们并不知晓。那段时间，在北京西单闹市区的一条胡同内，有一所小院，聚集了一群年轻人，在庄重（时任司法部宣传司司长）的带领下，创办起《中国法制报》。

当时，没有印刷厂，没有传真机、复印机等办公设备，更为关键的是缺少专业化的办报人才……因此，当中国出现了第一家法治传媒的时候，中国法治传媒的专业化历程，也由此开始。

当时的办报队伍大体由四部分组成：第一部分是从新闻单位抽调而来，比如来自新华通讯社的庄重等；第二部分是一批曾经学习法律但在“以阶级斗争为纲”的时代或是下乡或是改行从事其他工作的人员；第三部分是从 1982 年 2 月起陆续从高校毕业分配来的大学毕业生；第四部分是从不同单位奉调而来的人员。

法治传媒专业化历程的初始，即是将一张业余的小报改造成专业化的大报，而基础工程则是将一支业余的“杂牌军”，改造成专业化的办报团队。这注定是一个漫长而艰苦的过程。

一

从业余走向专业，每一步都很艰辛，经过反复历练，法治传媒初步完成了编采专业化。

法治传媒的专业化锻造，首先在新闻专业层面，从编采环节开始。与各种各样的差错作战，是这种锻造的经常性动作，也是专业化的第一层次。

说起电影创作，有个说法耳熟能详：电影是遗憾的艺术。在这方面，报纸与其如出一辙。而且报纸上的遗憾之处更多。有人说，无错不成报，即是说，由于生产流程的特殊性使然，报纸上的差错很难避免。对于面世不久的第一代法治传媒来说，更是如此，这也是当时法治传媒处于业余状态的典型特征。

有这样几例差错特别体现出法治传媒在完成专业化改造前的状态，值得认真解剖和分析。

20 世纪 80 年代中期，有一篇深度调查报道，记者数次深入胶东半岛一个山村，就一起改革过程中司法机关如何判定罪与非罪的典型案件采写了一篇长篇调查报道，近万字。见报时，因为技术原因，稿件前后次序错乱，时空颠倒。见报当日，作者惊呆了，读者也迷惑了，编辑部接到电话无数。当时为了在更正中写清稿件顺序，作者颇费了些笔墨。

无独有偶。还有一篇长篇通讯，讲述了海南的一名纪委书记在查处违纪违法过程中不惧打击愈挫愈奋的故事，标题叫《咬定青山不放松》。发表时，应该一版转二版，但是，照例由于技术原因，当天安排在一版的部分稿件发了，但二版却并未刊发应该转版的那部分稿件。结果在第二天补登转版稿件时，是这样注明的："上接昨日一版"。这样的差错，在新闻报刊史上恐怕难找第二例。

从专业化建设的角度看，差错是完善技术环节之母。差错越荒唐，说明技术环节越粗疏，差错越不可思议，说明技术漏洞越大。

以上文提到的差错为例，将前后文顺序颠倒的原因是：在初排稿件小样（按：当时还是铅字排版）时，将两栏文字并排打在一张纸样上

（通常一张纸样上只排一栏文字），但既未注明前后次序，也没有从两栏中间剪开，因为稿件太长，小样用了几张纸样，所以上版时，拼版员想当然地将同一张纸样上的两栏前后接起，结果将稿件次序搞乱……

再说上文提到的第二例差错，将转版文字漏发的原因是：当时一、二版不在同一天排版，一版在当天夜班拼版，而二版在白天预拼，结果安排版面时，一、二版在衔接上脱节，于是乎出了那么大的洋相……

尽管出现差错总是令人懊悔，但是努力消灭差错是传媒人不可避免的职业经历，是传媒人走向正规化、专业化必须经历的过程，对于新生的法治传媒来说，更是如此。正是在与差错不断地对决中，采编校检各个环节的规范渐渐严密、渐渐完善，采编校检人员的经验不断丰富，水平不断提高。

法治传媒专业化的第二层次，是新闻采访策划，这也是法治传媒从业余走向专业化过程中必须不断强化、不断提高的能力。

起初，对于法治传媒来说，根本无所谓新闻策划，出个题目，派出或少或多的人马，朝着相关方向扑出去，有枣一竿子，没枣也是一竿子。那个时期，法制新闻产品非常初级，内容浅显、结构单一、语言单调，从整体看，无论是一个时期，还是一个阶段，都难以形成有系统、有节奏、有连续影响力的报道。

新闻策划，有两种类型。第一种类型是连续报道策划。根据内容，选准方向，通过精准采访，配发评论或相关文章，在首次报道形成第一个冲击波后再组织跟进报道，形成第二、第三个冲击波。这方面的典型报道案例，是20世纪80年代中期《法制日报》对河南省长葛县违宪事件（按：当时发生的一起地方领导干预司法继而违法撤换司法机关领导的典型事件）的舆论监督报道，在重建法制的时代，这组报道一石激起千层浪，引起极大的社会反响。以后，这种新闻策划模式也屡屡采用。

新闻报道策划的第二种类型，是报道形式策划，即以某种报道形式为要求，动员一定的采访报道力量，在一定的时期集中策划组织、集中操作实施、集中编辑刊发，形成规模性的报道，这类报道形式新颖、风格鲜明，具有规模效应。这方面的典型报道案例，是20世纪80年代中后期《法制日报》策划组织的“短新活”报道，抽调一批记者集中进行现场采访，全部写成短小鲜活的消息和现场见闻，这在当时尚属创新之举，一时间版面上新风扑面，引起坊间阵阵热议。

新闻报道策划的产生和运用，标志着法治传媒专业化开始深化。报道策划的不断运用，提升了法治传媒的新闻报道水平，锻造了法治传媒的新闻报道队伍；法治传媒新闻报道水平的提高和新闻采编人才的成长，也不断促进报道策划水平的提升。以后，新闻策划的种类日益多样、手段日益丰富，诸如战役性报道策划、深度调查报道策划、专题性报道策划和系列报道策划等，相继出现，而且根据报道需要可以熟练运用。策划的精准度逐渐提高，在采访实施前的准备阶段、在采访实施的操作阶段和采访完成后的编辑整合阶段，新闻策划贯穿始终且不断调整、不断丰富，使重点报道的水平不断提高。

法治传媒专业化的第三层次，是报纸改版，这是法治传媒从业余走向专业化的重要阶段，也是具有标志性的改革创新举措。

对于法治传媒来说，报纸改版分为两类：一类是扩张性改版，比如：从周一刊变为周二周三周四甚至日报，从四开小报变为对开大报，从四版变为八版、十二版……第二类是整合性改版，比如：调整版面定位，调整新闻版面和专刊版面的比例，创设新版面、新专刊和新栏目等。

从走向专业化的角度来看，扩张性改版作用不大，在法治传媒扩张性发展阶段，大规模扩版，往往体现着粗放式经营的理念，大有跑马占地的意味。因此，无论是在版面定位、栏目设置，还是在编辑策划等方面，都乏善可陈。对于推进编采专业化方面的作用，十分有限。真正体现专业化要求的是第二类改版，即整合性改版。在总体版面不增减的前提下，对版面设置进行调整，根据报纸定位的需求，更精准地设定版面定位。首先是合理确定新闻版和专刊专版的比例，并对以一版为核心的新闻版进行专业化的改造。从传媒的角度来考量，新闻版的规模、质量和专业水准，是测试法治传媒水准的一个重要指标。早期的法治传媒，新闻版面少自不待言，新闻内容少和缺乏新闻专业化编辑处理更是通病；

新闻版面上充斥着领导讲话和文件缩编等内容。

因此，在屡次进行的版面改革中，新闻版的改革和创新都是核心内容。通过改革新闻头条的处理形式，通过改革一版重要新闻的处理形式，通过对一版新闻条数的硬性规定，通过对一版新闻体裁形式的要求，通过对一版版式的改变和创新，试图以一版的改变带动报纸整体的改变。

其次，更精准地定位专刊专版。专刊专版是法治传媒的重要组成部分，一个“专”字体现出对于内容专业化的引领和要求。这既包含对于相关涉法专业内容的恰当编辑和处理，也包含用符合新闻专业要求的编辑手段进行包装。

再次，在传媒整体形式上进行新闻的专业化改造。在报纸版式整体设计上，在版面元素的形式统一上，在包括标题题型、字体字号、作者署名等版面处理细节上，进行细致周到的规范。

版面改革的直观效果体现在版面上，但在版面形式背后是更深一层次的新闻内容的改进。要提升新闻内容水平，需要一系列举措，那就是编采职能、编采力量、编采资源和编采流程等方面的重新整合和制定，其核心标志就是由编采合一改为编采分开。这是法治传媒在编采上由业余走向专业的关键一步。

法治传媒创业初期，在大多数的版面及栏目上，都实行编采合一的采编模式，版面就如同农民手中的自留地，种什么、怎么种、何时种、种多少等，都由版面编辑说了算，在策划水平低下甚至根本没有策划的情况下，版面上稿件水平和编辑加工水平都长期处于低水平的循环往复，还往往带来一些以稿和以版面谋利方面的问题。

从版面改革开始进而深化到编采体制改革，触及了编采弊病的核心，尽管艰难，尽管有重重阻力，但由浅入深、由表及里，逐渐带来日益显著也日益深刻的变化。在传统媒体以版面为主要传播平台的运行模式下，这也算是一场不大不小的改革。对于法治传媒的专业化历程来说，其意义不可低估。

二

实现编采专业化仅仅是传媒改造的初级阶段，对法治传媒来说，专业化的进程，远远不止这些。

法治传媒作为专业化媒体，其专业化的要求究竟应该有多高，是一个颇有争议性的问题。在新闻传媒业内，一些人时常认为财经传媒具有较高专业水准，根据是财经方面的专业术语多，一些财经方面的专业运营模式，时常让行外人一头雾水，不知所云。

反观法治传媒，一眼望去，其传播内容却并不见得有多么深奥难懂，因此，不少新闻业内人士对于法治传媒的专业性，并不以为然。一些法治传媒人也认为，只要粗通法律不弄错法律术语、法律名称和法律条文就可以了，甚至有些人对于法治传媒的报道内容还怀有偏见，认为其过于通俗，多是些杀人越货、鸡鸣狗盗、强奸色情的东西，无非是以展览案情来博人眼球，满足一些人低级的阅读需求，属于地摊读物，根本上不了台面。其实，这是将某些内容低俗甚至非法出版的法制类读物，代替了法治传媒整体，说是以偏概全当不为过。这，是对法治传媒的根本误解。我们在这里讨论的是专业的法治传媒，相比上面提及的某些低俗的法制类读物，从内容到形态都有本质的不同。

对于专业的法治传媒人来说，专业要求首先体现在要具有法治信仰。美国的著名法学家伯尔曼有句名言：“法律必须被信仰，否则将形同虚设。”对于法治传媒人来说，法治信仰既包括对于中国全面推进依法治国、建设中国特色社会主义法治国家抱有坚定不移的信心，也包括对于法治自身通过不断健全和完善，终将实现良法之治，从而对人类和社会实行良性和有效的现代治理抱有坚定不移的信心。

法治信仰之于法治传媒人，如同精神支柱，无论何时、无论何种情况下，都能明晰职业方向，都能给予职业动力，都能得到精神力量。回顾职业历程，往事依依，那些克服重重阻力完成的新闻调查，那些揭露种种罪恶的艰难采访，那些凝结着坚持数月甚至数年不懈努力的新闻作品，那些面对各种威胁利诱而不肯放弃初衷的职业经历，无不是在法治信仰支撑下的执着坚守。

一个缺乏信仰的法治传媒人注定是在传播法治信息方面的行尸走肉，注定是在传播法治信息过程中人云亦云的平庸之辈，注定是在各种复杂条件下屡屡迷失职业方向的愚钝之人，注定是在法治传媒道路上半途而废的失败者，这种人根本不可能通过法治传播建设中国的法治文化，也不可能有效帮助受众一点一滴地积累法治信心、滋育法治信仰。

法治传媒人的专业要求，体现在要有法治思维。法治思维之于法治传媒人，是核心的职业认知力，是以法治原则、法治精神为根本支撑的职业思维方法，是辨识林林总总法治信息、洞察形形色色法治现象的观测镜。

任何人接触感知信息都有第一感觉，都有下意识的判断，对于一般人来说，通常都是以情理作为认识和判断信息是非的尺度。对于职业的法治传媒人的要求则不同，从接触到信息的第一时间起，就将法与理做标尺，去精细地观测新闻事件的是与非。普通受众评说新闻事件很容易将情感的火焰点燃，用蘸满泪水的笔对事件中受伤害的弱者倾注同情的笔墨，同时对事件中所谓的强者大加讨伐。然后在道德的法庭上畅快地评判是非，痛快淋漓地批判那个道德罪人。作为职业的法治传媒人则不能这样，他们必须将情感的闸门小心翼翼地关上，将道德的尺子轻轻地放下，稳稳地将法治的罗盘操起，在将事实真相细细辨清的基础上，对是与非、罪或错、责任与义务、损害与赔偿等进行全面精准地判断。

对于法治传媒人来说，法治思维是一种习惯，更是一种能力；法治思维是职业的基础，更是执业的利器。缺乏法治思维的法治传媒人，注定是这一专业领域内的业余选手，他们可以在不懂法律的人士面前滔滔不绝地炫耀那一点点法律知识的皮毛，他们可以凭着那一点点法律知识的皮毛去写一些貌似法治内容却可能根本有悖法治精神的文字，他们的报道或者评论可以博得一些无知者廉价的喝彩……然而，他们在事关法治根本原则和价值上的判断必定失准，他们在法治舆论上的走向难免出错，他们的赞颂与批判常常远离法治的灯塔，他们在传媒道路上的长跑注定与法治的目标相悖……

对于职业的法治传媒人来说，还有两个专业要求不可或缺，一是深度调查能力，二是深度解读能力。

先说深度调查能力。对于法治传媒来说，最重要和最经常的报道内容之一便是重大案件和重大涉法事件。在深度调查能力方面，坚忍不拔的采访精神应放在首位。无论是即时发生的重大案（事）件，还是由于某种原因重新浮出水面的陈年旧案，在调查时遇到重重阻力和困难是必然的。一个优秀的法治传媒人在调查过程中，必须以极为坚韧的精神冲破或软或硬或明或暗的阻力，必须以极为坚韧的精神在面对赤裸裸的威胁和利诱时坚守住职业底线，必须以极为坚韧的精神在漫长的调查过程中坚持不懈，必须以极为坚韧的精神在近乎失败的境况下咬紧牙关，从而完成一个个艰难的调查。

其次，在深度调查能力方面，要有善于抓住重点和核心与善于化解错综交织的枝枝蔓蔓的能力。凡是重大的案（事）件，没有一个是非黑即白、可以一眼看透的，相反，疑云重重、枝蔓横生倒是司空见惯。能在较短的时间内，抓住重点和核心，在近乎乱麻的事实和关系当中，厘清主要事实和关系，判断是非真伪，确实需要特别的洞察力和思辨能力，这既需要经验的积累，也需要特殊的训练。

再次，在深度调查能力方面，要善于察疑辨伪。对于法治传媒人来说，还原真相永远是最具挑战性的职业课题。对于深度调查尤其是这样。深度调查的案（事）件，往往最具争议性，其争议的源头，绝大多数都源于案（事）件的真相。在一系列复杂案（事）件的采访中，往往会碰到如下情形：或是关键性的见证人已无处寻觅，于是多种说法、多种猜测四处流行，既无法求真亦无法证伪；或是关键性的证人尚在，但说法不一，有时是同一个证人前后说法矛盾，有时是不同的证人说法相互冲突……

一个优秀的法治传媒人，在从事深度调查的职业活动中，时常面对虚假陈述的迷惑，这可以说是终生的职业挑战。有些本是通篇伪造却信誓旦旦令人难辨真伪的讲述，有些或是故意或是观察不清、记忆失准造成的真伪混杂的陈述，面对这些，职业的法治传媒人必须始终保有一副敏锐的善于怀疑的职业神经，必须始终保持一个善于反复验证反复辨别的职业习惯。

再说深度解读能力。作为职业的法治传媒人，深度解读能力包括如下几个方面：一是对于重大案（事）件新闻背景的深度解读能力。任何案（事）件的发生并且引起社会普遍关注，都具有特定的原因，而这个原因往往与这起案（事）件的新闻背景有关。能够及时、准确、深入地把新近发生的重大案（事）件自身的新闻背景以及一段时间以来类似案（事）件的相关背景解读清晰，是对法治传媒人的职业要求。

二是对于重大案（事）件相关法律问题的深度解读能力。那些重大案（事）件，往往都涉及多个法律角度，涉及多个法律文本，甚至涉及多个相关案例和司法解释。从近些年来的案例来看，越是关注度高的重大案（事）件，越是对现行法律提出挑战，越是涉及法律之间规定不清、相关法规之间出现冲突的地带……能够及时、准确、清晰地将重大案（事）件相关法律问题解读清楚，是职业法治传媒人的专业要求。它包括如下几个方面：将重大案（事）件涉及的核心法律问题解释清楚，将重大案（事）件涉及的相关法律问题解释清楚，将舆论中误报、误传、误导的相关法律问题解释清楚。

深度解读法律问题的能力，来自善于从新闻角度洞悉法律精神的敏感性，来自善于抓住重大案（事）件法律问题核心的逻辑能力，来自善于厘清相关法律问题的归纳能力，来自善于寻找专家、善于组织访谈（善于提问、善于引导和善于总结核心观点）的专业能力，来自善于在平日积累相关法律素材的学习能力。

三是运用互联网思维分析和解读法律问题的能力。在以互联网为代表的新技术革命深刻改变社会、经济、文化等方方面面的时代，许许多多涉法问题也体现出这种复杂和多面的变化。2015 年 5 月，魏则西事件以一轮热似一轮的发酵，持续引爆舆论场。魏则西事件便是一起比较典型的新类型事件，引发这一事件的重要因素之一——百度搜索，作为互联网的重要入口，其竞价排名引出的法律问题正是互联网时代数不胜数的新类型问题中的一种。竞价排名究竟算不算广告？对于竞价排名应该依据什么法律进行监管？竞价排名引起的法律诉讼应该如何依法裁定……这一系列问题，现行法律并没有明确的规定，相关部门自然也不能给予明确的解答。

对于此类新问题，如果不能够运用互联网思维，如果仅仅孤立地运用法律文本，不仅不能准确地抓住这些新类型问题的实质，也无法正确、清晰地认识这些新类型问题，更不可能做出富有说服力的专业解读。

从某种意义上说，对于法律问题的深度解读能力，是法治传媒人的核心能力，既决定法治传媒传播内容上的核心竞争力，也决定法治传媒人职业能力上的核心竞争力，更决定法治传媒舆论影响力上的核心竞争力。

三

目前法治传媒专业化状况应该如何评估，处于媒体转型时期专业人才需求呈现什么状态，法治传媒专业化历程的未来是什么前景？

经过数十年风雨兼程，法治传媒从无到有、从小到大、从业余走向专业并且正从传统媒体向新媒体转型，其间，专业化是贯穿始终的链条。这种专业化，包括新闻采编、媒体运营、管理各个方面。这种专业化，体现在专业人才的数量和质量上，体现在专业流程的水平和质量上，体现在整体的运营效率、效能上，最终体现在媒体世界和舆论环境的影响力上。

对于当下法治传媒的专业化状况应该如何评估呢？

在新闻专业化方面，法治传媒在整体上已经符合专业化的基本要求，在新闻采编水平和能力方面具备专业化的水准，在新闻采编管理的水平和效率方面达到成熟的新闻传媒水平。以《法制日报》等为代表的专业类法治传媒和都市类法治传媒形成法治传媒的两大主力军，加之各电视台等综合性传媒的法治类栏目所产出的法治类新闻产品其舆论影响力和专业水平，使法治类新闻作品和新闻人才，在新闻传播领域已具有特定的地位和影响。其显著标志之一便是在中国最权威的新闻奖项中，在中青年记者最高奖——范长江新闻奖评选中，来自法治传媒的优秀记者数次当选；在中国新闻奖获奖作品当中，法治类新闻作品更是屡屡榜上有名，成为不可或缺的一类。与此同时，法治传播类相关的理论研讨也在悄然间开花结果，一批批论文不时呈现。理论层面上的研讨成果，既是法治传媒专业化的必然体现，也是法治传媒专业化水平的典型标志。

然而，在剖析法治传媒专业化现状过程中如下状况必须正视，首当其冲的问题是，在内容制作方面的高端人才相对稀缺，编采人员中在新闻技巧与法治解读能力的结合上不够理想。

经过多年的专业历练，法治传媒在新闻报道策划方面，在形式和技巧方面的策划已经达到一定的水平，也有不少成功的案例和模式。特别是在系列报道和专题报道方面，从新闻策划技巧方面考量，已具有较高的专业水平。但是如果从法治内容的深度解读水平来看，还有明显的不足。主要表现是：在法治内容重大新闻选题的设计上，能力不足，还不善于将重大法治内容解读与重大新闻内容报道及时良性地结合起来；在高端法治选题的设置上，自主能力不足，还不善于自主地选择话题、设计角度，将复杂的法治话题阐述清晰；在法治选题的操作上，能力不足，还不善于将法治内容深入浅出地表达出来，也不善于将法律语言与新闻语言自然巧妙地结合起来；在法治解读的专家库建设上，能力不足，专家库建设缺乏顶层设计和合理构建，专家使用不全面、不系统、不深入，影响了法治传媒法治内容解读的权威性、系统性和可持续性。

从表面上看，上述问题体现在传媒人的能力上，表现为能力不足，但从根本上讲，这是人才短缺造成的，是高端法治传媒人才不足造成的。多年来，无论业内业外，都将法治传媒看成比较低端的新闻传媒，似乎只要能够在熟练掌握新闻技巧外加粗通法律常识，便可胜任。这种选人用人观念，在法治传媒发展的前二十年，应该说还没有错，但在全面推进依法治国的当下，这种观念便不合时宜了。如今法治传媒的人才配置和储备，应该向两个方面努力，一是配置一定的高端传媒人才，善于策划具有一定专业水平的法治新闻专题；善于在一定专业层面上解读法治内容；善于运用各种新闻报道体裁和评论，深入浅出地解读法治内容；善于协调、整合专家资源，进而建立统一、协调、可持续的传媒智库。二是迅速提升一般性传媒人才的解读能力和水平，重点是在新闻编采技巧与法治内容解读能力的结合上实现较大的提升，强化法治内容解读的意识，将法治内容解读作为新闻采编的常规内容，有效提高新闻内容密切结合法治内容的能力，熟练运用多种解读手段和技巧，形成新闻与法治密切结合的专业能力。

剖析法治传媒专业化现状必须正视的第二个问题，是运营方面的复合型专业人才稀缺，这是当下制约法治传媒发展、转型的关键因素之一。法治传媒创建伊始，便从属于传统媒体，因此，其发展路径不可能脱离传统媒体的发展模式。对于传媒发展规律的认识和实践也与此息息相关，以《法制日报》等为代表的专业型法治传媒，走的是以发行收入为主营收入，以广告收入为重要补充，辅之以论坛、法律服务等其他收入的传统型运营路线。而一些都市类法治传媒市场化程度相对较高，其运营模式也相对市场化一些，广告收入的比重相对较高，但运营模式总体上无法摆脱传统媒体的制约，也无法消除法治传媒的印迹。

法治传媒的运营模式决定了运营人才的选拔和使用标准。从总体上看，法治传媒运营方面缺少复合型的专业人才，其根本缺陷是缺乏在以互联网为代表的新技术条件下从事传媒运营发展的意识和能力。从运营意识上看，基本上是传统的媒体运营意识，不善于运用互联网思维和全媒体观念从事媒体运营；从运营方式上看，习惯于以发行、广告等作为运营主营模式的套路，习惯于传统的以领导机关和各级领导的影响力促发行、以报道换发行等的运营手段；从运营效益上看，尽管在目前传统运营模式还维持着法治传媒的生存，但利润空间越来越小，发展的可持续性日见式微。媒体影响力在新媒体发展迅猛的冲击下，也日益被挤压，媒体发展、媒体转型等都受到极大的制约。

从某种意义上说，未来决定法治传媒发展转型的根本因素不是资本，不是技术，而是具有发展转型意识和能力的复合型专业人才，是以复合型人才为核心的运营团队，是运营团队具有的整体运营能力和运营水平。

剖析法治传媒专业化现状必须正视的第三个问题，是发展新媒体方面的专业人才匮乏，无论是在构建新媒体平台方面，还是在开发新类型新媒体产品以及在生产新媒体爆款内容产品方面，都缺乏得力的专业人才。从总体上看，新媒体发展意识、专业能力和水平不高，严重制约了法治传媒向新媒体方面的转型和发展，成为法治传媒向未来拓展的瓶颈性因素。

目前，无论是以《法制日报》等为代表的专业类法治传媒，还是都市类法治传媒，都已普遍认识到新媒体对于自身转型和发展上的重要意义。尽管受到资金的制约，尽管受到人才不足和专业能力欠缺的制约，尽管受到体制和机制等方面的制约，但都在努力创造条件，积极摸索和尝试，努力在搭建平台的同时积极在内容生产方面进行种种探索。

以微博、微信、短视频和客户端等为主体的新媒体，对法治传媒来说，是全新的组成部分，也是专业能力上最具挑战性的方面。发展新媒体需要哪些专业人才和专业能力呢？首先，需要新媒体开发、维护和保障方面的技术专业人才，需要新媒体团队普遍具有的技术基础能力。数字技术、通信技术和互联网技术等信息技术，是新媒体发展和安全运行的技术保障。一个精干的技术团队，是新媒体发展和运行的必备因素；新媒体团队普遍具有的技术基础能力，也是新媒体团队人才素质的必要因素之一。其次，需要内容生产方面的专业人才。新媒体的内容绝不是传统媒体内容的照搬和剪剪贴贴，平台不同、传播方式不同、受众不同、阅读方式不同等，决定了新媒体内容的生产、传播具有特殊的规律性，也要求新媒体内容的策划、采写和编辑必须具有相应的专业人才和专业水平。除了必须具备一般新媒体内容采写和编辑的专业要求，还须具备法治媒体内容方面的特殊要求。再次，需要新媒体调控舆情的专业判断力、专业领导力和专业执行力。近些年来，涉法内容是新媒体各平台热播热转的主要内容，也是持续引爆舆论场的主要因素，从内容构成上分析，负面内容和敏感内容占了相当大的比重。往往是自媒体、新媒体发端、发酵之后，传统媒体跟进，继而形成一个时间段的舆论热点。在少数情况下，也有传统媒体基本不介入，完全由自媒体、新媒体热炒的情况。从媒体对涉法舆论的影响力来看，新媒体日益成为主导舆论场的重要工具，而传统媒体则日渐式微。在这种发展态势下，法治传媒在调控和引导涉法舆论方面的作用，日益依赖于对涉法舆论生成过程中敏锐而精准的判断力，日益依赖于在敏锐而精准判断力基础上的有力有效的领导力，日益依赖于在上述两种能力基础上的高质高效的执行力。从某种意义上说，上文所述的专业判断力、专业领导力和专业执行力，是决定法治传媒新媒体舆论影响力的核心能力，是法治传媒在互联网和新媒体舆论环境下的核心竞争力。

法治传媒正在经历着一场极为深刻、极为复杂、极为多元的变革，这场变革首先体现在法治建设自身。全面推进依法治国，对于法治传媒来说，意味着伟大的使命，意味着艰巨的责任。能否承担起这份历史性的责任，能否履行好这项神圣的使命？法治传媒与法治传媒人需要具备何种专业能力和专业水平？

无疑，这是一项世纪性的命题。

法治传媒正在经历的深刻变革，体现在舆论环境的深刻变化上。当下舆论环境呈现的复杂状态，特别是以涉法舆论热点多发，负面舆情多发，突发事件触发的热点舆论反复热炒、反复发酵引起一轮轮的舆论热潮，构成涉法舆论状况的常态。这是自法治传媒诞生以来，从未有过的舆论环境，身处此种环境，挑战之大，无须赘言。如何适应此种舆论环境，如何应对其中种种挑战？作为法治传媒和法治传媒人，应该具有何种专业能力和专业水平？

无疑，这是一项不容回避的命题。

法治传媒正在经历的深刻变革，体现在媒体环境和媒体形态的多元变化上。当下互联网＋新媒体的传媒技术浪潮，正在给媒体环境和媒体形态带来极其深刻、极其多元的变化，这是自广播、电视出现以来，传媒世界经历的最具颠覆性的变化。种种迹象表明，以信息技术为支撑的传媒技术革命所带来变化的广度、深度，远远超过当年广播、电视的出现给传媒世界所带来的变化。

从法治传媒所面对和感知到的变化来看，主要表现在如下几个方面：一是司法机关、政法机关以及其他涉法机关自身的新媒体建设发展迅猛，这些机关的“两微一端”在发布信息、回应社会关切方面，主动、积极，作用突出，常常在新闻发布的落点上，领先于传统法治传媒，使得传统法治传媒从主流法治新闻信息的引领者逐渐滑落为从属者，而且这种现象和状态正在扩大化、常态化。二是以律师、法学家、各类法律工作者为主体的涉法新媒体、自媒体如雨后春笋般生长，不断地发布信息、发表观点，不断地转发信息转发观点，遇有涉法热点案（事）件出现，更加成为推动其持续发酵的动力源。这类传媒群体的出现和持续活跃，使得传统法治传媒所处的传媒环境更加复杂。如果说，法治传媒在数十年历程中，曾长期处于登高一呼的独特地位，并且拥有一呼百应的权威优势，那么，当今以自媒体、新媒体蓬勃生长为主要特征的传媒环境，则使得传统法治传媒的传统优势不复存在。从某种意义上说，传统法治传媒的舆论影响力的天然优势日益减退，越来越多的迹象说明，这种现象和状态正在扩大化、持续化。三是涉法信息特别是事关公民权益热点案（事）件引起关注的程度日甚一日，在以社交媒体微信为主体的舆论场上，各种声音杂陈。传统法治传媒在这个舆论场上，从总体上说，一度处于被冷落、被边缘化的地位，从舆论影响力上说，正无奈地渐行渐远。以上述三种主要现象构成的新媒体环境，对于法治传媒来说，是从未有过的经验，是无法逃避的大考，是浴火重生般的再造。为此，法治传媒和法治传媒人需要怎样的专业水平和专业能力？

就专业水平和专业能力来说，当下对于法治传媒和法治传媒人最重要的，并不是融媒体方面高超的具体操作能力和操作水平，而是对未来媒体发展趋向的认识能力和认识水平。只有拥有了对未来媒体发展趋向的认识能力和认识水平，才可能准确地把握目前媒体发展的本质特征，才可能准确地预见媒体的发展方向，才可能准确地找到法治传媒在整体传媒市场上的定位点，才可能制定出法治传媒正确的发展战略和战术方略。这，才能保证法治传媒在这场媒体根本转型的世纪考验面前，选对发展方向和转型方向。

其次，当下对于法治传媒和法治传媒人来说，在融媒体方面迫切需要具备的专业水平和专业能力，是确立新型传媒理念、新型传媒角色和新型传媒定位的能力和水平。这是在选准传媒发展方向和转型方向之后决定法治传媒正确发展融媒体的关键能力。只有具备了确立新型传媒理念、新型传媒角色和新型传媒定位的能力和水平，才可能在管理团队和操作团队普遍确立新型传媒发展理念，才可能准确地找到法治传媒新的市场定位和传媒定位，才可能完成法治传媒在媒体转型和融媒体发展方面的根本动员和精神准备。

再次，当下对于法治传媒和法治传媒人来说，在融媒体方面迫切需要具备的专业水平和专业能力，是掌握新媒体环境下有效传播信息的能力和水平。新媒体与传统媒体的根本区别之一就是受众对于信息选择由被动变为主动，只有高质量的、符合受众需要的、传播及时的信息才可能为受众所选择，才可能成为有效传播。因此，从根本上说，掌握新媒体环境下有效传播信息的能力，就是掌握和满足新媒体环境下受众法治信息需求的能力。法治传媒和法治传媒人只有在自身传统的专业能力基础上，根据互联网＋新媒体的传播特征和传播规律，改造传统的信息制造流程和传播流程，才能源源不断地生产和传播出准确契合新媒体环境下受众需求的法治信息产品。

最后，当下对于法治传媒和法治传媒人来说，在融媒体方面迫切需要具备的专业水平和专业能力，是融媒体发展方面的系列专业能力和水平。一是系列信息产品的策划和生产能力。融媒体发展在信息产品生产方式上的主要变化特征是信息产品的系列化和多样化，从时空概念上说，一条重要的新闻或重大案（事）件，可以处理成在第一时间抢发在“两微一端”上的消息，也可以处理成多种角度、多种形式、多次发出的新媒体短讯、详讯和评论等；还可以处理成在传统平面媒体上根据版面特点策划推出的多种形式的报道。系列信息产品的生产和传播，意味着法治传媒和法治传媒人要有全新的内容生产流程和传播流程，意味着法治传媒和法治传媒人的新闻策划和新闻采写（包括评论等）能力有全新的提升和充实，这个提升和充实就是要充分适应新媒体的平台需求和受众需求，也要充分适应传统媒体的平台需求和受众需求。这，在新闻业务的角度看，说是一种革命毫不过分。二是互联网＋新媒体的运营能力，其核心是盈利模式的设计和实施能力。在这里最核心的问题是，在互联网＋的轨道上运行什么？怎样在互联网＋的时代体现融媒体的商业价值并实现这个商业价值。互联网＋指向以大数据、人工智能、新材料和新技术为代表的高度创新和变革，因此在法治传媒融媒体发展运营面前，观念变革是必需的，盈利模式再造是必需的，运营方式创新是必需的。在这个基础上，才能具备适应互联网+时代的融媒体运营能力。这是法治传媒的命脉，也是法治传媒生存和发展的根本，是法治传媒舆论影响力的物质基础和保障。

第六章　涉法新闻监督的使命

普利策将新闻记者比喻为社会瞭望者已为人们耳熟能详，类似的表述还有“社会的守望者”“社会正义的守望者”“社会良心的守望者”等。这些表述惊人的相似，蕴含着人们对于新闻记者和新闻传媒社会责任的期许。

社会瞭望者是个什么职业角色？新闻记者和新闻传媒怎样履行社会瞭望者和社会守望者的职责？新闻记者怎样才能不负“社会正义”和“社会良心”的重托？新闻记者和新闻传媒有哪些职业活动属于社会瞭望者和社会守望者的职责范畴呢？在新闻传媒史的记载当中，一系列新闻记者载入职业经典的案例告诉我们，在新闻记者的职业活动中，最为切中“社会瞭望者”和“社会守望者”职责内核的工作内容，集中体现在新闻监督的调查活动之中。提及新闻监督，人们耳熟能详的经典案例是20世纪70年代美国的“水门事件”。这一案例直接导致了当时的美国总统尼克松辞职，以及包括司法部长、白宫幕僚长、白宫顾问、总统的主要内政顾问等权倾朝野的一系列人物锒铛入狱，也成就了两位年轻记者——鲍勃·伍得沃德和卡尔·伯恩斯坦，他们由默默无闻的报坛新人一跃成为闻名全国的名记者；伴随着两位记者明星冉冉升起，《华盛顿邮报》也由地区报纸成为全国性大报。

在中国，新闻监督的案例不胜枚举，尽管由于种种原因所致，难以找到中国版的“水门事件”，但是新闻监督，如果从新闻传媒专业角度来度量，其实质并无二致。从新闻监督的公众关注度、社会影响性和难度系数来分析，在众多新闻监督的内容当中，涉法新闻监督当属同类中的焦点题材。自20世纪80年代至今40年来，中国由法制重建走向全面依法治国，涉法新闻监督承载着伟大而艰巨的职责和使命，走过了一条充满荆棘，充满艰辛，有时甚至充满凶险的征途。一批又一批执着的新闻传媒人，伴随着一起起开始鲜为人知而后震动整个舆论界的涉法新闻监督事件，用过人的胆识，用无言的坚守，用默默的牺牲，借助舆论的力量，推动着中国法治从个案到制度体系的进步和完善，也推动着中国法治列车艰难地向前驰骋。

一

进入涉法新闻监督视野的事件，几乎都带着浓重的悲情色彩。涉法新闻监督，似乎与法治传媒人有着天然的联系。这，也许是他们的幸运，也许是他们的宿命……

在涉法新闻监督的历史档案中，不少故事的起因纯属偶然。大千世界，芸芸众生，大多数人彼此之间都如同平行线，注定是各走各的人生路。只有那么很少数的一些人，会借助特别的机缘，在特别的时间、特别的地点，以特别的方式相逢，于是乎，彼此之间的命运都发生了改变。涉法新闻监督就常常是这种机缘，使得一些法治传媒记者在职业生活中，有了一些特别的经历。而且与涉法新闻监督相关的经历，往往是职业生涯中非常艰辛、非常曲折，甚至带着些许风险的职业历程，因而体验也就特别深刻，记忆刻骨铭心。

20世纪80年代中期在胶东就发生了一起刑事案件，两个头脑活络的庄稼汉在中国改革开放的第一缕春风中就早早地觉醒了，他们承包了一家村办企业，红红火火地干了起来。当他们完成了承包协议之后，正准备在接下来的岁月里大展鸿图时，噩运降临了，且是牢狱之灾——他俩被以贪污罪逮捕并且判刑……

在改革开放之初，这是一个司空见惯的故事，敢于吃螃蟹的能人在改革中先闯先试闯出路子也尝到甜头，但在“红眼病”“左”的余毒等的交互作用下，在法律法规极不健全的现实情况下，他们必然成为可悲可叹的落马者……在今天看来，这类故事的流行，包含着一种必然性：改革开放初期，在立法滞后致使法制保障缺失的社会环境里，经济改革的先行先试与保守、僵化的现行体制必然发生激烈的碰撞，改革者绝非先知先觉的圣人，他们在改革中的失误与法制保障环境的缺失，加之保守、僵化的现行体制与极“左”余毒的交互作用，就使得一批改革者纷纷落马，成为一幕幕开场各有不同但结局极为相似的类型化悲剧。

《法制日报》编辑部敏锐地发现这一案件中的新闻价值，先后七次派记者深入事件发生地采访。记者在深入调查过程中住在山村里，用土灶烧火做饭，夜晚就在农户的土炕上秉烛采访。经过深入调查，反复核实，认真讨论，周密策划，不断深化主题。然后，《法制日报》先后四次在一版头条或显著位置刊发长篇通讯并配发评论员文章，尖锐地提出：应当如何对待经济改革中的失误？应当如何保护改革者？司法机关对待经济改革中的新情况新问题应该秉持什么立场……

当时正值党的十三大召开之后，是又一轮改革开放热潮兴起的当口，这组涉法新闻监督报道在政法领域引起巨大反响，与数家媒体针对改革纷纷受阻、改革者屡屡遭受打击的社会现象展开的新闻监督形成一股舆论潮，成为当时新闻舆论界一道独特的风景线，为推动新一轮改革开放营造了有利的舆论环境。

在涉法新闻监督的强力推动下，《法制日报》报道中两个改革者的冤案被彻底纠正，这两位渡尽劫波的庄稼汉又投身到新一轮的农村改革当中……

作为法治传媒人，从涉法新闻监督经历中得到的历练非同一般。首先是记者的眼界和思路。在中国改革开放的时代大潮中，涉法新闻监督的价值与涉法新闻所处的时代性息息相关，涉法新闻监督虽然针对的是一起起个案，但个案背后绝对不是孤立的背景，涉法新闻监督者的视野和锋芒，必须指向社会变革和法治进步的大方向。

伴随着一起起引起社会广泛关注的法治新闻事件，涉法新闻监督活动闪亮地萌生了，这使得法治传媒越发成为广大民众特别寄予希望和期待的新闻传媒；当涉法新闻监督成为法治传媒人普遍性和经常性职业活动的时候，也使得这一新生的新闻监督活动日益成为检验法治传媒人职业能力和专业水平的试金石。

涉法新闻监督往往充满风险，暗礁遍布，疑难重重。多年从事涉法新闻监督的记者们深知，善于自我保护是法治传媒人的基本功，也是涉法新闻监督能否成功的前提条件。由于涉法新闻监督涉及的问题重大、矛盾尖锐，往往不仅事关罪与非罪、罪轻罪重，而且涉及少数人贪赃枉法、以权压法、钱权交易等严重问题，甚至事关某些法律界、财经界的黑幕……因此，法治传媒人在涉法新闻监督活动中，常常是身处险境而不自知。

对记者来说，从事涉法新闻监督注定与凶险相伴。将前来从事新闻监督的记者“搞定”是面临涉法新闻监督的作恶者们的必然选择。他们通常的手法是软硬两手。在软的一手中，送钱送物、请游名山大川、请吃请喝、“三陪”伺候甚至美女陪睡等是惯常的招数，而且往往请熟人出面铺路，这软的一手先是软化记者的心志，将记者“招安”，也就是在意志上灭了记者，涉法新闻监督也就泡了汤。而且，这软的一手中也暗藏杀机，一旦记者收了钱物、吃了喝了享用了“三陪”，那罪证就捏在人家手里了，从此记者的命运也握在别人手中，记者的意志就由不得自己了。

而在硬的一手中，手法分为几类：一类是威胁恐吓，动“黑”动粗，以求在精神、意志乃至肉体上摧垮记者。轻者是电话里相要挟，投“黑函”、发威胁邮件等；重者则是雇打手动粗，打伤打残，皆有可能，甚至制造交通事故，以凶残手段报复记者，如此等等。再一类是运用公权力打压记者，堂而皇之地将新闻监督消弭于无形。在这类手段中，对记者反调查、告黑状是惯常的做法，最常见的是告记者收了钱，告记者偏听偏信，告记者报道失实，如此等等。比这种手法更黑一步的是设局害人，比如：先是有人请记者吃喝、唱歌、洗浴，以“三陪”色情服务招待，然后在关键时动用公安机关，将记者查获；比这种手段更加厉害的是直接动用公安机关立案调查，然后以涉嫌某种罪名抓获记者……

新闻监督是记者职业活动中风险系数极高的采访调查活动，而涉法新闻监督堪称新闻监督活动中风险之最。对于法治传媒人来说，涉足艰难的涉法新闻监督，无异于在刀尖上跳舞。一些资深记者都有体会，从事涉法新闻监督，新闻媒体人保护好自己是第一位的。首先要有良好、机敏、职业的自我保护意识，不仅在从事涉法新闻监督活动期间，而且在职业活动以外，都须以特别的机警意识和谨慎态度对待生活中的一切人和事。从某种意义上说，从事涉法新闻监督便是涉足一种特别的职业，负有特殊的使命，富于良好、机敏、职业的自我保护意识应该是其保持一生的职业素养，而且也应该是一种生活态度。其次要有严谨、检点的生活约束，自身存在贪欲，对普通人来说，可以理解。然而，作为从事涉法新闻监督活动的媒体人，自身的贪欲就是自我安全上最大的隐患。凡是在新闻监督活动中被对方以种种手段拿下的记者，几乎百分之百是因为自身怀有贪欲等软肋。因此，既然入了这一行，既然背负了涉法新闻监督的使命，就要慎言慎独、谨言慎行，严格地控制自我的贪欲之念，将做好一个干净、纯粹的人作为人生的基本信条。

一般来说，涉法新闻监督活动具有极高的调查难度系数。首先，涉法新闻监督相关方（在很多情况下就是新闻监督对象）的高度封闭性往往就是涉法新闻监督的一道铁闸，令不少记者难以逾越。无论是政法司法机关，还是海关、税务、工商等其他行政执法机关，都拥有一定的封闭性，大门难进，一般记者不得其门而入。尽管近些年来政务公开在相当程度上使得一些行政执法机关的部分业务走向便民、公开和透明，但执法活动核心部分所固有的封闭特性，不可能从根本上消除。这种封闭的特性有利于执法活动的正常进行，也在客观上使得涉法新闻监督活动难以展开。其次，采访阻力大，特别是涉法新闻监督的相关方所拥有的行政强制权力，使得他们具有许多条件并且拥有很多手段可以有效地规避新闻监督活动。在他们强悍有效的行政强制权力面前，新闻监督权利如同气球，吹得再大也绵软无力，只需一个针眼就可以将气在一瞬间泄光。再次，接近真相如登蜀道，怎一个难字了得。涉法新闻监督只有最大限度地掌握事实真相，特别是掌握事关问题定性、事关罪错是非核心的关键事实，才能进入新闻监督的关键步骤——完成涉法新闻监督报道。然而，正是在这个环节上，难题重重。

多年从事涉法新闻监督报道的记者都会有这样的采访经历：一是采访对象兜圈子，顾左右而言他。在涉法新闻监督中众多的利益相关方，出于不同目的，或是不愿或是不敢或是不能说出真相，他们无论是不露声色，还是反复沉吟；无论是信誓旦旦言之凿凿，还是情感丰富激情四溢，共同的实质是围绕事实真相兜圈子，或是东拉西扯不着边际，或是在枝枝杈杈的事实上滔滔不绝，或是惜字如金，几乎沉默不语……二是采访对象颠三倒四，以假乱真。一些所谓的关键证人，出于险恶用心，故意歪曲事实真相，用各种版本的说法迷惑乃至欺骗记者。由于拥有足够的时间，拥有足够的条件，拥有足够的能力，所以他们呈现给记者的事实版本往往编得天衣无缝，常常令人难以识别。三是采访对象所述真假混杂，扑朔迷离。由于种种原因，采访对象在事实叙述中普遍存在真假混杂的现象，使得涉法新闻监督的调查活动面对着数不胜数的陷阱，令人防不胜防。也许是因为事件发生的年代久远，当事人记忆模糊；也许是事发时角度所限，当事人观察有误；也许是当事人故意演绎，在个别事实以及细节上出现偏差……林林总总的原因，都使得一些重要的见证者在陈述事实时出现或多或少和或大或小的误差，这种事实陷阱非常普遍，也往往令身处事实迷局中的记者最为苦恼也最为难防。一个关键性的事实有几种说法，一个重要的细节有种种出入，如何辨别？

对于涉法新闻监督而言，能否掌握事实真相是决定整个监督调查活动成败的关键。因此，作为新闻媒体人，采访调查能力如何，能否熟练地驾驭涉法新闻监督采访，是一个试金石。记者要具备三个功夫：一是辨假识错的硬功夫，在各色采访对象信誓旦旦地以假情节、假细节和假的背景等陈述事实时，善于发现其中在逻辑关系上的矛盾之处，这是防止遭受蒙骗、逐渐走近真相并且发现真相的关键一步。任何编造都有百密一疏之处，无论多么狡猾，无论多么费尽心机，假的就是假的。因此，或是在时间顺序的链条上，或是在是否合乎情理的环节上，或是在逻辑关系的链条上，总会有或大或小的漏洞，能否迅速发现并且抓住关键漏洞，全看记者的硬功夫。二是不露声色套出真相的真功夫。涉法新闻监督的采访如同攻破对方设防严密的城堡，记者要突破对方的心理防线和事先设好的陈述防线，一要不露声色，不让对方知晓自己的倾向与观点，不让对方看出自己已经掌握了多少材料，不让对方了解自己的采访重点和方向。二要迂回采访，多方套取。由于对方已经设防，正面采访往往效果不佳，因此，在正面采访时可以做做样子提些无关痛痒的问题。在这个过程中努力调节气氛，即使不能在感情上接近被采访者，起码也要让对方的警戒心理放松几分。然后在聊天的过程中，争取套出有关事实真相方面的某个（或几个）元素，以逐步接近真相。三是以缜密推理突破对方防线的硬功夫。这是在采访的关键时刻才不得不用的手段，在已经掌握部分关键事实和证据的基础上，抓住采访对象虚假陈述的漏洞，通过严密的逻辑分析，当场揭穿对方并且用一个个形成逻辑链条的问题，将对方逼向绝境，迫使其讲出真相。尽管这种采访手段具有一定的风险性，而且成与败的概率相当，但在关键时刻出手，有时也能收到奇效。

涉法新闻监督，遍布风险，遍布难题，遍布挑战。在新闻媒体人看来，从事涉法新闻监督，如同侠者行走在凶险的江湖之间，没有招招克敌制胜的神功，没有天神相助的幸运，偶尔地误入歧途、偶尔地失手落马、偶尔地败走他乡都在所难免；没有过五关斩六将的经验积淀，没有几次败走麦城的经历在身，就修炼不出克敌制胜的自信，也修炼不出处险不惊的胆气，更修炼不出百毒不侵的金身。作为职业新闻传媒人，尤其是职业法治传媒人，如果没有几次刻骨铭心的涉法新闻监督活动经历，既是一种幸运，也是一种缺憾，更是一种职业生涯的寂寞。相反，如果毕生都在从事涉法新闻监督活动而且执着不移，作为职业新闻传媒人，尤其是职业法治传媒人，这就是一种追求，也是一种人生。

二

涉法新闻监督曾经辉煌迭出，曾经为民众普遍寄予厚望，中国的普罗大众为何对涉法新闻监督如此信赖不移？四十年来，涉法新闻监督又是怎样走过一条充满荆棘的历程？

如果把法治传媒数十年历程比作一部交响乐的话，那么，其中以涉法新闻监督为主旋律的乐章，应该是这部交响曲中最为起伏跌宕的部分。

在涉法新闻监督四十年的历程中，分为四季：第一季是20世纪80年代的十年，这是涉法新闻监督的萌生期。在这个十年中，围绕法治这个关键词，有几个从无到有高度重合，而且与涉法新闻监督的出现息息相关：第一个从无到有是中国法制在一片废墟之上重建，其标志性的符号为以刑法、刑诉法、民法通则等为主体的一批法律高度密集地起草、审议和颁布实施，以迅速填补法律的真空；第二个从无到有是中国法治传媒的出现，其标志性的符号为《中国法制报》(按：后更名为《法制日报》)的创刊，并且由周报迅速发展为发行量达到两百多万份的全国性日报；第三个从无到有是法制宣传的出现，从首个“法制宣传日”在一个寒冬的早晨出现在北京的街头，到法制宣传活动如灿烂的春花开遍华夏大地并进而发展为全国性的“一五普法”；第四个从无到有是涉法新闻监督的出现，虽然寥若晨星，但耀眼夺目，迅速引起强烈反响，并且在新闻传媒界引起连锁反应。

20世纪80年代在中国现代史上注定会留下极其深刻的印迹，无论是政治、经济还是文化、法制，都留下了一座座里程碑，也相伴着出现诸多标志性的事件。在那个时代，新闻传媒人是如此地意气风发，用他们的笔和相机记录着充满生长和变化的时代生活，也用手中的笔和相机推动着时代列车加速前行。如果从新闻监督的角度来考量，有一个新闻传媒界的现象和经历不得不说。20世纪80年代是在两个舆论热潮中开始的，这两个舆论热潮都与新闻传媒界息息相关。一个舆论热潮发端于针对动荡政治岁月里一系列冤假错案的平反昭雪。据不完全统计，从1978年至1982年年底，在全国大规模的平反冤假错案中，经中央批准平反的影响较大的冤假错案有30多件，全国共平反了300多万名干部的冤假错案，47万多名共产党员恢复了党籍，数以千万计的无辜受株连的干部和群众得到了解脱。

其间一些重大冤假错案经过新闻媒体深度调查后予以详细披露，实际上这就是一例例经典之极的新闻监督报道。从刘少奇、陶铸、彭德怀、贺龙、罗瑞卿等曾经的党和国家重要领导人到张志新、遇罗克等曾经的思想者和觉悟者，那一个个令人痛彻心扉的悲惨经历经过新闻媒体翔实地报道，深刻地揭露和反思了十年“文革”等政治动荡岁月中在“左”的政治路线主导下产生的一系列罪恶，在社会上激荡起巨大波澜，为拨乱反正创造了良好的舆论环境。另一个舆论热潮发端于关于真理标准的大讨论，这个讨论标志着一场深刻的思想解放运动的开始，这个开始具有双重的历史意义，既是一个民族从深重的思想束缚和禁锢中解放出来从而彻底告别一个旧时代的开始，同时也是这个民族从灾难重重、贫穷落后中艰难转身进而迈开巨人步伐稳健地踏入改革开放新时代的开端。一时间，关于真理标准的大讨论在华夏大地上有如春雷滚滚振聋发聩，既为纠正在“左”的路线主导下出现的一系列重大政治、经济错误和失误，扫清思想和观念上的障碍，客观上也是为即将开始的改革开放进行的思想总动员。

对于一系列冤假错案的平反昭雪和关于真理标准大讨论这两个舆论热潮，集中体现了新闻舆论所特有的巨大传播力和影响力。借助这两个舆论热潮，灾难深重的华夏民族一边积极医治伤痕累累的自身，一边艰难地完成了向新时代的转身。与此同时，也使新闻传媒界得以洗清自身在十年“文革”等动荡政治岁月里留在民众心目中并不光彩的社会形象，并逐渐在社会上重新拥有日渐强大的影响力和感召力。回眸 20 世纪 80 年代，新闻传媒界无疑是最可信赖、最具力量的行业，新闻传媒人也理所当然地拥有了非常良好的职业形象和职业地位。

涉法新闻监督活动起步稳健，先声夺人。针对重建法制的社会现实，三大对象进入涉法新闻监督的视野：一是公然无视法制、以权压法的少数领导。80 年代的中国，法制如同稚嫩的幼芽，以言代法、以权压法现象司空见惯，地方党政领导干预司法机关办案非常普遍，一些司法机关负责人因为抵制某些党政领导频频遭遇打击报复的事例也屡屡发生。当时，刚刚创刊不久的《中国法制报》响亮地唱起了涉法新闻监督的主旋律，在 80 年代中期针对发生在河南省长葛县的一起地方领导屡屡干预司法办案并且违反法律规定擅自撤换司法机关负责人的典型事件，经过周密策划并派出记者详细调查后，在一版显著位置刊发新闻调查报道并且配发评论，将这一以权代法、以权压法的事件提升到违反宪法规定的高度，公诸全国，引起极其强烈的反响，一时间“长葛违宪事件”成为舆论界的关键词。在有关领导以及有关部门过问下，这一事件也得到迅速纠正。二是无视法律、在地方为非作歹，甚至为害一方的黑恶势力。80年代的华夏民族，刚刚从十年“文革”的政治动荡中挣脱出来，正所谓兵连祸结，经济尚未复苏，而一系列政治动荡的后遗症却不断显现出来：社会治安混乱不堪，重大案件、恶性案件迭出，人民群众严重缺乏安全感，一些流氓黑恶势力为害一方，无视法律，严重违法犯罪，作恶多端。但地方公安政法机关在一段时间内听之任之，迟迟不予严厉打击治理，成为非常突出的社会问题。《中国法制报》《民主与法制》和一些新闻传媒针对典型的流氓黑恶势力展开积极的新闻监督，将一批典型案（事）件的深度调查报道及时刊发出来，引起社会持续关注，形成一波又一波舆论热潮。此时，正值全国开展严厉打击严重刑事犯罪活动，一批批流氓黑恶势力团伙在集中打击当中灰飞烟灭。三是各地群众来信来访反映的突出问题。80年代在新闻媒体内部都有一个不大不小的部门，通常会设在媒体大楼的一层，叫作群工部（全称为群众工作部），而且往往在大门传达室专门设个窗口，负责接待群众来信来访。如果说，每个年代都会有特定的现象作为那个年代的记忆符号，那么，新闻媒体大门口专门接待群众来信来访的这个窗口，可以算作80年代的记忆符号。现在回忆起来，如果把当时每天的群众来信比作冬日里漫天的飞雪可能有些言过其实，但是，说那时天天将来信数以堆计却一点也不夸张。从内容上看，刚刚从混乱、动荡的政治岁月里走过，来信反映那个年代各种冤假错案以及种种冤屈、不平的内容占了绝大多数；其次，反映地方上一些泼皮无赖欺男霸女、横行霸道等违法犯罪恶行的来信占了一定的比例；再次，反映地方政府、司法机关处事不公的问题、案件等也有不少。当时，新闻媒体的群工部处理群众来信来访的主要工作之一，就是将非常典型的问题线索挑出来，在用各种方式调查核实之后，或是公开见报，这就是涉法新闻监督报道的源头了；或是编发内参，供有关领导、部门参阅。有相当一些产生了重大影响的涉法新闻监督报道，就是来源于群众来信来访。

涉法新闻监督第一季的十年，是涉法新闻监督的萌生之年，涉法新闻监督从无到有，数量虽然有限，但产生的影响非常可观。在那个信息稀缺、媒体匮乏的年代里，公众对于涉法新闻监督关注度集中的程度，是今天的人们所难以想象的；而那个年代，新闻媒体所受到的信赖，所具有的公信力和影响力，也是空前的；从制度环境来说，除了群众来信来访，那时基本上还没有举报的渠道和机制，因此蒙受冤屈和各种问题困扰的群众对新闻媒体的依赖和倚靠之切，可想而知。这三个因素相叠加，就使得新闻媒体的涉法新闻监督在社会和公众面前如同横空出世的“救世菩萨”，社会公众爱之以切，赖之以殷，信之以诚，助之以力。

这就是涉法新闻监督光彩亮丽的第一季。

20 世纪 90 年代涉法新闻监督进入第二季，这是涉法新闻监督活动的青春期。在这个十年中，中国的法治建设有了很大的跨越，有三个具有标志性意义的成就载入了法治史：一是第一次明确市场经济就是法治经济的理念，并且在党的十四届三中全会上作出决定，要建立和完善社会主义市场经济法律体系；二是将依法治国作为党的治国方略在党的十五大上首次提出；三是 1999 年把“依法治国，建设社会主义法治国家”写入宪法，这是中国特色社会主义法治建设取得突破性进展的标志，在中国法治史上具有里程碑意义。

从某种意义上说，90 年代是令法治传媒人血脉偾张的年代，是新闻传媒界人才辈出的年代，也是优秀新闻传媒人大有作为的年代。有三个记忆深刻的符号，一是重大涉法新闻事件不断发生，以远华走私案、千岛湖爆炸案等为代表；二是重大涉法新闻人物不断出现，以天津大邱庄庄主禹作敏、红塔集团董事长褚时健等为代表；三是随着新闻媒体全行业崛起，法治传媒业也迅速扩张，而且新闻传媒影响力达到一个新高度。

新闻监督活动的起落，从来都与整个新闻传媒业的大势相伴相随。90 年代是新闻传媒业跑马占地的时代，以华南和华东为代表的传媒业，不断出现媒体迅速做大做强的神话。这似乎是一个信号，告诉整个传媒界：你们的时代来临了！新闻监督活动借助这个大气候，也越来越多、越来越深地介入社会生活。在这个背景下，涉法新闻监督活动日渐活跃。

这个时期涉法新闻监督有三类采访报道活动比较普遍：第一类是以

禹作敏、褚时健等知名人物为对象的涉法新闻监督活动。在 90 年代中期前后，出现了一种特殊的社会现象，一批改革开放初期曾经的功臣，因为种种原因发生了惊人的蜕变。一类如禹作敏者，从改革开放初期造福一方的改革功臣，沦为独霸一方、无法无天，甚至为害乡里、草菅人命的恶霸；一类如褚时健者，则沦为侵吞国家、集体财产的巨贪。这是改革开放初期特有的社会现象和经济现象，也注定成为同一时期法治领域的典型现象。一批曾经在改革开放初期叱咤风云的人物，都曾在一个特定地域或者领域创造出改革神话，成为享誉一方，甚至名闻全国的代表性人物。然而，随着时光流转、体制缺陷和法治缺失，加之当时社会经济环境的多种弊端，与这些人物自身品德和人格上的重大缺陷共同作用，就造成这些人物纷纷走向改革开放功臣的反面。然而，正是在他们走向反面的时候，也就是在他们相继违法犯罪之时，围绕他们的各种荣耀与显耀的社会关系竟成为护佑他们的保护伞，成为各种举报、调查难以逾越的屏障。这时候，一批有着强烈社会责任感的新闻传媒人，冒着种种风险、顶着重重压力、运用各种技巧，将涉法新闻监督艰难地进行下去，或是运用内参，或是运用报道，或是两者并用，最终在中央有关领导的过问之下，在有关部门的强力介入之后，将禹作敏、褚时健等绳之以法。这类涉法新闻监督的经典案例是如此精彩，如此曲折，产生的社会效应又是如此轰动，于是乎一次次将涉法新闻监督的声威以从未有过的形式展示在世人面前，也将包括法治传媒在内的新闻媒体以近乎光彩照人的形象屡屡呈现在全社会艳羡的目光中。

第二类是以一批作恶多端、为害一方的流氓、恶霸为对象的涉法新闻监督活动。在 20 世纪 90 年代，有一种涉法社会现象相当普遍、相当突出。一些地方的流氓、恶霸势力借改革开放初期鼓励搞活经济和法治相对缺失的特殊环境，以流氓、恶霸手段鱼肉乡里，他们或是强行垄断一地的交通运输或某项交易，或是强行征收保护费等，或是形成车匪路霸雁过拔毛，如此等等，严重危害地方社会治安和经济秩序，严重恶化地方社会风气，也引起人民群众的强烈不满。包括法治传媒在内的新闻媒体借此时机展开积极、有效的涉法新闻监督活动，一批深入调查地方流氓、恶霸借经济搞活之机以犯罪手段为害一方等种种恶行的新闻报道在中央和各地方新闻媒体上频频亮相，形成一个时期各方普遍关注的舆论热点，并促使地方重拳出击，集中打击和整治为害一方经济、社会的流氓黑恶势力以及车匪路霸等。这个时期此类涉法新闻监督活动频频出击，为民除害，彰显新闻舆论监督的效力，再次大大张扬涉法新闻监督的特殊作用，再次将以法治传媒为主力的新闻传媒在涉法新闻监督方面的光彩形象屡屡展现在社会公众面前。

第三类是以公安和司法机关在执法和司法活动中违反公平正义原则，有法不依、执法犯法和枉法裁判等方面的问题为对象的涉法新闻监督活动。20 世纪 90 年代，涉及公安和司法机关非法介入经济纠纷的违法违纪行为比较普遍，或是以公安和司法权力非法介入经济纠纷，以涉嫌经济犯罪为由将一方当事人强行拘押，以追讨债务；或是为一方当事人非法追讨债务，违规强行扣押货款、货物等。公安、司法机关违规介入经济纠纷，擅自动用公安、司法机关的强制权力帮助经济纠纷一方当事人追讨债务等行为，严重破坏了公安、司法机关的社会形象，严重破坏了法律秩序和经济秩序，严重破坏了执法和司法环境，引起社会各界普遍不安，也引起人民群众的强烈不满。包括法治传媒在内的新闻媒体以维护社会公平正义的强烈责任感，以敏锐的新闻嗅觉及时开展涉法新闻监督活动，一些具有强烈针对性的新闻监督报道及时刊播，将少数地方公安、司法机关非法介入经济纠纷，违规动用强制权力，非法拘押经济纠纷当事人，非法扣押货款、货物等行为向社会曝光，促使有关地区和有关部门及时纠正了一些违法违规行为。与此同时，在社会上产生了强烈的影响，形成了一定的舆论声势，对于遏制和缓解此类行为产生了积极的作用。对于公安、司法机关的违法违规行为进行坚决的涉法新闻监督，在推进涉法新闻监督方面具有开创性作用。在社会公众看来，包括法治传媒在内的新闻媒体真正起到了以新闻监督权力，维护社会公平正义的作用。新闻媒体人在从事涉法新闻监督活动中甘冒风险、无私无畏的精神令公众感动，新闻传媒和新闻媒体人在从事涉法新闻监督方面的社会影响由此达到了一个新的高度，新闻传媒和新闻媒体人的社会形象一时间也达到一个从未有过的境界。

这个时期有两类人物悄然出现在涉法新闻监督活动当中，这两类人物一类是企业界人士，另一类则是律师。这两类人的出现十分自然，原因有二：一是他们的出现是作为涉法新闻监督活动当中的一个重要因素而存在的，应该说，如果他们没有出现在新闻传媒面前，那么相当一些涉法新闻监督活动就不复存在；二是他们给予涉法新闻监督活动相当大的帮助，有相当一些涉法新闻监督活动正是借助于他们的力量，才得以顺利完成。随着这两类人物的出现而且日趋活跃，又催生了两个颇具影响力的现象。一个现象是，企业作为涉法新闻监督活动的参与者，越来越多地出现在涉法新闻监督活动之中。在20世纪90年代，企业间以债务纠纷为主体的经济纠纷大量出现，为了讨债，一些企业不择手段，或是绑架人质索要欠款，或是以涉嫌经济犯罪为由动用公安机关非法介入经济纠纷强行立案、冻结企业资产，甚至对企业负责人违法采取强制措施……在这种情况下，一些企业屡屡求助于新闻媒体，借助于涉法新闻监督活动以维护企业合法权益。这类涉法新闻监督报道曾经产生过重大的社会反响，也确曾解决过一些企业合法权益遭受严重侵害的典型问题。

另一个现象是，律师作为涉法新闻监督活动中重要的参与者，在涉法新闻监督活动中日渐频繁地出现，而且发挥着越来越显著的作用。律师业在90年代发展有限，律师办案环境在有些地方相当恶劣，律师权益受到侵害的事件屡屡发生。在这种情况下，一些律师代理刑事和民事案件时，在遇到重重障碍时尝试着借助涉法新闻监督活动，以舆论的力量或者可能诉诸舆论的潜在压力，对涉案的相关方面施压，以推动案件顺利审理。这类涉法新闻监督活动占比较大，而且有一些典型的问题借助涉法新闻监督活动或是公开曝光，或是刊发内参，均产生了比较重大的社会影响，相关的案件审理也得到有力地推动；也有相当一些刑事或者民事案件，仅仅借助于新闻媒体的采访或者其他形式的干预，就对司法机关产生了或大或小的影响，使办案律师尝到了借助涉法新闻监督的甜头。

企业和律师为了自身的利益，千方百计借力涉法新闻监督活动，以实现他们的经济利益。他们积极提供新闻素材，协调有关方面资源，使得涉法新闻监督活动更加活跃、更加有效，也更具影响力，在客观上推动了涉法新闻监督活动的发展。然而，一些消极因素也自然而然地渗入涉法新闻监督活动之中，而且渐渐渗入新闻媒体的肌体内，一系列影响随之出现。

企业和律师频频介入涉法新闻监督活动，悄然改变了涉法新闻监督的形式和内容。在采访形式上，数家新闻媒体联合采访的方式越来越多地出现在涉法新闻监督活动当中，这种采访形式在一段时间内曾经给相关单位和个人带来强大的舆论压力。从表面看，似乎涉法新闻监督的强大力量得到了充分体现，但实际上，涉法新闻监督活动在内容等实质方面被削弱了。这类联合采访的所谓涉法新闻监督活动，真正形成报道的并不多，而且真正具有实质意义的采访活动就更加有限了，往往是组织方将采访阵容拉开，到被采访被监督单位象征性地比画一下，就结束采访了。在监督活动的主体上，企业或者律师逐渐由以前的从属地位变为主导地位，他们出面组织、出面协调，将一些新闻媒体的记者们联络到一起，他们提供资料、提供经费、提供车辆等，全程陪同。在 90 年代中后期，相当一些涉法新闻监督活动的策划者和组织者已经不是新闻媒体了，而是由一些日益活跃的律师等个人来充当。在涉法新闻监督活动的性质上，一些由律师等个人联络组织的联合采访活动逐渐由涉法新闻监督变为“走穴”，每个参与采访的记者都会拿到一笔出场费或辛苦费，出场费或辛苦费的多少由案件标的额大小或者当事人财力大小以及采访风险大小等因素决定。在 90 年代中后期，这类名为涉法新闻监督活动实为“走穴”的活动日益增多，甚至在新闻媒体间形成风气。

这时候，有几个潜移默化的改变是新闻媒体人始料未及的，而这些变化渐渐将涉法新闻监督活动的媒体生态和舆论生态环境弄得面目全非。一是涉法新闻监督活动渐渐变成一桩桩生意，成为一些社会上的江湖人士所热衷和擅长的业务。他们或是成为职业“穴头”，或是成为企业和媒体人士间的中介，在一桩桩涉法新闻监督的生意中捞得自己那份利益。

二是涉法新闻监督活动渐渐成为企业间争斗中的利器。从初始时有的企业偶尔为之，到一些企业纷纷效仿，涉法新闻监督成为企业间相互揭短，破坏对方商誉，甚至使对方陷入牢狱之灾的工具。三是随着媒体市场竞争日益激烈，一些媒体将涉法新闻监督作为经营手段，迫使企业向媒体投入广告和其他资金。一些媒体内部人士将职业规范和操守抛到一边，在其中大捞私利。四是社会上的“三教九流”纷纷披上媒体的外衣，以涉法新闻监督敲诈企业以谋利。一些企业，特别是存在严重违规问题的“黑煤窑”“黑矿山”等不得已便以“封口费”等避开所谓监督的锋芒……

这就是涉法新闻监督活动的第二季，一个充满挑战、充满进取、充满成果的第二季，一个令社会公众充满信任、充满肯定、充满期待的第二季，也是一个暗流涌动、危机潜伏的第二季。

进入新世纪第一个十年，涉法新闻监督进入第三季，这是涉法新闻监督活动的成熟季，也是涉法新闻监督活动的变化季。伴随着时代的深刻变化，伴随着社会环境的深刻变化，也伴随着媒体环境和舆论环境的深刻变化，在涉法新闻监督方面发生了一系列深刻而复杂的变化。

如果历数变化之源的话，以互联网技术为驱动力的各大门户网站的兴起应当排在首位。信息技术或者通俗地称为互联网技术给新世纪带来的变化，注定是最多面、最丰富和最深刻的。这一点在新世纪刚刚开始的时候，多数人并没有多么深切的体会。然而，正是在大多数人不经意间，这种变化就悄然发生了。而且这种变化呈现的裂变式甚至颠覆式，越来越令业内业外人士目瞪口呆。

对媒体人来说，各大门户网站在信息传播方面的影响日益扩大，这种影响分为两个层面，第一层面是各大门户网站对于受众的黏合度越来越高，众多的网民被各大网站持续地黏合在网上，使得各大网站对网民关注力的主导作用日益扩大；第二层面是各大门户网站对于舆论的推动作用日益扩大，特别是依托各大网站传播平台而发展起来的微博、论坛等多种信息平台，在舆论环境中从以前可有可无的小角色，逐渐成为聚集受众、阐发观点、左右舆情的舆论发动机，并且一次次在舆论热潮中独领风骚，这种变化在涉法新闻监督活动当中体现得尤为明显。

在新世纪第一个十年中，有数起事件有着标志性的意义，都是充分体现上述变化的舆论事件，同时也是具有上述特点的涉法新闻监督事件。诸如：孙志刚事件，一个外地务工人员，在广州市因为没有暂住证被非法收容，在遭受毒打后医治无效死亡。这一事件经新闻媒体曝光后引起强烈反响，特别是在互联网上引起一波又一波舆论热潮，形成举国关注的舆论事件，最终促使国家废除了施行了20年之久的《城市流浪乞讨人员收容遣送办法》，此举标志着中国在依法保障公民人权方面向前迈出重要一步。“躲猫猫”事件，一个在押人员在看守所内离奇死亡事件在互联网上引起轩然大波，网上舆论与新闻媒体的关注形成密切互动，使这一舆论事件反复发酵，最终揭开了看守所内普遍监管松懈、牢头狱霸猖獗的严重问题，推动了相关司法体制改革的进程。邓玉娇案件，一个宾馆女服务员由于拒绝为基层政府官员提供“特殊服务”遭到反复纠缠，最终基于自卫目的刺死刺伤当地镇政府工作人员，这一事件引起全国舆论关注，折射出一些基层政府工作人员腐败堕落到令人震惊的地步。在这一舆论事件持续发酵过程中，网上舆论热潮一浪高过一浪，新闻媒体也予以强烈关注，形成互联网与新闻媒体交互作用的舆论态势。这种持续高涨的舆论态势对于司法机关依法审理邓玉娇案也产生了强烈的舆论影响。围绕邓玉娇案形成的舆论事件，突出表现了互联网时代涉法新闻监督的新特点：成功的涉法新闻监督必然是影响巨大的网上舆论热点事件，网上舆论成为涉法新闻监督活动的强大推动力，网上舆论强弱也成为衡量涉法新闻监督是否成功的重要指标。

如果以结果论，进入新世纪的前十年，涉法新闻监督的成果相当突出，从已经产生监督成果的典型案例来看，影响重大，关注普遍，并且借助互联网的传播优势，形成一个个持续一段时间的舆论热点。这种状况在2000年以前从未有过，似乎标志着新闻媒体与涉法新闻监督的舆论影响力达到空前的高度。从监督成果看，涉法新闻监督所涉及的问题、案件都得到了相对有力和相对圆满的解决，新闻监督有始有终。从推动法治进步的角度看，这些案例也可圈可点，或是在制度层面对于建立、健全和完善法治产生了一定的促进作用，或是在改进和完善司法审判方面发挥了一定的推动作用，或是在促进社会依法治理，有力整治社会突出问题方面起到了一定的积极作用。

然而，种种迹象表明，上述令人欣喜的状况仅仅是事物的一个方面，从某种意义上说，甚至仅仅是一种表象。包括法治传媒在内的新闻媒体所面对的舆论生态环境远远不是这么乐观，不是这么单纯，不是这么充满阳光雨露。事实上，媒体环境和舆论生态环境正在发生极为复杂而深刻的变化，而且涉法新闻监督活动也面临着从未有过的严峻局面。有三种消极现象日益普遍、日益频繁地出现在公众面前，它们相互作用、相互影响，对涉法新闻监督活动产生了相当大的负面影响。

现象之一是：涉法新闻监督活动越来越多地进入财经领域，更准确地说，是进入资本市场中的上市公司和准备进入资本市场的准上市公司成为涉法新闻监督活动的对象。按理说，包括资本市场在内的财经领域，涉法问题众多，新闻监督活动进入这个领域标志着涉法新闻监督活动水平上的提升和从事新闻监督活动领域上的拓展。从这个意义上说，这应该是令人欣喜的现象。然而，令人不安的是，这类涉法新闻监督活动的幕后推手往往是那些被锁定为监督对象的上市公司或准上市公司的竞争对手，而且这类新闻监督活动常常以巨大的经济利益作为补偿或者收益，这种经济利益一部分进入了媒体的公共账户，另一部分则进入了相关个人的私人腰包。这类现象起初并不多见，以后则如雨后春笋般旺盛生长。从事此类活动的媒体不断增多，而且媒体从事此类活动日益频繁。这种现象对于新闻媒体和涉法新闻监督活动的伤害巨大。首先，涉法新闻监督活动频频卷入商业竞争，曾经为社会公众普遍寄予期待的社会监督利器沦为企业间不正当竞争的变相工具，极大地损害了新闻媒体的社会公信力，极大地挫伤了社会公众对于新闻媒体的信赖感；其次，此类活动将少数媒体和个人推向犯罪的深渊，在戕害了媒体和个人的同时，极大地破坏了涉法新闻监督活动的社会形象；再次，此类活动从根本上破坏了涉法新闻监督活动的“游戏规则”，极大地破坏了涉法新闻监督活动的社会环境和舆论环境，从某种意义上说，是对于涉法新闻监督活动社会环境和舆论环境的毒化。

现象之二是：涉法新闻监督活动的参与者日益杂乱，一些小报小刊为了经济利益纷纷将涉法新闻监督活动当成谋利之道，他们以涉法新闻监督为名，对一些问题企业进行敲诈。随着涉法新闻监督敲诈活动日渐蔓延，媒体环境越发混乱，相当一些假报刊、假记者纷纷涌入，各种违法违规手段无所不用其极，涉法新闻监督活动领域遂成为一言难尽的江湖。涉法新闻监督活动主体鱼龙混杂、涉法新闻敲诈活动风行一时，对于涉法新闻监督活动的伤害是致命的。一段时间内，涉法新闻监督活动几乎声名狼藉，已毫无形象可言。在这种情况下，正当的涉法新闻监督活动也难以立足。在相当一些地方，正当的涉法新闻监督活动所遭遇的诋毁，与各种阻力相叠加，使其寸步难行。

现象之三是：媒体生态环境和舆论生态环境发生深刻、多面的变化，使得涉法新闻监督活动的自身环境日趋复杂。从媒体生态环境来看，随着互联网上各大门户网站在新闻传播和舆论造势方面日渐强势，包括法治传媒在内的传统新闻媒体的地位、作用和影响在逐渐下降。一批所谓“大 V”正以意见领袖的姿态借助互联网日益强劲的传播优势，在舆论场上呼风唤雨，新闻的真相日渐模糊，传闻成为众多愤青和粉丝们新闻消遣的主菜，人们的价值观日渐混乱，各种观点莫衷一是，越来越多的媒体人在这种从未有过的舆论生态环境中迷失了自我……这种媒体环境和舆论生态环境，对于正当的涉法新闻监督活动相当不利。随着传统媒体地位、作用和影响力今非昔比，往日主导涉法新闻监督活动的能力大不如前。在鱼龙混杂、是非含混的舆论场上，包括法治传媒在内的传统新闻媒体日益感受到一种从未有过的力不从心之感。

这就是涉法新闻监督处于深刻变化之中的第三季，是涉法新闻监督斩获巨大硕果喜人的第三季，是涉法新闻监督问题重重危机四伏的第三季，也是涉法新闻监督涉激流越险滩重拾自我的第三季。

进入新世纪第二个十年，涉法新闻监督进入第四季，这个时期涉法新闻监督在深刻变化的媒体环境和舆论环境中继续摸索前行。这个时期涉法新闻监督在深刻变化的国家政治环境、法治环境、经济环境和社会环境中，不断调整着自身的定位与方向；这个时期涉法新闻监督在舆论突发事件和各种公共突发事件的风风雨雨之中，努力辨识着理想的目标，依然执着地行进。

对于涉法新闻监督活动来说，媒体环境和舆论环境的变化，对其影响最为直接。从某种意义上说，媒体环境和舆论环境的状态决定着涉法新闻监督活动的特点和形态。如果说，进入新世纪第一个十年中，以互联网门户网站为信息传播载体，以网上论坛、微博等为信息交互平台，以影响力呈几何倍数增长的网络大V们为舆论鼓动主将，以不计其数且持续野蛮生长的网上受众为舆论发酵主力，互联网在媒体环境和舆论环境方面异军突起，一阵阵平地而起的舆论旋风，给涉法新闻监督带来一系列巨大的变化，已经令媒体人目瞪口呆的话；那么，进入新世纪第二个十年后，互联网各大门户网站的信息传播和推动舆论的势头不减，与此同时，以智能手机等移动终端为传播载体，以互联网技术、人工智能、大数据等为技术支撑，互联网+新媒体的全新传播模式则将媒体环境和舆论环境彻底改变，这种改变所具有的彻底性或者颠覆性在一段时间内足以令媒体人感到猝不及防；而且这种具有彻底性或者颠覆性的改变在涉法新闻监督方面也具有异常突出的体现，这就是：网上舆情瞬息万变，舆论突发事件和各类公共事件都与互联网上的操纵息息相关，涉法领域成为舆论普遍关注和各类公共事件频繁叠加的地带，涉法舆论事件和涉法公共事件几乎成为涉法新闻监督的代名词。一个非常值得研究的现象是，典型的涉法新闻监督事件几乎个个都是一段时间内关注度极高的舆论突发事件和社会公共事件。

典型事件之一：“我爸是李刚”。

2010年10月16日，河北大学（简称为河大）新校区生活区内发生一起交通肇事逃逸案件。据当地公安机关调查，当晚9时40分，司机李启铭醉酒驾驶轿车行驶至河大新校区生活区内，将学生陈某、张某（均为女性）撞伤。伤者陈某因抢救无效死亡，伤者张某无生命危险。当晚10时50分百度贴吧有人发帖，题为“今晚的车祸”，并在11时的跟帖中称，“保安让他下车，他说‘我爸是李刚’。大家努力转啊，搜索李刚，人神共愤，力灭其嚣张！”10月17日11时36分，保定当地网站“莲池论坛”有人发帖“河北大学两女生被撞飞，肇事司机却扬言不怕告”。当日16时，“天涯论坛”网民发帖“惊！！！河北大学富二代校内醉驾撞飞两名河大新区女生，‘有本事你告去，我爸是李刚’”，掀起网上点击高潮。网民对李启铭启动“人肉搜索”，并公布了搜索结果。由于李启铭之父李刚担任保定市北市区公安分局副局长职务这一身份，许多网民便将其与“官二代”联系起来。几天后，由“我爸是李刚”生发开来各种传言，诸如“李刚有5套房产”“李刚岳父是某副省长”等“内幕性消息”广泛流传。“我爸是李刚”迅速成为2010年网络最热流行语。

据媒体记者了解，案发后，李启铭家属对受害者家属积极赔偿，赔偿死者陈某家属46万元，伤者张某9.1万元，取得对方谅解。河北省望都县人民法院受理此案后，鉴于李启铭认罪态度较好，其亲属积极赔偿被害人损失，酌情从轻处罚。望都县法院2011年1月30日以交通肇事罪判处犯罪嫌疑人李启铭有期徒刑6年。李启铭在法定上诉期内没有上诉，此案判决随即生效。

在这起事件当中，出现了一些涉法新闻监督活动当中以前很少出现的现象：一是互联网上发帖继而网络大V们纷纷发声左右舆论，众多媒体跟风炒作。在这起事件中，车祸发生于16日晚9时40分，当晚10时50分即有人在网上发帖，并在10分钟后的跟帖中首次发出“我爸是李刚”的既扭曲事实又富有煽动性的语言，抢占了网上舆论制高点。二是事实严重扭曲，受众遭受误导，舆论被误解和情绪所绑架。据权威媒体调查，在这起事件中，“有本事你们告去，我爸是李刚”这个关键事实并不存在，此后相伴而生的“李刚有5套房产”“李刚岳父是某副省长”等“内幕性消息”均属谣传。三是面对被误解和情绪所绑架的舆论，地方有关部门无可奈何，权威媒体的声音也如杯水车薪。在这起舆论事件持续期间，河北省保定市公安局曾先后四次召开新闻发布会介绍案件进展，但他们的声音基本上被各种媒体铺天盖地的质疑和责骂所湮没；新华社和中央电视台的相关报道对于火热的舆论也作用甚微。

典型事件之二：涉腐事件链。

2012年8月26日，陕西省延安市发生“8·26”特大交通事故，陕西省第十二届纪委委员、省安监局党组书记、局长杨达才赶赴事故现场指挥现场抢救工作。然而，在车祸现场杨达才匪夷所思地面带微笑，这种微笑的表情与特大交通事故的现场形成鲜明反差。如果在互联网时代以前，这种反差即使被注意到也很难被迅速传播开。然而，在已经进入移动互联网时代的当今，情况完全不同。杨达才这一“微笑”的照片很快被发到网上并引起网民普遍不满，杨达才遂深陷“微笑门”，又由“微笑”引出“名表”话题并被冠以“表叔”的名号。在网上针对杨达才展开的“人肉搜索”中，网民先后搜索出杨达才在不同场合先后佩戴11块不同品牌款式的名表，总价值超过20万元。杨达才被网友戏称为“表叔”，并被作为具有重大贪腐嫌疑的官员遭到强烈抨击和质疑。鉴于杨达才在“8·26”特别重大道路交通事故现场“面带微笑”的不当行为和佩戴多块名表等问题，陕西省纪委高度关注，及时进行了认真调查。调查表明，杨达才存在严重违纪问题，依据有关纪律规定，经陕西省纪委常委会研究并报经省委研究决定：撤销杨达才陕西省第十二届纪委委员、省安监局党组书记、局长职务。2013年9月5日，西安市中级人民法院以受贿罪、巨额财产来源不明罪一审判处杨达才有期徒刑十四年，并处没收财产。

无独有偶，在“表叔”杨达才曝光之后网上又曝出某省“厅长表叔”手戴5万元雷达镶钻手表、腰挎1.5万元爱马仕腰带的传闻，并配发了图片……“表叔”的经历并非个例，在这段时间内，网上以涉贪腐为线索，形成一系列“事件链”，最为典型的是“房叔”“房妹”“房姐”和“房爷”等涉房贪腐“事件链”——先后曝出广州番禺坐拥21套房产的“房叔”蔡某，深圳市龙岗区社区干部周某坐拥20亿元资产，拥有私家别墅、厂房、大厦超80栋，山东省日照市某区人大副主任非法占有多处房产，广东顺德公安局副局长周某拥有两处房产、外加商铺价值上亿元，郑州某区房管局局长的“90后”女儿拥有11套房产，合肥方某以亲属及他人名义非法套取侵占拆迁安置房136套，河南某县委常委、组织部长拥有十多处房产……这些爆料，尽管真假有待查实，但它引来海量“围观”，形成了巨大的舆论潮。

通过涉腐事件链的现象，折射出涉法新闻监督活动中的如下新特点：一是针对贪腐的网上监督活动成为突出的舆论主流，也成为涉法新闻监督主要的目标，这显示出这段时间网上民意的集中指向，也与全社会的民意相吻合；二是互联网上推动和左右舆论的作用和能力进一步凸显，相形之下，传统媒体推动和左右舆论的作用和能力则相形见绌，似乎显示出日益依赖于互联网（包括移动互联网）新媒体提供涉法新闻监督的新闻元素并且再传播的趋势；三是以网上“人肉搜索”、网友发帖为代表的网络手段在涉法新闻监督中发挥作用。但是，这些手段中隐含的消极作用不可小觑，诸如：网上传言四散，真假难辨，大量谣言和毫无根据的负面传闻借助互联网传播四方，一时间众多媒体无暇也无力进行澄清，也有少数媒体有意无意地助长谣言的传播，对于媒体公信力造成相当程度的伤害。

典型事件之三：魏则西事件。

2016 年 4 月，西安电子科技大学学生魏则西因病死亡事件成为全民关注的重大舆论事件。魏则西罹患晚期滑膜肉瘤，他用百度查询治疗方法，发现排在搜索结果首位的武警北京总队第二医院（以下简称武警二院）的生物免疫疗法。据媒体报道，魏则西的父母马上和武警二院联系，之后见到了一个姓李的主任。“他的原话是这么说的：这个技术是斯坦福研发出来的，有效率达到百分之八九十。”魏则西写道，李主任还对他的父母说“保我二十年没问题”。为此，家人还专门查了一下这个李主任，发现他上过中央电视台做节目，而且不止一次。“当时想着，百度、三甲医院、中央台、斯坦福的技术，这些应该没有问题了吧。”2014 年 9 月至 2015 年年底，魏则西在武警二院先后做了四次生物免疫疗法的治疗，花了 20 多万元。结果在仅仅几个月后，他的病就转移到肺部，并于 2016 年 4 月 12 日去世。此事件经多家媒体密集报道，并在互联网上广泛传播，在网上网下掀起前所未见的舆论热潮，舆论的矛头主要指向三个方向：一是百度的搜索排名为何沦为违规医疗广告的平台？二是声名狼藉的莆田系何以能跻身于部队三甲医院内，借部队医院的名牌推销其价格昂贵且不可靠的治疗技术？三是违规医疗广告 + 莆田系违规行医，造成如此严重的后果，行政执法部门和行业监管部门的责任何在？

在滔滔的舆论浪潮之下，国家网信办会同国家工商总局、国家卫生计生委成立的联合调查组进驻百度迅速查处并公布三项结果，一是立即全面清理整顿医疗类等事关人民群众生命健康安全的商业推广服务。即日起，对医疗、药品、保健品等相关商业推广活动，进行全面清理整顿，对违规信息一经发现立即下线，对未获得主管部门批准资质的医疗机构不得进行商业推广。二是改变竞价排名机制，不能仅以给钱多少作为排位标准。立即调整相关技术系统，在 2016 年 5 月 31 日前，提出以信誉度为主要权重的排名算法并落实到位；对商业推广信息逐条加注醒目标识，并予以风险提示；严格限制商业推广信息比例，每页面不得超过 30%。三是建立完善先行赔付等网民权益保障机制。畅通网民监督举报渠道，提高对网民举报的受理、处置效率；对存在违法违规信息及侵害网民权益行为的商业推广活动，一经发现立即终止其服务；建立完善相关机制，对网民因受商业推广信息误导而造成的损失予以先行赔付。百度承诺将全面整改。

与此同时，国家卫生计生委、中央军委后勤保障部卫生局、武警部队后勤部卫生局，进驻武警北京市总队第二医院，对“魏则西事件”涉及的医院问题进行调查并作出三项查处决定：一是立即终止与上海柯莱逊生物技术有限公司的合作，对武警二院其他合作项目运行情况进行集中清理整顿。二是勒令涉及武警二院的合作方，停止擅自发布虚假信息、各类广告和不实报道。三是对 10 名负有责任的相关人员依纪依法作出严肃处理。其中，给予武警二院 2 名主要领导行政撤职处分，给予医院其他 6 名人员行政记过和行政记大过处分，对上级负有监管责任的 2 名领导分别给予行政警告和行政严重警告处分。此外，对地方涉嫌违法犯罪人员移交司法机关处理。

在进入新世纪第二个十年的涉法新闻监督事件中，“魏则西事件”具有标志性的意义，这一事件中呈现出的三大特点对于涉法新闻监督活动未来的走向具有示范价值。这三个特点是：一是事件本身所具有的价值和意义非常重大、非常典型，既指向互联网发展和规制当中出现的新情况、新问题，又事关人民群众医疗卫生方面的切身利益以及医药卫生行业监管的重大课题，作为涉法新闻监督的重大案例实至名归。二是在新闻监督活动展开的全过程中，以主流媒体为主力，众多传统媒体发挥了主力军的作用，并与互联网+新媒体实现了良性互动。三是在涉法新闻监督推进的过程中，相关监管部门行动迅速，出手果断，形成与舆论相和谐的态势，最终产生有始有终的良性结果，并且推动了相关领域和行业的规范，为这一涉法新闻监督画上完美的句号。

典型事件之四：雷洋事件。

2016年5月7日晚，雷洋（中国人民大学环境学院2005级本科及2009级硕士研究生，2012年毕业后就职于中国循环经济协会）离家后身亡。按照北京市昌平区警方通报的说法，当晚警方查处足疗店过程中，将“涉嫌嫖娼”的雷某控制并带回审查，此间雷某突然身体不适经抢救无效身亡。而雷洋亲属的说法则是，由于雷洋夫妇刚得一女，其亲属欲来京探望，航班预计5月7日23时30分到达。当天21时左右，雷洋从家里出门去首都机场迎接亲属，之后失联。

据警方通报，5月7日20时许，昌平警方针对霍营街道某小区足疗店存在卖淫嫖娼问题的线索，组织便衣警力前往开展侦查。当天21时14分，民警发现雷某从该足疗店离开，立即跟进，亮明身份对其盘查。雷某试图逃跑，在激烈反抗中咬伤民警。并将民警所持视频拍摄设备打落摔坏，后被控制带上车。行驶中，雷某突然挣脱看管，从车后座蹿至前排副驾驶位置，踢踹驾驶员迫使其停车，打开车门逃跑，被再次控制。为防止其再次逃脱，民警给其戴上手铐，并于21时34分带上车。在将雷某带回审查途中，发现其身体不适，情况异常，民警立即将其就近送往昌平区中西医结合医院，22时5分进入急诊室救治，雷某经抢救无效于22时55分死亡。

5月8日凌晨1时，雷洋家人接昌平东小口派出所消息，要求亲属赶赴派出所。他们于1时30分左右赶到后，被告知雷某因涉嫌嫖娼，在被警车带往派出所的途中因心脏病突发死亡……5月8日凌晨4时30分，雷洋亲属见到了雷洋的尸体，发现其手臂和头部都有明显淤血。据警察说，途中雷某曾强烈反抗，跳车时头部着地，因此受伤。

5月9日晚间，昌平警方通报此事称，5月7日20时许，昌平警方接群众举报，位于昌平区霍营街道某小区一家足疗店内存在卖淫嫖娼问题，接警后，警方依法迅速开展查处工作。当晚在该足疗店查获涉嫌卖淫嫖娼人员6名。其间，民警在将涉嫌嫖娼的男子雷某（29岁，本市人）带回审查时，该人抗拒执法并企图逃跑，警方依法对该人采取强制约束措施。在将该人带回公安机关审查过程中，该人突然身体不适，警方立即将其送往医院，后经医院抢救无效死亡。

警方通报，为进一步查明雷某死亡原因，征得家属同意后，将依法委托第三方在检察机关监督下进行尸检。

5月13日下午，开始尸检。中国人民公安大学教授张惠芹接受雷洋家属的委托，经检察院审批，担任专家证人。5月14日10时，雷洋尸检工作在结束第一阶段的初步尸检后，进入下一阶段后续工作。在约13小时的初步尸检中，主要进行了全面详细的尸体解剖和病理检验，预计将会在30天以内作出尸检结论。

5月19日11时33分，北京市公安局通过微博发布雷洋案情况通报。北京市公安局对雷洋案高度重视，事发后立即责成昌平分局及时通报检察机关，并积极配合开展调查工作，相关人员接受调查。公安机关坚决尊重事实、尊重法律，坚决依纪依法处理，绝不护短。

6月1日，北京市昌平区人民检察院完成对“雷洋涉嫌嫖娼被民警采取强制约束措施后死亡”线索的初查工作，认为符合立案侦查条件。根据办案的实际需要，北京市人民检察院决定，将该案交由北京市人民检察院第四分院立案侦查。6月1日，北京市人民检察院第四分院依法决定对昌平区公安分局东小口派出所民警邢某某等五人进行立案侦查，按程序通知其家属。同日，北京市有关检察机关控告申诉检察部门还向雷洋家属吴某某通报了检察机关办理案件情况。6月8日下午，北京检方通报了雷洋案件的最新办理进展。承办此案的北京市人民检察院第四分院职务犯罪侦查局分别约见了涉案警务人员和雷洋家属聘请的律师，通报案件办理情况，并听取了律师的意见和建议，收取了相关材料。6月27日，北京市人民检察院邀请中国医科大学法医学院、西安交通大学法医学院、四川大学华西基础医学与法医学院、中山大学中山医学院、北京协和医院、公安部物证鉴定中心等单位的全国法医学、病理学知名专家就鉴定机构提交的雷洋尸体检验鉴定结论进行审查论证。

6月30日，北京市人民检察院第四分院向雷洋死亡案件涉案警务人员及其家属、雷洋家属及双方聘请的律师依法告知了雷洋尸检鉴定意见。检察机关对北京明正司法鉴定中心作出的鉴定意见进行了审查，组织了专家审查论证、文证审查，确定死者雷洋符合胃内容物吸入呼吸道致窒息死亡。检察机关表示将继续依法侦查，结合侦查工作依法判断事实和证据，准确认定行为性质和责任轻重。涉案警务人员在执法中存在不当行为，昌平公安分局东小口派出所副所长邢某某、辅警周某起主要作用，且在案发后有妨碍侦查的行为。根据其行为性质和办案实际需要，北京市人民检察院第四分院已报请北京市人民检察院批准变更强制措施，对邢某某、周某以涉嫌玩忽职守罪依法决定逮捕。

11月29日，北京市人民检察院第四分院对犯罪嫌疑人邢某某、孔某、周某、张某某、孙某某5人涉嫌玩忽职守案侦查终结、依法移送公诉部门审查，并对犯罪嫌疑人孔某、周某、张某某、孙某某4人取保候审。

12月23日，北京市丰台区人民检察院对邢某某、孔某、周某、孙某某、张某某5名涉案警务人员玩忽职守案依法作出不起诉决定。经丰台区人民检察院依法审查查明：2016年5月7日晚，根据北京市公安局昌平分局专项行动部署，东小口派出所时任副所长邢某某带领民警孔某、辅警周某，保安员孙某某、张某某等人在昌平区龙锦三街涉黄足疗保健店附近执行便衣蹲守、打击任务。当天21时许，雷某在位于龙锦三街23-13号的足疗保健店接受有偿性服务离开时，被邢某某等人发现。因怀疑雷某有嫖娼行为，邢某某等人立即追赶，示明警察身份后进行盘查。因雷某试图逃跑，遂对其拦截并抱腰摔倒。在制伏和控制雷某过程中，邢某某等人对雷某实施了用手臂围圈颈项部、膝盖压制颈面部、摁压四肢、掌掴面部等行为，后邢某某违规安排周某、孙某某、张某某独立驾车押送。在车辆行驶至龙锦苑东五区南门内丁字路口西侧转弯处时，雷某试图跳车逃跑，并呼喊挣脱。邢某某等人再次对雷某进行制伏和控制，并使用手铐约束，再次向雷某示明身份。其间，邢某某等人对雷某实施了脚踩颈面部、强行拖拽上车等行为，致使雷某体位多次出现变化。后雷某出现身体瘫软和不再呼喊、挣脱等状况，邢某某等人在发现雷某身体出现异常后，未及时进行现场急救、紧急呼救和送医抢救。待后送到医院抢救时已无生命体征，于当天22时55分被宣告死亡。经委托司法鉴定机构鉴定，雷某符合生前胃内容物吸入呼吸道致窒息死亡；本例吸入性窒息的形成不排除与死者生前在饱食状态下，因执法过程中的外力作用和剧烈活动以及体位变化等因素有关。事发后，邢某某在接受媒体采访时做虚假陈述，引发公众质疑，并与其他4名涉案警务人员故意编造事实、隐瞒真相、妨碍侦查。

北京市丰台区人民检察院依法认定：邢某某等5人在执行公务活动过程中，不正确履行职责，存在不当执法行为，执法行为超出合理限度，致执法对象发生吸入性窒息；不履行职责，在发现雷某身体出现异常后，未及时进行现场急救、紧急呼救和送医抢救，致执法对象未得到及时救治，以致发生死亡结果。且事后故意编造事实、隐瞒真相、妨碍侦查。该行为触犯了《中华人民共和国刑法》第三百九十七条第一款之规定，符合玩忽职守罪构成条件。鉴于邢某某等5人系根据上级统一部署开展执法活动，对雷某执行公务具有事实依据与合法前提且雷某有妨碍执法行为，犯罪情节轻微，能够认罪悔罪。综合全案事实和情节，根据《中华人民共和国刑法》第三十七条之规定，不需要判处刑罚，依据《中华人民共和国刑事诉讼法》第一百七十三条第二款之规定，决定对邢某某等5名涉案警务人员不起诉。同时，检察机关已向纪检机关通报有关涉案党员违纪情况，向公安机关发出检察意见书，并移送相关材料，建议纪检监察机关和公安机关对邢某某等5名涉案警务人员及相关责任人依纪依规严肃处理。

至此，雷洋死亡事件告一段落。

雷洋死亡事件也是一起舆论突发事件引起的涉法新闻监督，这起事件从始至终都贯穿着互联网+新媒体的强烈关注，并在这起事件的每个重要节点上均掀起了舆论高潮。这种强大的舆论力量对雷洋死亡事件及时得到依法查处产生了巨大的推动力。如果把雷洋死亡事件引发的舆论风波作为涉法新闻监督的典型事件进行复盘，可以发现这样几个特点：其一，社会舆论对于普通公民人身权利遭受公权力肆意非法侵害表现出从未有过的关注、愤怒、忧虑和恐惧。在雷洋死亡事件持续发酵的过程中，舆论从始至终都将关注焦点集中在雷洋死亡真相以及涉事警察责任的一系列关键问题上，诸如：雷洋死亡原因到底是什么？雷洋到底有没有从事嫖娼等违法活动？涉事警察是正当执法还是从事其他活动？他们在致使雷洋死亡过程中到底做了什么？涉事警察的行为在法律责任上应当如何认定？……舆论一直在追问。而且在此事件调查处理的所有关键节点上，均形成舆论的高潮，这种持续的舆论关注形成了对于雷洋死亡事件真相调查以及相关案件查处的强有力的新闻监督。其二，在雷洋死亡事件调查处理的全过程中，新媒体，尤其是自媒体扮演了主力军的角色，再次彰显了网上媒体，特别是移动互联网媒体在推动舆论以实现有效的涉法新闻监督方面的特殊作用和能力。相形之下，传统媒体在此类事件当中如何充分发挥自身在调查事实真相方面的优势并且实行及时有效地传播，以及时引导舆论并化解社会公众的集体疑虑、集体困惑和对于安全感方面的集体焦虑，值得研究。其三，在雷洋死亡事件激起的舆论热潮背后折射出的社会情绪和公众心态，应当引起法治传媒人的高度重视，并应当加以深入地研究。作为涉法新闻监督所代表的民情民意，雷洋死亡事件揭示出进入新世纪第二个十年后相当一些民众的情绪和心态，这就是民众对于手握公权力的执法机关执法尺度、执法水平和对于违规违纪行为失察现状的普遍焦虑，而且民众的这种普遍焦虑与自身包括人身权、财产权在内合法权利缺乏刚性保护而往往轻易就受到执法人员肆意侵害的恐惧交织在一起，这种忧惧交加的情绪往往借助类似雷洋死亡事件于瞬息之间掀起舆论风暴。应当客观地说，民众这种普遍存在的情绪中，既包含着对于全面推进依法治国的强烈期待，也蕴含着对于目前法治现状中种种弊端和问题的强烈不满，这种期待与不满相互交织的民情民意总体来说是合理的和理性的，如果引导得当就完全有可能转化成为推动依法治国的民意基础和民意力量。但是，毋庸讳言的是，在这种民情民意当中，也裹藏着一些阴暗、悲观的消极情绪，这种情绪含有对于我国法治现状全盘否定和对于依法治国整体上的悲观失望，甚至含有对于我国社会制度的根本否定和抹黑，这类心态和情绪相当偏激甚至非常极端，如果激化开来，也可能转化成为阻碍国家全面推进依法治国的负面能量，成为破坏司法改革、妨碍法治进步的民意力量。这就对新闻传媒人，特别是法治传媒人提出了严峻的课题：在积极、适度地开展涉法新闻监督的过程中，如何在代表民意和顺应民意的同时，合理而适度地引导和疏通民意，尽最大可能扩大和巩固民情民意中理性的因素，将民情民意中对于法治现状的不满和批评，引导到对于全面推进依法治国的期待上来，使之最大可能地转化为促进司法改革、促进法治进步的正能量。

典型事件之五："辱母杀人"案。

据《南方周末》报道：多名现场人员证实，民警进入接待室后说"要账可以，但是不能动手打人"，随即离开。被告人欲离开但被阻止，摸出了一把刀……辱骂、抽耳光、鞋子捂嘴，在 11 名催债人长达 1 小时的凌辱之后，杜志浩脱下裤子，用极端手段污辱苏银霞——当着苏银霞儿子于欢的面。

匆匆赶来的民警未能阻止这场羞辱。情急之中，22 岁的于欢摸出一把水果刀乱刺，致 4 人受伤。被刺中的杜志浩自行驾车就医，却因失血过多休克死亡。

血案发生于 2016 年 4 月 14 日，因暴力催债引起。女企业家苏银霞曾向地产公司老板吴学占借款 135 万元，月息 10%。在支付本息 184 万和一套价值 70 万元的房产后，仍无法还清欠款。

2017 年 2 月 17 日，山东省聊城市中级法院一审以故意伤害罪判处于欢无期徒刑。

（以下为报道中主要的辱母情节，注：此处括号及括号中文字为本文作者所加）

苏银霞和儿子于欢被限制在公司财务室，由四五人看守，不允许出门。“在他娘俩面前，他们用手机播放黄色录像，把声音开到最大，说的话都没法听。”于秀荣说。

刘晓兰说，杜志浩一直用各种难听的脏话辱骂苏银霞，“什么话难听他骂什么，没有钱你去卖，一次一百，我给你八十。学着唤狗的样子喊小孩，让孩子喊他爹。”

其间，杜志浩脱下于欢的鞋子，捂在苏银霞的嘴上。刘晓兰看到母子两人瑟瑟发抖，于欢试图反抗，被杜志浩抽了一耳光。杜志浩还故意将烟灰弹在苏银霞的胸口。

让刘晓兰感到不可思议的是，杜志浩脱下裤子，一只脚踩在沙发上，用极端手段污辱苏银霞。刘晓兰看到，被按在旁边的于欢咬牙切齿，几近崩溃。

法院经审理认为，于欢面对众多讨债人长时间纠缠，不能正确处理冲突，持尖刀捅刺多人，构成故意伤害罪；鉴于被害人存在过错，且于欢能如实供述，对其判处无期徒刑。

为何不认定正当防卫，法院的解释是，虽然当时于欢人身自由受到限制，也遭到对方侮辱和辱骂，但对方未有人使用工具，在派出所已经出警的情况下，被告人于欢及其母亲的生命健康权被侵犯的危险性较小，“不存在防卫的紧迫性”（原题为：《刺死辱母者》，发表时间为 2017 年 3 月 27 日，本文引用时有删节）。

“辱母杀人”案是进入新世纪第二个十年最具特点、最具影响力，也最具争议性的涉法新闻监督事件和涉法舆论事件。引爆事件的源头来自《南方周末》发表于 2017 年 3 月 27 日的调查性报道，题为《刺死辱母者》，主要内容上面已经引用。此报道经多家新（自）媒体转发，在 2017 年 3 月的最后一个周末，将全国的舆论场引爆。以自媒体为主力军发出的谴责、质疑声浪近乎沸腾，舆论对于因刺死辱母者而被判无期徒刑的于欢充满同情，对于解救于欢母子无力致使其陷于无望境地最终迫使于欢血溅辱母现场的警察充满指责，对于无视非法逼债者辱母等情节拒不认定于欢正当防卫且执意判其无期徒刑的司法机关充满不解且强烈质疑甚至激烈抨击（有一些法律界人士依据《南方周末》报道的事实也纷纷发表带有专业特点的意见）……

舆论出现转机始自3月25日起中央政法机关官微“长安剑”（后更名为中央政法委“长安剑”）连续发表的四篇评论，题目分别为：《“辱母杀人”案，司法如何面对汹涌的舆论？》（3月25日）、《【“辱母杀人”案追踪】中国司法：不负江山不负卿》（3月26日）、《于欢案：珍惜司法和舆论的良性互动》（3月27日）、《于欢案：为何是最高检介入，而最高法“按兵不动”？》（3月28日），其间《人民法院报》也先后发表三篇评论，题目分别是：《又一堂全民共享的法治“公开课”》（3月26日）、《辩论中凝聚着法治共识》（3月28日）、《“于欢案”热评：静待花开是相信它一定会开》（3月29日）。

自3月26日起，涉案相关部门纷纷作出回应。山东省高级人民法院第一时间通报于欢故意伤害案进展：山东省高级人民法院于2017年3月24日受理此案，已依法组成由资深法官吴靖为审判长，审判员王文兴、助理审判员刘振会为成员的合议庭。现合议庭正在全面审查案卷，将于近日通知上诉人于欢的辩护律师及附带民事诉讼上诉人杜洪章、许喜灵、李新新等的代理律师阅卷，听取意见（3月26日10时43分）。

最高人民检察院派员赴山东阅卷并听取山东省检察机关汇报，正在对案件事实、证据进行全面审查。并强调上级人民检察院对下级人民检察院的决定，有权予以撤销或变更；发现下级人民检察院办理的案件有错误的，有权指令下级人民检察院予以纠正（3月26日11时16分）。

最高人民法院及时转发了山东省高级人民法院关于案件进程的通报（3月26日11时37分）。

山东省公安厅3月26日上午已派出工作组，赴当地对民警处警和案件办理情况进行核查（3月26日12时50分）。

山东省人民检察院对“于欢故意伤害案”依法启动审查调查，第一时间抽调公诉精干力量全面审查案件，对社会公众关注的于欢的行为是属于正当防卫、防卫过当还是故意伤害等，将依法予以审查认定；成立由反渎、公诉等相关部门人员组成的调查组，对媒体反映的警察在此案执法过程中存在的失职渎职行为等问题，依法调查处理（3月26日16时27分）。

山东省聊城市立即成立了由市纪委、市委政法委牵头的工作小组，针对案件涉及的警察不作为、高利贷、涉黑犯罪等问题，已经全面开展调查。下一步，聊城市将全力配合上级司法机关的工作，并依法依纪进行查处，及时回应社会关切（3月26日17时27分）。

山东省高级人民法院就于欢故意伤害一案再次通报情况：合议庭已于3月28日通知于欢的辩护人，被害人杜志浩的近亲属、被害人郭彦刚的诉讼代理人到我院查阅案卷（3月29日15时2分）。

最高人民法院再次跟进转发了山东省高级人民法院关于案件的情况通报（3月29日15时14分）。

2017年5月27日，山东省高级人民法院依法公开开庭审理于欢故意伤害上诉案。6月23日上午，山东省高级人民法院对上诉人于欢故意伤害一案二审公开宣判，以故意伤害罪改判于欢有期徒刑五年，维持原判附带民事部分。

山东省高级人民法院二审审理认为，上诉人于欢持刀捅刺杜志浩等四人，属于制止正在进行的不法侵害，其行为具有防卫性质；其防卫行为造成一人死亡、二人重伤、一人轻伤的严重后果，明显超过必要限度造成重大损害，构成故意伤害罪，依法应当负刑事责任。鉴于于欢的行为属于防卫过当，于欢归案后能够如实供述主要罪行，且被害方有侮辱于欢母亲的严重过错等情节，对于欢依法应当减轻处罚。于欢的犯罪行为给上诉人杜洪章等和原审附带民事诉讼原告人严建军、程学贺造成的物质损失，应当依法赔偿。原判认定于欢犯故意伤害罪正确，审判程序合法，但认定事实不全面，部分刑事判项适用法律错误，量刑过重。

对于于欢案二审改判各类新闻媒体均在第一时间予以详尽报道，多家网上媒体全文刊发了二审判决书全文。

引人关注的是，6月24日，《人民法院报》发表评论《认真对待来之不易的“于欢案效应”》。同日，《法制日报》发表评论性新闻报道《法律事实是改判之“定海神针”》。

至此，“辱母杀人案”的舆论高潮终于平息。作为一起问题非常典型和监督结果相当成功的涉法新闻监督事件，在其发生、发展和平息的过程当中呈现出几个引人注目的特点，值得关注，更值得研究。其一，舆论与司法机关之间实现了良好的互动，其中既有代表司法机关及时发出的理性声音，比如：《人民法院报》先后发表四篇评论《又一堂全民共享的法治“公开课”》（3月26日）、《辩论中凝聚着法治共识》（3月28日）、《“于欢案”热评：静待花开是相信它一定会开》（3月29日）和《认真对待来之不易的“于欢案效应”》（6月24日）；也有相关司法机关及时启动司法程序并向新闻界通报。在近年来因负面新闻报道引爆舆论场影响遍及海内外的涉法新闻监督活动当中，这种舆论与司法机关之间近乎完美的互动如果不能称为首例，恐怕也十分鲜见。这可能是一种令人欣喜的苗头，昭示着司法机关在涉法新闻监督的滔滔舆情面前，开始以一种崭新的形象出现在社会舆论面前，也可能是一种带有某种必然性的势头，显示着司法机关已经具有前所未有的自信和从容及时、妥善地应对和处置重大涉法新闻监督带来的一系列舆论课题的能力和水平。但无论怎么说，我们都有理由将在此事件中司法机关的表现视为全面推进依法治国，特别是有序推进司法改革取得明显成效的一种体现。其二，政法机关官微“长安剑”及时、理性和有效地发声，从《“辱母杀人”案，司法如何面对汹涌的舆论？》（3月25日）、《【“辱母杀人”案追踪】中国司法：不负江山不负卿》（3月26日）、《于欢案：珍惜司法和舆论的良性互动》（3月27日）到《于欢案：为何是最高检介入，而最高法“按兵不动”？》（3月28日），四篇评论四次发声，先是巧妙入题，而后由表及里，由浅入深，层层递进，既顺应舆论中普遍反映的民情民意，充分肯定这种民情民意之中包含的健康、正当诉求，这种及时的肯定疏解，冷却了一时间被激愤点燃的汹涌民情；然后又顺势而为，清晰到位地讲理和说法，将一度持续升温的滔滔舆情渐渐导引向理性的方向，伴随着相关司法机关适时启动司法程序，经过一系列深入细致的司法审查，并通过开庭审理最终作出二审改判判决，使这起突发的舆论事件终于平息，也使得这起涉法新闻监督的典型事件取得了众望所归的法律结果。在这起网上突发的舆论事件中，以“长安剑”为代表的法治新媒体的成功表现，似乎发出了一个信号：在以互联网＋自媒体为主要传播手段的互联网舆论场上，一度由各类大V们翻手为云、覆手为雨任意掌控网上舆论进而影响整个社会舆论的阶段行将结束，法治传媒正在将有效调控涉法舆论场、有序推进涉法新闻监督的主动权牢牢地握在手中。其三，作为引爆整个舆论场的始作俑者，《南方周末》记者采写并由《南方周末》刊发的调查性报道《刺死辱母者》尽管在推动整个新闻监督过程中起着不可或缺的作用，但是《南方周末》记者及《刺死辱母者》报道本身在媒体的客观公正性和记者的新闻专业性方面，存在着一定的疏漏和欠缺，这种疏漏和欠缺对于受众全面客观了解“辱母杀人”事件造成一定程度的负面影响，引起了新闻界业内人士的质疑。一篇题为《辱母杀人案，新闻专业主义的缺失及其危害》的文章指出，《南方周末》的这篇报道有三个硬伤：一是单一信源，二是选择事实，三是扭曲事实。关于单一信源，在这个涉及多方的案件中，报道中只有受辱母亲一方这一个信源；关于选择事实，报道只选择对自己立场有利的事实，最典型之处表现在对于受辱母亲苏银霞的美化，略去了苏银霞在信用方面的种种“劣迹”；关于扭曲事实，突出表现在作者为了强化辱母的“戏剧性”效果并且有效煽动读者情绪，将单一信源提供的素材集中拼接并安排在报道的导语部分：“辱骂、抽耳光、鞋子捂嘴，在11名催债人长达1小时的凌辱之后，杜志浩脱下裤子，用极端手段污辱苏某霞，当着苏银霞儿子于欢的面”。

《南方周末》刊发的《刺死辱母者》在新闻事实方面存在的种种欠缺，在二审判决宣判之后得到了明确的印证。6月24日，《法制日报》依据二审判决采写并刊发评论性新闻报道《法律事实是改判之“定海神针”》，报道指出：二审判决不仅让法律有了温度，最重要的是，让网络上相关报道的一些失实事实、情节在二审庭审以及判决书中都得以澄清。

报道详尽叙述了《法制日报》记者在细心比对判决书和网上相关报道内容后发现的网络报道与法律事实相悖之处：一是关于苏银霞借还款的相关事实，网上报道关于“将价值70万元的房子抵债，还欠款17万元”的表述与查明事实不符。在案证据证实，双方对以房抵债进行过协商，一度达成过协议，协议内容为住房折抵60万元，此后再付30万元，但协议并未履行。二是网上报道关于“吴学占让手下拉屎，并将苏银霞按进马桶里”的表述不准确。苏银霞出庭作证证实，吴学占将其头部按入座便器接近水面位置，当时马桶里边没有屎，其头发和脸上没沾上水。三是网上报道关于“苏银霞和儿子于欢被限制在公司财务室，由四五人看守，不允许出门”的表述不准确。在案证据证实，讨债一方仅实施了在财务室内盯守苏银霞一人的行为，无证据证实讨债一方将苏银霞、于欢限制在公司财务室，且不允许离开财务室。四是网上报道关于“杜志浩驾驶一辆迈腾车进入源大工贸，将苏银霞母子带到公司接待室，11名催债人员将苏银霞母子、公司职工3人围住”的表述，与事实不符。在案证据证实，当日20时许杜志浩到源大工贸后，先与其他讨债人员一起饮酒，后于21时53分才进入接待室讨债，且之前苏银霞母子并非由杜志浩带到公司接待室内。并无证据证实杜志浩等11名催债人员进入接待室后即将苏银霞母子、公司职工3人围住。另外，在案证据证实，苏银霞、于欢及公司员工张立平、马金栋4人在接待室，并非3人。四是关于讨债人员在源大工贸公司播放黄色录像的事实法庭并未认定。网上报道的具体内容：“‘在他娘俩面前，他们用手机播放黄色录像，把声音开到最大，说的话都没法听。’于秀荣说。”经审理，未认定上述相关事实。该段内容无证据证实。在案证据，除了于欢的姑姑于秀荣证实听到讨债人员的手机发出女人“啊啊”的声音，猜测是放黄色录像外，无其他证据予以印证，且当事人苏银霞、于欢均证实没有看到或听到讨债人员用手机播放黄色录像。五是关于杜志浩等人在接待室内侮辱、殴打苏银霞母子的事实有多处与法律事实不符，分别是：11名催债人员对苏银霞母子长达1小时的凌辱不实。在案证据证实，杜志浩等9名讨债者进入接待室后，仅是杜志浩一人辱骂于欢、苏银霞，像唤狗一样喊“欢欢”，且实施了裸露下体、脱下于欢的鞋让苏银霞闻、拍打于欢面颊等行为，持续的时间从 21 时 53 分至 22 时 17 分，不超过 24 分钟，其他讨债人员没有实施辱骂、拍打于欢或苏银霞面部的行为；杜志浩脱下裤子，一只脚踩在沙发上，用极端手段污辱苏银霞的事实不实。在案证据证实，杜志浩站在茶几旁边，将裤子褪至大腿处裸露下体，朝坐在沙发上的苏银霞、于欢、张立平、马金栋等人左右转动身体，距离苏银霞的右胳膊三十公分左右。接着在马金栋、李忠劝阻下，杜志浩穿好裤子。并无证据证实杜志浩一只脚踩在沙发上用极端手段污辱苏银霞，且与当事人苏银霞关于“我坐在东边北侧单人沙发，于欢坐在东边南侧单人沙发，张立平、马金栋坐在西边长沙发上。杜志浩站在茶几北边脱裤子露下体对着南边，没有直接对着我，但杜志浩距离我的右胳膊很近，也就三十公分左右。杜志浩露出生殖器时，我把脸扭向南边，不搭理他。经杜志浩旁边的人劝说，杜志浩提上裤子”的证言相矛盾；杜志浩让于欢喊他爹的事实不准确。在案证据证实，讨债者李忠和杜志浩曾让于欢喊叔叔，该事实有于欢供述和苏银霞的证言等证据予以证实，并无证据证实杜志浩让于欢喊爹；杜志浩脱下于欢的鞋子，捂在苏银霞的嘴上的事实不准确。在案证据证实，杜志浩脱下于欢的鞋子，放到苏银霞的鼻子处让其闻，被苏银霞打掉，并未捂在苏银霞的嘴上；杜志浩还故意将烟灰弹在苏银霞的胸口不准确。在案证据证实，杜志浩将烟头弹到苏银霞胸前衣服上，并无证据证实将烟头弹在苏银霞的胸口，且当事人苏银霞证实她当时穿着皮衣，杜志浩将烟头扔到她左胸前衣服上。六是关于民警处警的报道与法律事实相悖。网上报道关于“于秀荣证实看到 3 名民警要走，于秀荣拉住一名女警，并试图拦住警车”的表述，与事实不符，该证言不仅无其他证据予以印证，而且与执法记录视频、源大公司监控视频等证据相矛盾。在案的执法记录视频、源大公司监控视频、通话记录以及朱秀明、徐宗印和辅警郭起志、宋长冉的证言证实，朱秀明警告双方不能打架后即带领辅警到院内寻找报警人了解情况，并给值班民警徐宗印打电话通报警情，让徐宗印到源大公司。警车到达现场后未熄火，在停靠位置未移动。民警朱秀明及辅警郭起志在车上商量 40 秒后，二人下车走到警车左侧，接着于秀荣走到警车左侧，没有发现于秀荣有拦车行为。于欢的供述、苏银霞的证言以及讨债方多名证人证言亦均证实民警进入接待室后问谁报警，苏银霞回答可能是厂里的工人，并均称民警离开接待室是到院中寻找报警人了解情况。此外，网上报道关于杜志浩被刺伤后就医情况的表述以及刺人所用尖刀来源、性质等方面的表述也与法律事实相悖。

应当如何看待《南方周末》刊发的《刺死辱母者》这篇报道所存在的“硬伤”？是不是对于已经产生了良好新闻监督效果的报道就可以在皆大欢喜之中忽略它自身有违新闻专业规范的种种问题？结论可能恰恰相反。首先，从新闻媒体以及职业新闻媒体人必须秉持新闻真实性原则的角度看，忠实于新闻的真实性是主流新闻媒体以及新闻媒体人一贯的职业传统，诚实对待新闻职业的关键之处首先就在于诚实对待新闻的真实性。从某种意义上说，能否忠实于新闻的真实性决定着新闻记者的职业生命。尤其是在从事涉法新闻监督活动中，秉持新闻的真实性原则就更加重要了，真实性是涉法新闻监督活动得以成立并可能取得成功的前提条件，离开了新闻事实的真实，一切都无从谈起。因此，新闻媒体以及新闻媒体人在从事涉法新闻监督的调查当中，对于新闻事实必须不折不扣、不疏不漏，既不夸大也不缩小，而且既要注重单个事实、细节上的真实可靠可信，又要保证新闻事实整体上和本质上的真实可靠可信。为了追求报道效果选择事实，甚至扭曲事实，违背了新闻媒体人坚持新闻真实性的原则，损害了新闻媒体的诚实、公信，对于保证涉法新闻监督活动健康有序的发展十分不利，可能会极大地损害媒体受众对于新闻媒体的信任度。在时下公众对新闻媒体信任普遍缺失且已屡屡造成新闻传媒信任危机的情况下，《南方周末》刊发的《刺死辱母者》的上述做法无疑更是雪上加霜。其次，从新闻媒体以及新闻媒体人必须秉持客观、公正立场的角度看，无论是从事一般性的新闻调查活动，还是从事涉法新闻监督中相对复杂的新闻调查活动，新闻媒体以及职业新闻媒体人秉持客观、公正的立场都是新闻职业自身的基本要求，只有坚持客观和公正的职业立场，新闻记者在采访和写作过程中才可能始终秉持冷静、客观、全面、准确的职业态度，新闻媒体在最终处理调查报道当中也才可能坚守全面、客观的专业立场。在当下互联网+新媒体空前发展的情况下，社会媒体化和媒体社会化成为普遍的社会现象，在种种复杂原因的作用下，新闻失实致使受众屡屡受惑已经使得媒体信任危机遍及全球，在这个事关整个新闻媒体行业生死存亡的关键时期，作为主流新闻媒体以及职业新闻媒体人在职业立场上做到客观、公正，就更加必要了。唯有如此，新闻媒体以及新闻媒体人才具有最大的可信度，才能保证新闻受众不受误导或者至少少受误导，这可能是主流新闻媒体存在和发展的最为令人信服的理由。也只有这样，才能保证涉法新闻监督活动健康有序地进行。从这个意义上说，《南方周末》刊发的《刺死辱母者》的上述做法不仅不应该受到纵容和鼓励，而且应该在新闻传媒业内深刻地反思，并普遍地引以为戒。

这就是涉法新闻监督的第四季，这是新闻传媒人在风险和困难交织、机遇与挑战并存的情况下努力推进涉法新闻监督的第四季，这是新闻传媒人在法治环境、媒体环境和舆论环境深刻变化之中努力创新涉法新闻监督的第四季，这是新闻传媒人在全力探索与深刻思考之中将涉法新闻监督推向未来的第四季。

涉法新闻监督的终极使命是什么？涉法新闻监督当前的紧迫课题又是什么？在媒体环境、舆论环境日新月异的今天，在社会环境、法治环境深刻变化的当下，新闻传媒人，特别是法治传媒人，应该如何开拓涉法新闻监督的未来路径？

三

当我们探讨涉法新闻监督活动的未来时，我们是在关注什么问题？从本质上说，涉法新闻监督活动的未来走向与国家法治进步状况息息相关，与公民、企业权益保护状况密切相关，与媒体环境和舆论环境状况紧密相关。在当前和今后一个时期，涉法新闻监督活动面临的挑战主要来自三个方面：

一是以真实性、客观性和公正性等为核心元素，源自媒体自身对于涉法新闻监督活动能否坚持原有价值追求的挑战。实际上，新闻媒体能否坚持新闻真实性原则、能否秉持新闻价值判断与表达客观性原则以及新闻媒体能否保持立场公正性，自新闻传媒业诞生以来即争论不休，尤其是在新闻监督活动当中，这种争议就更加突出了。涉法新闻监督是新闻监督活动当中最为典型、最具争议也最具社会影响力的一类，在从事涉法新闻监督活动中，媒体能否秉持新闻真实性，能否在新闻价值判断与表达方面保持客观性，能否从始至终保持媒体立场的公正性，对于新闻媒体人和新闻媒体自身，本来就是考验。一些媒体人，也包括个别新闻媒体，不时出现为片面追求新闻刊发效果而牺牲新闻真实性的现象，一些媒体人，也包括个别新闻媒体，以受害者的保护神和正义的化身自居，在涉法新闻监督报道当中过分煽情，完全失去新闻媒体的客观性和公正性。一些媒体人包括个别媒体的此类做法有违新闻媒体的职业精神，也必然损害涉法新闻监督活动的媒体信誉，并且影响到涉法新闻监督的效果。然而，在互联网+新媒体日益呈现传播强势的媒体环境下，新闻真实性、新闻价值判断与表达客观性和媒体立场公正性，在一定程度上正面临着被根本颠覆的危险。在传播速度以分秒来计算的技术条件下，在关注就是目的、刷屏就是成功的价值导向下，新闻的真实性正面临着自新闻业产生以来从未有过的危机。有意识、有目的的新闻造假与技术性的新闻失实，致使假新闻遍地游走。在涉法新闻监督的内容范围之内同样如此。在“我爸是李刚”的案例中，后来的调查证实，这个带有标签性、曾经激怒网上网下无数受众的话语本来并不存在，而是有人将当事人话语掐头去尾拼接而成的；在《刺死辱母者》中，作者选择事实、拼接事实和细节以及扭曲事实的做法就更加突出……

如何看待在涉法新闻监督活动中为了追求效果而故意选择新闻事实甚至故意拼接事实和扭曲事实的现象？如何看待在互联网+新媒体时代假新闻泛滥且对涉法新闻监督活动的影响？结论应该是，尽管广大受众出于对法治正义、社会公平和弱势群体及个人权益保障方面的忧虑，对于某些诉诸舆论的个案中故意选择新闻事实甚至故意拼接事实和扭曲事实的做法给予了极大的宽容，尽管政法、司法机关出于对社会舆论的尊重，对于一些涉法新闻监督活动中有意无意选择事实和拼接、扭曲事实的做法给予了相当程度的容忍，但作为新闻媒体，特别是法治新闻传媒，对于为了追求涉法新闻监督效果而故意选择新闻事实甚至故意拼接事实和扭曲事实的做法应当给予高度重视，并且采取零容忍的态度。首先，应将此类做法视为根本有违新闻媒体职业道德和专业规范的行为，予以根本的抵制，并且在新闻媒体内部加强教育整肃，严格依照新闻纪律和行业规范予以严厉处罚，以儆效尤；其次，应将此类做法视为根本有害于涉法新闻监督活动健康有序发展的行为，自觉对其加以抵制，做到在涉法新闻监督活动中杜绝此类行为；再次，应将抵制此类行为作为彰显新闻媒体负责任形象的机会和自觉，发挥新闻媒体（特别是法治新闻传媒）在协调、组织调查性新闻采访方面的特长和优势，在自己媒体组织的涉法新闻监督活动中将调查性工作做扎实、做周密的同时，力所能及地调查、澄清一些涉法新闻监督舆论中带有误导性的传说和假新闻，为涉法新闻监督活动健康有序进行创造良好的舆论环境。

二是以如何形成新闻媒体与司法的良性关系为课题，对于涉法新闻监督活动良性发展进行深入思考和探索。新闻媒体与司法应该建立何种关系，在传媒界和法律界一直存有争议。在以往的涉法新闻监督活动中，社会舆论忽而抱怨新闻监督不足，司法机关忽而抱怨新闻监督过度，而法律界关于“媒体审判”的诟病不绝于耳……在互联网+新媒体的舆论环境下，新闻媒体与司法和司法与舆论究竟应当建立和保持一种什么样的关系，仍然非常值得研讨。毫无疑问，在涉法新闻监督当中如何建立和保持媒体（舆论）与司法之间的良性关系与上述问题是同一语境下的同类问题，只不过角度略有差异而已。

在研讨涉法新闻监督中新闻媒体（舆论）与司法的关系时，应当看到，在这个两元的问题中同时存在着一个问题的两个方面：一个方面是司法如何对待新闻媒体（舆论）的监督？客观地说，在互联网+新媒体时代来临之前的较长时期内，司法或多或少都存在着对于新闻媒体监督的回避和抵触，在相当多的情况下，能将新闻媒体挡在采访大门之外就尽可能地将其挡在门外，致使涉法新闻监督在司法面前普遍存在着采访渠道不畅的情形。在互联网+新媒体时代来临以后，信息渠道的多元化在一定程度上缓解了涉法新闻监督采访渠道不畅的问题，与此同时，司法在回应媒体、舆论监督方面也有了一定的改善。种种迹象表明，随着全面推进依法治国进一步深入，特别是随着司法改革的有序推进并且效果不断显现，司法对于社会监督、媒体监督和舆论监督的制度性安排会更加健全、更加完善，司法对于媒体和舆论监督也会展现更加积极、更加良性的姿态。这种状况将会为司法与新闻媒体和司法与舆论之间形成更加良好的关系创造有利的条件。

作为两元问题的另一个方面是：新闻媒体在涉法新闻监督活动中如何在积极与适度的监督之中保持对于司法应有的尊重与谦抑？这个问题在以往相当长的时间内也一直无解，因而困扰着新闻媒体，也困扰着司法机关。对于新闻媒体来说，如果要问：何谓涉法新闻监督的积极与何谓积极的涉法新闻监督？答案恐怕不言而喻，而且人人赞同。这就是对于涉法的新闻监督应该积极、积极、再积极，这其中的含义就是监督范围无禁区，采访领域无禁区，报道内容无禁区。然而，如果要问：何谓涉法新闻监督的适度与何谓适度的涉法新闻监督？答案可能迥然不同。相当多的媒体人对此命题多半不会苟同。的确，在多数媒体人眼中，对于以司法为重点的涉法新闻监督，多年来始终监督不足，采访受限、报道受限，造成监督疲弱。在这种情况下何谈新闻监督的适度？其实，在积极与适度的监督之中保持新闻媒体对于司法应有的尊重与谦抑，是法治社会对新闻传媒的基本要求，也是对于司法机关独立行使审判权以保证依法独立审判的必要保障。然而多年来，新闻媒体在涉法新闻监督活动中普遍缺乏总体把握积极与适度监督以达到相对平衡的意识，他们在监督方面时而积极不足、时而积极有余，而在适度监督上就总体而言，始终没有建立意识，更没有形成状态；在对于司法保持应有的尊重与谦抑的问题上，更是无从谈起。不少新闻媒体在涉法新闻监督报道中习惯于过度同情受害一方或弱势一方，习惯于站在受害一方立场上指责公安司法机关以体现媒体仗义执言，习惯于选择事实、拼接事实甚至扭曲事实以实现理想的报道效果，习惯于挑动受众对于司法机关的怀疑和不满情绪以煽起舆论热潮，习惯于主观地为案件定性甚至在定罪量刑方面说三道四……所有这些都构成了“媒体审判”的基本要素，而且屡屡在涉法新闻监督当中重现。这种“媒体审判”给审判机关造成相当大的舆论压力，也屡屡对案件审判定性和量刑形成干扰。在全面推进依法治国的语境下，实现新闻媒体和社会舆论与司法之间的良性关系是一件越发迫切和日渐重要的舆论工程，这既是为司法机关依法独立行使审判权以保证实现“看得见的正义”而构建良好舆论环境的客观需要，也是保证涉法新闻监督健康有序持续发展的必然要求。为此，在新闻媒体方面，特别是法治传媒，在新闻媒体人中尽快建立并且不断增强依法从事新闻媒体相关业务活动的意识十分迫切；特别是在涉法新闻监督等新闻采编活动中，建立积极适度从事涉法新闻监督的职业意识，养成对于司法保持应有的尊重与谦抑的职业习惯，在每一件涉法新闻监督活动当中，以良性的职业行为严格审慎地为实现广大受众“看得见的正义”从事调查、采写和报道工作，为新闻媒体（舆论）与司法之间形成良性关系创造现实条件。

三是以如何发挥新闻媒体特别是法治传媒影响力和引导力为课题，对于进一步改善当前涉法新闻监督舆论环境和媒体环境进行深入思考和探索。自从20世纪80年代涉法新闻监督活动萌生以来，新闻媒体，特别是法治传媒一直以骨干和中坚的力量推动和主导着这项以维护社会公平正义为主旨的新闻监督活动。然而，进入互联网+新媒体时代以后，这种状况渐渐发生变化。特别是自2010年以来，新闻媒体（包括法治传媒）在涉法新闻监督活动当中的骨干和中坚作用，正在越来越多地被互联网+自媒体取代，越来越多的涉法舆论突发事件在客观上发挥了涉法新闻监督的作用，而在这些涉法舆论突发事件发生、发酵和渐渐平息的过程当中，舆论态势日益复杂，各种声音互相交织，各种力量交替作用，非理性和非法治的因素混杂在复杂异常的舆论场上，每每被火热的情绪所绑架的广大受众时常陷于焦躁、困惑、失望和无助之中……在这种舆论环境和媒体环境下，涉法新闻监督活动怎样向健康、理性和有序的方向发展，的确是新闻媒体（特别是法治传媒）无法回避的课题。

首先，新闻媒体如何在互联网＋新媒体时代重新找回自身在涉法新闻监督活动当中的主流地位，最大可能地继续发挥主导和中坚的作用。进入21世纪以来，多数涉法新闻监督的典型案例与网上涉法舆论突发事件和一个时期集中、突出的网上舆论高度重合。从某种意义上说，以往每每以新闻媒体（特别是法治传媒）的调查性报道为核心内容的涉法新闻监督活动已在相当大的程度上为舆论突发事件和网上舆情所替代了。也就是说，新闻媒体（包括法治传媒）在涉法新闻监督的舞台上，已渐渐从中心被移到边缘。尽管互联网＋新媒体时代媒体环境和舆论环境的变化和成因有着一定的客观性和规律性，因而涉法新闻监督活动呈现的以网上舆论突发事件和网上集中突出舆论所替代的特性也有着某种必然性；但是，这并不能排斥和否认新闻媒体（尤其是法治传媒）在涉法新闻监督活动中可以而且应当继续发挥重要和能动的作用，甚至重新担当起涉法新闻监督活动中的骨干和中坚角色。关键问题是，新闻媒体，特别是主流新闻媒体，包括法治传媒，要树立并且不断增强作为涉法新闻监督活动骨干和中坚角色的责任意识和担当意识。涉法新闻监督是新闻媒体的神圣责任，在我国全面推进依法治国的进程中，新闻媒体严格有效的涉法新闻监督仍然是不可或缺的重要监督元素，这是新闻媒体不可推卸的社会责任。应当辩证看待涉法新闻监督典型案例呈现出网上舆论突发事件和网上集中突出舆论特点这一现象，虽然网上舆论突发事件和网上集中突出舆论可以起到涉法新闻监督的作用，但是网上舆论突发事件就是网上舆论突发事件，网上集中突出舆论也就是网上集中突出舆论，严格来讲，这两类舆论活动并不能根本替代法治传媒积极主动的涉法新闻监督活动；网上突发事件相关方面和广大网民，也不能替代新闻媒体（尤其是主流新闻媒体和法治传媒）行使自身承担的涉法新闻监督职责。从另外一个意义上说，既然涉法新闻监督方面的内容与网上舆论高度重合，既然互联网上舆论受众对于涉法新闻监督方面的内容表现出高度集中、高度持续的关心和关注，既然涉法新闻监督方面的内容呈现出如此巨大的影响力，那么，新闻媒体（尤其是主流新闻媒体和法治传媒）更应当从保持和加大媒体传播力和影响力的角度上，更加主动、更加自觉、更加有效地在涉法新闻监督领域占据报道、舆论和传播的制高点，当仁不让地努力找回昔日在涉法新闻监督活动方面的主流地位，当仁不让地努力承担在涉法新闻监督活动方面的骨干和中坚角色，当仁不让地努力通过媒体融合方面的改革创新在传播上跟上互联网 + 新媒体时代的节奏，在涉法新闻监督活动的舞台上重新绽放异彩。

其次，在涉法新闻监督方面的理性导向和舆论引导方面，新闻媒体，特别是主流新闻媒体和法治传媒，如何积极发挥传媒影响力和引导力，以舆论引导舆论，以传播影响传播，改变一个时期以来网上网下舆论场上涉法新闻监督内容方面非理性杂声噪声不断、谣言谣传盛行和受众屡屡被情绪绑架的现状。

在一段时间内，涉法领域时常处于被怀疑、被攻击、被诟病的境地，涉法新闻监督也始终身陷于以怀疑、批评和置疑所构成的舆论环境中，在进入互联网 + 新媒体时代以后，这种状况更加严重。尽管就中国现阶段法治状况而言，无论公安、检察，还是司法机关都处于稳步推进改革时期，整个执法体系和司法审判机制正在不断改进、完善之中，整体执法水准和司法裁判水平也都在稳步提升；但是，以互联网上舆论场为主导所构成的舆论态势并没有根本的改变。在这种情况下，新闻媒体，特别是包括法治传媒在内的主流新闻媒体在涉法领域的舆论场上，影响力、传播力和对负面舆论的引导力显得力不从心。当重大涉法突发事件和重大涉法负面舆情出现时，往往在谣言、谣传四处游走之时，既难以做到始终以清醒理性的态度影响受众，更无法做到及时澄清谣言谣传、斩断虚假新闻的翅膀；当突出的负面舆论占据网上舆论场时，当网上舆论受众暂时为负面情绪所绑架时，来自新闻媒体，特别是包括法治传媒在内的主流新闻媒体的富于法治精神、富于法治辨别力、富于法治理性法治定力的声音也往往特别缺乏；当负面舆论处于持续阶段、网上受众猜测不断，舆情处于胶着难解局面之时，新闻媒体人，包括法治传媒人在内的主流新闻媒体人往往也处在等待、观望，甚至猜测不断的受众队伍中……追根溯源，以法治信仰为核心的法治精神定力不足，以法治判断力为核心的新闻预见力不足，以法治舆论引导力为核心的媒体影响力不足，是导致上述种种现象的根本原因。为此，亟须为新闻媒体人，特别是包括法治传媒人在内的主流新闻媒体人补法治精神之钙、补法治信仰之钙，必须使新闻媒体人在面对种种涉法突发舆情时具备法治定力；亟须为新闻媒体人，特别是包括法治传媒人在内的主流新闻媒体人开法治判断力之悟、开法治预见力之悟，必须使新闻媒体人在直面各色的涉法突发事件时具备法治判断力，提升新闻预见力；亟须为新闻媒体人，特别是包括法治传媒人在内的主流新闻媒体人苦练媒体影响力之功，必须使新闻媒体人在纷繁复杂的涉法舆论场上，耳聪目明、气定神闲，善于把握时机，敢于发声、善于发声，以日益强化的法治定力、不断增强的法治判断力和逐渐提升的媒体影响力，将网上网下涉法舆论场上的主动权牢牢握在手中，为全面推进依法治国，为司法改革稳步有序推进创造良好的舆论环境。

第七章　突发性事件的舆论角力

对于新闻传媒人来说，突发性事件具有一种特别的意义。无论是灾难降临，还是战争爆发；也无论是事故发生，还是疫情出现……突发性事件意味着重大变故的发生，意味着未来的分分秒秒都可能有令人难料的惊人情况出现，意味着将至的时时刻刻都可能震惊世界……这种时刻，是职业新闻人梦寐以求的机会，它维系着新闻人的使命，寄予着新闻人实现职业理想的期待。因此，在新闻人的职业生命中，突发性事件发生的那一瞬间意味着实现使命的时候到了。

涉法领域，是突发性事件迭出的地带。自20世纪80年代法治传媒伴随着中国法制重建诞生以来，涉法突发性事件就未曾终止过。每个年代都有其特有的风霜雨雪，每个年代都有其难忘的典型事件，涉法突发性事件更是带有鲜明的时代印迹。正是与中国法治进步的足音相伴随，正是同中国社会转型相同步，涉法突发性事件如同一个记忆的链条，将40年中国社会的风风雨雨、寒暑风霜镌刻在人们的脑海中。自然，在法治传媒人的职业记忆里，那些突发性事件的印象更为深刻。

一

一系列涉法突发性事件屡屡在猝然间出现在公众视野里，那种突然性、群体性、冲突性和此伏彼起性，常常令人目瞪口呆，善良、柔弱的人们禁不住用不解、疑惧的目光望着当下的社会。

突发性事件往往是在一瞬间猝然出现在公众面前，一类是自然灾害，比如2008年5月12日14时28分4秒发生的汶川地震，一瞬间山崩地裂，69227人遇难，374640人受伤，17942人失踪，4624万人受灾……（截至2009年5月25日10时统计）；还有一类是疫情，初起时仿佛无声地走近人类，当人们意识到时已经危急不堪，比如：2002年11月16日初起于广东顺德继而在2003年蔓延于全国乃至于境外部分国家和地区的SARS（严重急性呼吸综合征，当时称为非典型肺炎），致使包括医务人员在内的多名患者死亡，引起社会恐慌（中国大陆共有病例5327例，死亡348例，康复4941例。截至2003年7月11日世界卫生组织统计）……

涉法突发性事件与上述两类事件不同，既不似地震那般山崩地裂，以瞬间的灾难毁灭人们的生命财产；也不像SARS那样静悄悄地蔓延，在人类尚不觉察之间就将病毒散发开来……涉法突发性事件似乎复杂得多，类型多样，内因各具，既有事件爆发于瞬间的突然，也有由各自内因导引矛盾积聚多时的沉寂。多年来，一系列涉法突发性事件屡屡在猝然间出现在公众视野里：

涉法突发性事件标本一——瓮安事件。

2008年注定是中国的多事之秋，汶川地震刚刚过去40天，6月22日的那个凌晨，在与四川相邻的贵州省瓮安县有一个初二女学生溺水身亡……正是这个名叫李树芬的初二女生的死亡事件，成为6天后发生的瓮安事件的导火索。

在发现李树芬溺水身亡至6月28日发生瓮安事件之间的6天里，当地公安机关应死者家属要求进行了两次尸检，结果相同：排除了他杀（特别是奸杀）的可能，李树芬属于自杀。在这期间，死者家属还与个别民警发生肢体冲突并被关押。与此同时，一些有关李树芬之死真相的流言在当地不胫而走……

6月28日下午，瓮安县。大堰桥头的围观群众买了一块白布，现场签名写字制作成横幅，让两个学生在前面举着，从西门河边上出发，到县政府请愿。一路上陆续有人加入，等到了瓮安县政府门前时，已由最初的十几个人增加到上千人。当天是周六，县政府无人办公。也许是一种巧合，同日下午全国解决信访突出问题电视电话会议正在举行，瓮安县委书记王勤等正在分会场参加会议。从16时许至20时左右，没有一个领导出面与请愿群众对话。此时请愿群众加上现场围观者已达上万人。公安民警在现场拉起警戒线，而且不时与请愿群众发生肢体冲突。从 20 时 10 分左右开始，部分冲动的群众突破警戒线冲进县政府打砸抢烧。当时集结待命的公安民警和武警有 200 多名，但没有组织有效的处置，致使打砸抢烧愈演愈烈，至 23 时，与县政府相邻的县委办公楼被点燃，这座木结构的建筑很快被完全烧毁……据有关部门统计，瓮安事件中，直接参与打砸抢烧的人员超过 300 人，现场围观群众在 2 万人以上，事件持续 7 个小时以上。

在这一事件中，瓮安县县委、县政府、县公安局、县民政局、县财政局等被烧毁办公室 160 多间，被烧毁警车等交通工具 42 辆，150 多人不同程度受伤，造成直接经济损失 1600 多万元……

瓮安事件平息以后，经过公安机关缜密侦查，涉案犯罪嫌疑人员被悉数抓获。据权威人士介绍，截至 7 月 12 日，公安机关已查获瓮安“6・28”事件涉案人员 217 人，查清涉案人员 355 人，其中黑恶势力成员 90 人。已刑事拘留 100 人，其中黑恶势力成员 39 人。对一些在逃涉案犯罪嫌疑人正在组织追捕。7 月 21 日凌晨 3 时，经过缜密侦查，在海口市龙珠新村，公安人员将瓮安县“6・28”事件主要犯罪嫌疑人熊教勋（别名熊卫国，男，38 岁，贵州瓮安县人）抓获。

在瓮安事件中严重失职渎职的领导干部被问责。7 月 3 日，中共贵州省委在贵阳市召开瓮安“6・28”事件阶段性处置情况汇报会，决定严查彻究在此次事件中严重失职渎职的干部特别是领导干部的责任，建议免去瓮安县委常委、政法委书记、县公安局政委罗来平和县公安局党委书记、局长申贵荣的职务。同时，要求纪检监察部门按照《中国共产党纪律处分条例》查究瓮安县委、县政府主要领导和有关领导的责任。根据《中国共产党纪律处分条例》之规定，8 月 21 日经黔南州委常委会决定，并报贵州省委常委会批准（8 月 29 日），给予王勤撤销黔南州第九届州委委员，瓮安县县委书记、常委、委员，瓮安县人民武装部党委第一书记等职务的处分，职级由正县级降为副县级；给予王海平撤销黔南州第九届州委委员，瓮安县委副书记、常委、委员职务处分，职级由正县级降为副县级的处分。12月16日下午，中共黔南州九届六次全委（扩大）会表决通过了追认给予王勤、王海平撤销党内职务处分的决定。决定称，在2008年瓮安县发生“6·28”事件处置过程中，该县原县委书记王勤，县委副书记、县长王海平处置不当，存在工作失职行为。

有关专家认为，无论从事件参与人数、持续时间、冲突剧烈程度还是造成的影响看，瓮安事件都是近年来中国群体性事件的“标本性事件”。

作为涉法突发性事件的标本，瓮安事件具备了一系列同类事件所共同具有的典型要素：一是以死亡事件所构成的导火索，死亡是人类悲剧类型中的首类，从悲情成分上说，人的屈死冤死能够引起人们的普遍同情，抬棺闹事之所以屡屡在涉法突发性事件当中出现，正是缘于死亡这个特殊符号所具有的强烈煽动作用；从悬疑角度上看，人之非正常死亡的背后，往往充满悬疑，而揭开真相的过程却险阻重重。这种悬疑，既让死者家属更加令人同情，又为阴谋论和谣言说等提供了无限的空间，成为街头舆论反复发酵的催化剂，也成为更多人卷入突发性事件的温床。二是事件发生地经济欠发达，社会治安秩序混乱，法治基础薄弱。贵州瓮安以磷矿闻名省内，近年来经济发展迅猛，但仍属于基础相对薄弱、经济总体落后的地区，正处于经济快速发展，各种矛盾不断积聚的社会转型阶段。当地黑恶势力团伙众多，有“玉山帮”“青龙帮”“斧头帮”“菜刀帮”等大大小小十多个黑帮组织。黑帮为患的背后，折射出公安机关办案不力，甚至有少数公安败类为涉黑团伙撑腰的严重问题。瓮安治安混乱全省闻名，杀人案多、爆炸案多，当地居民人心惶惶。自2007年以来，瓮安县已发生多起中学生非正常死亡事件，然而没有一起案件被侦破。2007年12月，草桥中学女生付某鲜就在距家不足200米的地方被奸杀，凶手长期逍遥法外，群众对此强烈不满。三是各种矛盾累积，民怨积聚，如同遍地干柴，一点火星即可燃起冲天大火。在瓮安经济快速发展过程中，各种矛盾引起的摩擦导致民众之间冲突不断，民怨甚多，加之地方政府应对不力，政府与民众之间关系紧张，民众对政府失去信任。四是政府社会治理能力不足，应对突发极端事件的决断力和处置能力都非常欠缺。在瓮安事件前期和事件爆发当日，当地党委、政府和公安机关应对处置不力，失去了解决和消弭事件的一系列良机，终于酿成大患。

涉法突发性事件标本二——厦门 PX（对二甲苯）项目事件。

2006 年 11 月，美丽的滨海城市鹭岛——厦门市，一个由境外引进的大型化工项目开工了。这就是 PX（对二甲苯）化工项目，此项目号称厦门"有史以来最大的工业项目"。工业项目开工，从来都是喜事，何况是大型引进工业项目呢！然而，就是这个项目在几个月后引起了一波又一波舆论事件，而且引起国内外普遍关注，进而产生一系列连锁反应。

厦门 PX（对二甲苯）项目由台资企业腾龙芳烃（厦门）有限公司投资，计划在海沧区兴建年产 80 万吨对二甲苯（PX）的化工厂，项目投资 108 亿元人民币，每年工业产值 800 亿元人民币。腾龙芳烃（厦门）有限公司由富能控股有限公司和华利财务有限公司共同组建。厂址设在厦门市海沧投资区的南部工业园区。此项目被纳入中国"十一五"对二甲苯产业规划。

在以后相当长的时间内，在诸多国人眼中，PX（对二甲苯）被视为洪水猛兽。因此，在这里有必要对其作一介绍。PX 是英文 P-Xylene 的简写，其中文名是 1，4- 二甲苯（对二甲苯）。PX(对二甲苯）以液态存在、无色透明、气味芬芳，属于芳烃的一种，是化工生产中非常重要的原料之一，用它可生产精对苯二甲酸（PTA）或对苯二甲酸二甲酯（DMT），PTA 或 DMT 再和乙二醇反应生成聚对苯二甲酸乙二醇酯（PET），即聚酯，进一步加工纺丝，生产涤纶纤维和轮胎工业用聚酯帘布。PET 树脂还可制成聚酯瓶、聚酯膜、塑料合金及其他工业元件等。除此之外，PX（对二甲苯）在医药上也有用途。根据《全球化学品统一分类和标签制度》和《危险化学品名录》，在包括美国、澳大利亚在内的很多西方国家，PX（对二甲苯）都不属于"危险化学品"。欧盟把 PX（对二甲苯）列为"有害品"，原因是当人体吸入过量 PX 时，其对眼睛及上呼吸道有刺激作用，可能出现急性中毒反应。

开始时一切顺利，2005 年 7 月，PX（对二甲苯）项目通过国家环保总局的环评报告审查。第二年7月，获得国家发改委核准，并于当年11月正式开工，计划2008年12月完工投产。然而，这种一切顺利的势头并没有持续多久就遇到日益增强的阻力。其最初的迹象便是：这一项目自立项以来，渐渐遭到越来越多人士的质疑。因为厦门PX（对二甲苯）项目中心地区距离国家级风景名胜区鼓浪屿只有7公里，距离拥有5000名学生（大部分为寄宿生）的厦门外国语学校和北师大厦门海沧附属学校仅4公里。不仅如此，距项目5公里半径范围内的海沧区人口超过10万，而居民区距厂区最近处不足1.5公里。再往远一点看，在距项目10公里半径范围内，覆盖了大部分九龙江河口区，占整个厦门西海域及厦门本岛的1/5。更令人不安的是，项目的专用码头，就在厦门海洋珍稀物种国家级自然保护区，这一保护区的珍稀物种包括中华白海豚、白鹭、文昌鱼……

反对的声浪初起于2007年初，厦门大学中国科学院院士赵玉芬发现了厦门PX（对二甲苯）化工项目的存在，依靠深厚的化学素养和环保知识功底，她意识到，作为危险化工原料的PX（对二甲苯）在距离主城区如此之近的海沧，如此大规模地生产，将会直接影响到厦门的生态环境。她的同事、厦门大学环境学院教授袁东星为此专门收集和研究了国内外资料，更加意识到事态的严重性。当年3月，在全国“两会”上，赵玉芬等105名全国政协委员联名签署提案，建议厦门PX（对二甲苯）项目迁址。此举，引起了媒体和民众的强烈关注。

此后，随着工程的推进，更多的信息通过媒体、网络等渠道披露出来。5月下旬，本来对厦门海沧PX（对二甲苯）化工项目一无所知的厦门市民陆续接到了一条短信，内容是：“翔鹭集团合资已在海沧区动工投资（苯）项目，这种剧毒化工品一旦生产，意味着厦门全岛放了一颗原子弹，厦门人民以后的生活将在白血病、畸形儿中度过。我们要生活、我们要健康！国际组织规定这类项目要在距离城市100公里以外开发，我们厦门距此项目才16公里啊！为了我们的子孙后代……见短信后群发给厦门所有朋友！”同样的内容在厦门人经常浏览的论坛和博客中也屡屡出现。就这样，“PX（对二甲苯）”这个陌生的字眼在短时间内就成为厦门市街头巷尾热议的话题。在舆论的鼓动之下，一些厦门市民准备以多种方式表达对 PX（对二甲苯）项目的抵制。

厦门市政府有关方面开始了舆论上的应对。2007 年 5 月 28 日，厦门市环保局局长以答记者问的形式在《厦门日报》上解答了关于 PX（对二甲苯）项目的环保问题。次日，负责 PX（对二甲苯）项目的腾龙芳烃（厦门）有限公司总经理林英宗博士在《厦门晚报》上同样以答记者问的形式，解释了 PX（对二甲苯）工厂生产相关环保等方面的一些科学知识问题。

然而，这两篇报道如同在浩瀚大海里滴进少量的染料，很快就稀释得无影无踪。而民间反对 PX（对二甲苯）的声浪却在暗中持续高涨，并且在 6 月 1 日至 2 日达到高潮，形成“PX 风波”。那两天，部分厦门市民以集体“散步”的形式走上街头，继而聚集在厦门市政府门前表达对 PX（对二甲苯）落户当地的反对意见。

6 月 7 日，时任国家环保总局副局长潘岳宣布，将对厦门市全区域进行规划环评，包括 PX（对二甲苯）项目在内的重化工项目都将根据规划环评的结果予以重新考量。12 月 5 日，国家环保总局公布环评报告，结论为：厦门市海沧南部空间狭小，区域空间布局存在冲突，厦门市在海沧南部的规划应该在“石化工业区”和“城市次中心”之间确定一个首要的发展方向。

这时，厦门市政府进行了两次关键的民意沟通。12 月 13 日、14 日，厦门市政府就 PX（对二甲苯）项目先后召开两场市民座谈会，多数市民代表在发言中均表示反对建设 PX（对二甲苯）项目。

12 月 16 日，福建省政府针对厦门 PX（对二甲苯）项目问题召开专项会议，最终决定迁建 PX 项目。最终，这一项目落户漳州漳浦的古雷港开发区。

2009 年 1 月 20 日，国家环保部正式批复翔鹭集团的 PX（对二甲苯）和 PTA（精对苯二甲酸）两个项目，项目已确认落户与厦门相隔近百公里的漳州古雷半岛。

至此，厦门“PX（对二甲苯）”风波尘埃落定。

尽管没有醒目的横幅和浪潮一般的口号，尽管没有防暴警察与愤怒市民间剑拔弩张的对峙，当然更没有冲击市政府的人群和火烧办公楼的极端行为……但是，厦门“PX（对二甲苯）”风波仍然造成了相当大的影响，引起了国内外的广泛关注，并且可能以某种标志性的符号进入历史的档案馆。

厦门“PX（对二甲苯）”风波具备了几个不容忽视的特征，成为记录、研究同一时期中国社会问题的典型性事件。这些特征是：（1）环境问题已经成为最为突出的社会问题，广大民众为其焦虑，并且提出一系列诉求；一旦应对处置不当，可能成为引发严重社会突发性事件的导火索。自20世纪80年代以来，经过经济持续高速增长，环境问题也持续累积，逐渐成为日益突出日趋尖锐的社会问题。伴随着水质、空气、土壤等方面污染问题日渐突出，民众的环境意识逐渐觉醒，以环境方面问题为抗议主题和诉求目标的群体性活动不断增多，而且渐渐成为民众与政府间矛盾的主流。厦门PX（对二甲苯）事件便是这类群体性事件的典型代表。（2）舆论成为动员和组织民众的有效手段，特别是互联网手段的运用，其功效不可忽视。在厦门PX（对二甲苯）事件酝酿、发酵和爆发的过程中，舆论如同影子一般，一直伴随着整个事件。而起到关键作用的是舆论的两波浪潮。在事件酝酿初期，厦门大学赵玉芬院士和她的同事袁东星教授发现PX（对二甲苯）项目问题苗头并通过研究论证，进而发展为105名政协委员联署的建议厦门PX（对二甲苯）项目迁址的提案，引起媒体和舆论的强烈关注。这是厦门PX（对二甲苯）事件初期舆论的第一波浪潮。在事件中期的5月下旬，一条短信陆续发到厦门市民的手机上，内容是：“翔鹭集团合资已在海沧区动工投资（苯）项目，这种剧毒化工品一旦生产，意味着厦门全岛放了一颗原子弹，厦门人民以后的生活将在白血病、畸形儿中度过。我们要生活、我们要健康！国际组织规定这类项目要在距离城市100公里以外开发，我们厦门距此项目才16公里啊！为了我们的子孙后代……见短信后群发给厦门所有朋友！”显然，这条短信内容极具鼓动性和煽动性。而同样的内容在厦门人经常浏览的论坛和博客中也屡屡出现。这轮以短信、论坛、博客等为主要媒介的信息传播，对于组织厦门市民后来的群体性抗议活动起到了关键的组织发动作用。这就是厦门PX（对二甲苯）事件的第二波舆论潮。这两波舆论潮各具特点，在厦门PX（对二甲苯）事件的不同阶段起到了非常重要的推动作用，值得关注和研究。（3）在应对涉法突发性事件中学会了解、沟通民意，让政府决策过程更加透明、更加科学，这是现代法治政府的基本特征之一。与瓮安事件相比，厦门PX（对二甲苯）事件在整体上是一派和平的气象，尽管从本质上一样是群体性聚集活动，一样是向政府表达强烈的民意和诉求。在应对这一事件的过程中，厦门市政府以及有关方面比较好地体现了充分尊重民意，以有效沟通和互动作为政府和市民之间的桥梁，让政府决策过程更加透明、更加科学，努力体现现代法治政府的职能和形象。在这里，厦门市政府在沟通和互动方面的努力分为三个步骤：第一个步骤是通过新闻媒体对PX（对二甲苯）进行说明。5月28日，在市民群体聚集发生之前，由厦门市环保局局长以答记者问的形式在《厦门日报》上解答了关于PX（对二甲苯）项目的环保问题。第二个步骤是5月30日，也是在市民群体性聚集发生之前，由厦门市政府常务副市长丁国炎在新闻发布会上宣布，厦门市政府决定缓建PX化工项目，市政府已委托新的权威环评机构在原先的基础上扩大环评范围，进行整个化工区区域性的规划环评。同时，启动“公众参与”程序，广开短信、电话、传真、电子邮件、来信等渠道，充分倾听市民意见。第三个步骤是12月13日、14日，在市民群体性聚集活动发生数月之后，厦门市政府就PX（对二甲苯）项目先后召开两场市民座谈会，倾听民意。值得特别说明的是，国家环保总局在事件过程中发挥了突出作用，先是于6月7日，也就是厦门市市民聚集活动发生之后，国家环保总局副局长潘岳宣布，将对厦门市全区域进行规划环评，包括PX（对二甲苯）项目在内的重化工项目都将根据规划环评的结果予以重新考量；很明显，这是就厦门PX（对二甲苯）事件向全国乃至世界发出一个权威的信号，这在社会舆论上产生的影响不言而喻。12月5日，国家环保总局公布环评报告，结论为：厦门市海沧南部空间狭小，区域空间布局存在冲突，厦门市在海沧南部的规划应该在“石化工业区”和“城市次中心”之间确定一个首要的发展方向。应该说，这是为厦门 PX（对二甲苯）事件作出权威定性，并为解决事件指出明确方向。最终，福建省政府决定将 PX（对二甲苯）项目迁至与厦门相隔近百公里的漳州古雷半岛。为厦门 PX（对二甲苯）事件画上一个句号。

涉法突发性事件标本三——强制拆迁。

很难为强制拆迁引起的涉法突发性事件选择一个标本性案例，这些年来因各种建设开发在各地引发的强制拆迁事件是如此之多，可谓此伏彼起多如牛毛，其过程起伏跌宕一波三折，特别是由极端性突发性强制拆迁事件所展现的刀光剑影、血火交织乃至惨不忍睹的结局……在这里可以将影响极大的后果极端的事件发生地列出一串，可以将在强制拆迁事件中遭受极端之祸的人名列出一串，也可以将强制拆迁事件相关报道的媒体列出一串，却很难将其中哪一件列为强拆事件中的标本性事件。也许在这里可以尝试着将强制拆迁突发性事件中所具有的共性总结出来，并加以分析，以此作为强制拆迁突发性事件总体类型的标本。

从时间上看，突发性强制拆迁事件集中发生在中国经济建设高速发展、扩张阶段，即从 20 世纪 90 年代起至新世纪以来的 20 年间，其中又以 2000 年以来所发生的更为密集、更为极端，也更为社会各界所关注；从事件发生地域看，尽管分布广，但一些地域所发生的极端性强拆事件频频见诸媒体和网络，因而具有极高的知名度，诸如：山东、四川、江苏、浙江、广东等，均在强制拆迁极端事件的档案里被屡屡载入；从遭到强拆的建筑性质上看，虽然有楼房有平屋，外形各色各样，价值高低不等，但房主多为当地著名的“钉子户”，在被强拆的房产中有一部分为合法建筑，也有相当一部分为违法建筑；从突发性强拆事件的结果上看，既然作为突发性强拆事件被见诸媒体和网络，其结果便相当极端、相当惨烈，一类是被强拆的当事者以自焚等极端行为伤害自身，以自绝生命为一起起强拆事件做极端性的了结；另一类则是被强拆的当事者以极端破坏性手段阻碍拆迁并造成恶果，最终被绳之以法。从社会影响上看，几乎每一起极端的强拆事件都引起媒体和互联网上舆论的强烈关注，无一例外地成为当时突出的舆论事件，而且往往舆论都一致地站在被强拆且最后沦落到异常惨烈下场的一方；而强拆一方，无论有无公安或司法机关协同执行强拆，都一律受到新闻舆论和社会舆论的强烈谴责。这种高度一致且不断重复的舆论特征，与一面是饱含同情的眼泪和一面是疾言厉色谴责的舆论和声，成为这个时期中国经济与社会的一个剪影。

在回顾和分析那些极端性强制拆迁事件时，一些共性的问题非常突出，一是处于强制拆迁最前端的基层政府，其形象、做法与法治政府的定位和要求相去甚远。尽管往往是一两个基层政府工作人员最后为造成极端事件的后果承担责任，但是，这一系列极端性强制拆迁事件对于中国政府形象所造成的严重伤害，绝不是处分一些基层政府工作人员所能挽回得了的。二是基层法治部门的社会形象不佳。一些地方党委和政府强令基层法治部门（主要是公安、法院等部门）承担一些非法治职能的事务，特别是强制他们在强拆事务当中冲在前面，甚至违反法定程序动用公安、司法手段推动强拆，一旦酿成极端性突发强制拆迁事件，就造成国家法治形象整体性破坏，在国内外影响极坏。三是媒体和互联网上的舆论，在报道和评价一起起突发性强拆事件时，往往都被悲情所蒙蔽，为情绪所绑架，在对事件整体事实的调查和叙述上，将复杂的事件背景和过程简单化，在对事件主要是非的分析、判断上，在对相关主要事实法律性质和法律关系的分析、定性上，往往与法治思维相异，与法治标准和尺度相悖。这种弥漫着滔滔悲情的舆论影响着众多受众的认知和判断，也往往使得相关部门在处理强拆事件的后续工作中倍感艰辛。

多年以后，当中国经济社会转型已经基本完成而且进入更高发展阶段的时候，我们再回望中国经济发展与社会转型最为关键的时期所频频发生的包括极端性强制拆迁事件在内的诸多涉法突发性事件，我们已经可以比较冷静、比较客观、比较全面地进行分析和判断了。应当特别说明的是，在同一时期还有其他一些涉法突发性事件的种类和特征难以尽数，比如：涉法涉诉类突发群体性聚集事件，即以群体性聚集为特征，以向司法机关施加压力为目的的涉法突发性事件，自 20 世纪 90 年代以来，在不少地方屡屡发生；还有以矿难、输油管爆燃等为代表的重特大安全事故，多年来此起彼伏，时常引起社会舆论的强烈关注，如此等等。

美国政治学家塞缪尔·亨廷顿在其名著《变化社会中的政治秩序》一书中认为："一个高度传统化的社会和一个已经实现了现代化的社会，其社会运行是稳定而有序的，而一个处在社会急剧变动、社会体制转轨的现代化之中的社会，往往充满着各种社会冲突和动荡。"自 20 世纪 80 年代以来的四十年，中国社会恰恰处于"社会急剧变动和社会体制转轨的现代化之中的社会"，正是"充满着各种社会冲突和动荡"。那些形形色色的涉法突发性事件，无论是瓮安事件类型，还是厦门 PX（对二甲苯）事件类型，抑或是极端性强制拆迁事件类型，或者是涉法涉诉突发群体性聚集事件等类型，恰恰都是各种社会冲突和动荡的释放和表现。

每一起涉法突发性事件，几乎都百分百地成为突出的舆论事件，而且两者必定相互作用。在互联网 + 新媒体时代，这个不是定律的定律提出了一系列课题。

当一起涉法突发性事件，于某个时刻在地域的某个点上突然爆裂的时候，便迅速在网上网下引起广泛关注，继而掀起一波又一波舆论浪潮。这一股股舆论浪潮与突发性事件本身交互作用，致使事件本身被不断放大，而舆论浪潮也持续发酵，并且为同类事件相继发生播撒下种子。在一段时间内，这几乎成为一种规律。

从某种意义上说，在每一起涉法突发性事件的背后，都存在着一场舆论角力。当我们回顾、分析乃至剖析一起起涉法突发性事件时，会发现这样一些值得关注和研究的共同点：

一是涉法突发性事件在成为舆论事件被广泛关注并持续发酵的过程中，涉法性往往被有意无意地忽略掉，在这一点上舆论事件不同的参与方有着不同的作为。首先来看新闻媒体，新闻媒体在报道和评论涉法突发性事件时，通常对于此类突发性事件的涉法性并未给予应有的重视，只是按照传统思维方式对一起起事件的是非曲直进行判断，然后进行相应的新闻技术方面的处理；并没有运用法治思维方式和法治思维逻辑思考涉法突发性事件的内涵和实质，进而对事件的是非和因果作出正确的判断。相反，传统的道德观和是非观仍然是新闻媒体人思考和判断涉法突发性事件的思维方式，特别是一味地同情弱者，一味地为事件中悲情的结果大唱同情之曲，以至于在网络上过度煽情以博得舆论的广泛支持成为业界流行的新闻处理方式。新闻媒体处理涉法突发性事件的习惯性偏差，致使涉法突发性事件在成为舆论事件的过程中，总是被过度炒作，总是被误解和误读。再看网上微博、论坛上的众多写家和说客，他们在评论涉法突发性事件时，往往以逆向性思维和批判性思维作为武器，常常将法律原则和尺度抛在一边，语言尽管犀利无比，文字尽管洋洋洒洒，但是涉法突发性事件一旦被抽去涉法这个本质和前提，再怎么挥洒自如地分析和评论，也是离题万里地行文，总是各种文字包裹下的谬误。在如此内容之后的众多网上评论和跟帖，多数是对媒体、博主和论坛说客们的附和，无非是将媒体、博主和论坛说客们的叙述、评论成倍地放大，成倍地扩散，将饱含谬误的舆论无限地发酵。

二是涉法突发性事件中的关键性事实和细节等常常被传说、传言和谣言所混淆，离新闻事实（经过新闻记者调查、核实过的事实，下同）相去甚远，离法律事实（经过司法机关审查认定后的事实，下同）更是相距万里之遥。在互联网和移动互联网时代，信息传播速度以分秒计算，因而传说、传言和谣言传播的速度也是以分秒计算，而且它们总是走在新闻事实和法律事实的前面。就客观而言，当信息传播进入互联网和移动互联网技术条件下的秒时代，网上一部分传言、传说的存在具有一定的客观性，毕竟传播需要是客观的，如果硬性要求只有经过新闻媒体调查核实的事实才能在互联网和移动互联网上传播，既不现实，也无必要。然而，一些人（包括专业公司）专门利用信息传播秒时代的技术优势和时间差，故意制造传言、传说和谣言，为某些企业、个人的商业利益和其他利益服务，甚至将这种服务产业化。当充斥着血与火的图片、视频和过度煽情的文字强烈地冲击着网上受众的眼球时，他们或是愤怒，或是同情，或是仇恨……尽管事实屡屡被反转，甚至反转后的事实后来又被再反转……于是乎，网上受众的情绪和意见也一再反转。当网上舆论总是被失实的传说、传言和谣言所影响甚至所左右时，对于涉法突发性事件是非和真伪判断的结果可想而知，而涉法突发性事件的舆论状况也可想而知。

三是在一段时间内，相当一些地方政府在应对涉法突发性事件时，存在着应对不及时、应对不到位和应对失策的问题，特别是在现实空间的应对和网上舆论的应对上不协调、不合拍甚至完全错位。应对涉法突发性事件对地方政府来说，是个经常面对又难以应对的高难度课题。地方政府在面对突然而至的涉法事件时，最为普遍的问题是应对不及时，往往在事件初起阶段，因为思想麻痹、部门间相互推诿或者工作方式简单、粗暴等没有将矛盾和问题解决在萌芽状态，将事件消弭于无形。当矛盾激化，事件一触即发时，一些地方政府又往往不能果断决策，快刀斩乱麻，致使事件不断升级，小乱变大，大乱变炸……令地方政府更为头疼的问题是，面对日渐升级的涉法突发性事件，在现实空间的应对与互联网和移动互联网上的舆论应对上不协调、不合拍、不对路，致使现实空间的涉法突发性事件与网上舆论相互作用、相互推动，不断放大、不断发酵……

二

一个严峻的课题摆在面前：如何看待涉法突发性事件背后的舆论角力？如何应对涉法突发性事件背后的舆论角力？法治传媒在这场舆论角力中应该扮演何种角色？

涉法突发性事件持续发生并且伴随着舆论角力，是当今时代的客观现实，是经济社会持续高速发展当中积累的各种矛盾相互摩擦、相互作用的必然结果。在现今以及以后一个不太短的时期内，这种状况仍会延续，而且在某些时候和某些地方，还可能更加突出。涉法突发性事件持续发生并且伴随着舆论角力，是互联网时代舆论环境的客观写照，是各种利益群体、各种思想体系、各种观点门派在现实社会矛盾冲突爆发点上的交锋，是经济社会持续高速发展当中积累的各种矛盾在舆论形态上的折射，是互联网和移动互联网时代舆论开放性的必然状态。正像涉法突发性事件持续发生所具有的客观性和必然性一样，与其相伴随而出现乃至如影随形一般存在的舆论角力，也具有存在上的客观性和必然性，也同样具有在当下乃至今后一个不太短的时期内仍然会延续其存在状况的必然性，以及在相同时期内某些时候和某些地区仍然会更加突出的可能性。

一个非常现实又十分紧迫的问题是：必须高度重视涉法突发性事件背后舆论角力的现实性和长期性，必须准确认识涉法突发性事件背后舆论角力的客观性和规律性，必须尽快掌握应对涉法突发性事件背后舆论角力的策略和方法，必须将正确、从容地应对涉法突发性事件背后舆论角力作为有关部门和法治传媒的常态化工作。

在涉法突发性事件背后舆论角力的应对上，对于涉法突发性事件本身的应对做到及时、得当，务求马上控制进而迅速平息是前提；无论是以暴力冲突为特征的瓮安事件型，还是以表面温和为特征的厦门 PX（对二甲苯）事件型，从群体聚集的事态上尽快有效控制进而迅速平息，都是最基本的要求。在实现事态有效控制的基础上，其他措施便可以适时出手。

实际上，应对涉法突发性事件背后的舆论角力，是针对大范围的舆论环境而言的，至少是一省、数省，甚至是全国乃至是境内外。因此，应对涉法突发性事件背后的舆论角力，在战略上要有大局观，这就是：要将涉法突发性事件放到一省、数省，甚至是全国乃至是境内外的大局下来审视、来思考、来布局。在正确的战略思维导引下，相关的战术措施和手段才能有效实施。

从战术层面上说，引起涉法突发性事件群体性聚集诉求强烈的内容通常涉及几种情况：第一种是涉及案件查处，这里面可能是相关违法违纪、违法犯罪案件的查处，也可能是对于已查处、已判决案件结果不满要求复查、复审；第二种是涉及政府决策，可能是涉及社会和公众利益的工业或者建设性项目等，如厦门 PX（对二甲苯）项目；第三种是涉及群体性利益，如出租车价格调整、因建设项目等原因征地补偿等。可能还有其他一些情况，在此不一一列举。无论属于何种情况，从应对涉法突发性事件背后舆论角力的战术角度上说，事件真相如何都是影响舆论关注和舆论倾向最为重要的因素。因此，在第一时间公布、传播事件真相，抢占舆论制高点应是舆论角力战术应对的首要工作，这里有几个要点值得特别重视：一是快，力争第一时间。在以分秒计算的移动互联网时代，领先一分一秒在舆论场上所能赢得的主动性都非同小可，哪怕只是一句话的简短信息，也要在第一时间抢先发布并有效传播，不给谣言、传说以流传惑众的机会。二是信息发布、传播须准确、权威、客观、公正。一定要由权威、中立和客观的部门发布信息，特别是在涉及重大纷争和利益的问题上，应避免由纷争和利益相关方出面发布信息，以免授人以柄，给别有用心者提供机会说三道四，丧失主导舆论上的先机。三是掌握好发布、传播信息的时间节点，特别是与涉法突发性事件应对的节奏协调好，力争从始至终掌握事件应对和舆论应对的双重主动权。

在涉法突发性事件的舆论应对上，往往会遇到相对复杂的情况，比如：低层级的地方政府或有关部门，在事件应对和信息发布上出现问题或者失误，致使在事件应对和舆论场上陷于双重被动。这时，再以这一层级的地方政府或有关部门为主挽回局面已相当困难。面对此种局势，其上一级的政府或相关部门应及时出手撑住危局，以更加有力有效的措施妥善应对事件，力争变后手为先手，重新掌握主动权。与此同时，在与此事件相关舆论的应对上，应由更高层级、更加权威、更具影响力的政府和相关部门果断接手，巧妙应对，抓住影响舆论走向的关键点连续出招，逐步扭转舆论场上的被动局面。

更为复杂也更为棘手的是涉及公安、政法干警违法违纪并且引起严重后果的事件，尤其是违法违纪行为出现在依法执行公务的过程当中。在这类事件中有两种情形，一种是公安、政法干警在依法执行公务中执法依据充分、执法行为正当，并且后来经过相关部门严格调查予以证实；而另一种情况则相反，在依法执行公务中公安、政法干警执法依据和执法行为等均存在严重瑕疵甚至涉嫌严重违法违纪，并且经过相关部门严格调查予以证实。多起相关事件表明，无论属于哪种情形，在涉法突发性事件的舆论应对中都会陷于被动境地。比较普遍的情形是，在事件初起阶段，由于有干警涉嫌违法违纪的公安、政法机关往往既是引发事件的涉事单位，同时又是事件的处置机关，这就必然造成应对涉法突发性事件背后舆论角力工作中最为尴尬的公信力危机。当事关涉法突发性事件的传说、流言等在网上网下舆论场上纷扰一片、舆论受众莫衷一是的时候，来自官方的信息和观点却因为缺乏公信力而无法令舆论受众接受和相信，甚至出现官方越发布信息越被动，甚至“越描越黑”的情况……致使在应对涉法突发性事件当中出现全面被动的尴尬局面。就现代社会而言，无论是现代法治社会，还是现代信息社会，公信力都是最为基本的构成要素；无论是对于政府还是司法部门，也无论是企业还是各类社会组织，有无公信力，既是最起码的要求，也是最终极的追求。因此，在应对涉法突发性事件背后舆论角力的策略上，公信力方面的考量和设计应是最基本的元素。一旦出现涉及公安、政法民警违法违纪并且引起严重后果的事件，必须以维护、确保公安、政法机关公信力作为基本出发点，必须在第一时间采取措施，争取在涉法突发性事件和相关舆论应对方面的双重主动。首先，必须迅速改变相关公安、政法机关既是引发事件的涉事单位，同时又是事件处置机关的现状，由相关公安、政法机关的上级机关果断接手，作为涉法突发性事件的处置机关，并立即启动对涉嫌违法违纪问题的调查并公之于众。其次，在舆论应对中迅速采取一系列行动，以澄清真相为龙头，辅之以查清公安、政法民警涉嫌违法违纪问题的积极进展，并以有力的评论作为配合，以有力的组合拳连续出手，逐步挽回在涉法突发性事件舆论角力应对中的颓势。

三

面对涉法突发性事件背后的舆论角力，法治传媒如何发挥自身优势，以舆论手段引导舆论，以传媒手法影响传媒，在舆论角力中彰显影响力、传播力和引导力？

当涉法突发性事件背后的舆论角力，以互联网时代特有的方式明里暗里进行的时候，广大舆论受众除了感受到与突发性事件相伴随的震撼感和撕裂感等以外，一般来说，并不会有什么特别的感受和认知。因为，对于舆论、传媒、传播等相关的认知，广大受众主要关注的还是信息、情感和观点等内容本身，对于可能隐含在信息、观点、故事、细节等背后的什么，他们没有必要去关注去猜想，更不会去深究。然而，对于传媒人，特别是法治传媒人来说，情况则不同。

对于法治传媒人来说，涉法突发性事件相关的信息、观点以及更深一层的相关内容，是他们职业嗅觉所极为敏感的信息元素；而伴随信息传播所进行的舆论角力，也是他们职业嗅觉不可能忽略的内容。然而，从以往涉法突发性事件背后所涉及的舆论角力来看，法治传媒在其中体现的作用并不突出；在一些影响面广、网上网下舆论场杂音噪声混杂、受众反应混乱的事件当中，法治传媒在廓清事件真相，以鲜明有力的观点有效引导舆论的表现并不多，有时甚至存在表现缺位和错位的现象。

因此，在涉法突发性事件背后的舆论角力中找准自身的战略定位，充分发挥法治传媒在影响和引导舆论方面的正面作用，对法治传媒来说是个十分重要、十分紧迫的课题。应该说，在涉法突发性事件相关的舆论角力中承担传媒中坚是法治传媒当然的责任，充分发挥法治传媒自身擅长法治新闻传播的天然优势，引导传媒、引导舆论，力争抢占舆论制高点，是法治传媒的义务和职责，也是法治传媒必须承担的使命。

真相是涉法突发性事件舆论角力中影响甚至决定舆论走向的基本因素，也是决定事件最终结局的关键。法治传媒要抢占涉法突发性事件相关舆论的制高点，必须在揭示事件真相的一系列环节中占得先机。具体来说，首要环节是基本事实，这是决定事件性质的基本元素，也是舆论受众了解事件真相的开始和影响舆论受众观点形成的关键。在这个环节上，快捷、客观、权威、准确、清晰地昭示真相，是对法治传媒的基本要求。抢在第一时间，客观、准确、清晰地向广大舆论受众揭示出事件基本真相，就占得关键性的先机。在这里，基本事实纵然简单，但是决定事件性质、是非和受众关心的核心元素不可或缺。以往在涉法突发性事件舆论应对中之所以时常出现舆论场上乱纷纷、舆论受众屡受绑架的状况，往往就因为事件方面的基本事实不清，传说、流言甚至恶意制造的谣言，遮蔽了广大受众识别事件性质的双眼；而传说、流言特别是谣言一旦走到了事件真相前面，再想有力地澄清真相，困难重重，百般努力之下往往也只能事倍功半。

涉法突发性事件背后的舆论角力是个持续的过程，必须有序出手，持续发力，才能在舆论应对的各个环节上保持优势。一系列的事例说明，将事件基本真相快捷、客观、准确、清晰地揭示出来，只是占了个初步的先手。接下来在事件主要事实上的把握，更为关键。涉法突发性事件的主要事实是决定事件性质的主要根据，也是决定舆论受众价值判断的根本。在这个环节上，法治传媒能否不失时机地继续跟进，将涉法突发性事件的主要事实客观、准确、清晰地昭示于舆论场上，是决定能否继续占据舆论制高点的关键步骤。在以往的舆论应对中曾有过这样的教训，就是地方有关部门在发布了涉法突发性事件的基本事实之后，便以为万事大吉，并没有持续性地将事件的主要事实昭告于舆论场，结果给传说、流言甚至谣言留出了时间和空间，造成舆论场上的混乱和被动。因此，将涉法突发性事件主要事实不失时机地告知舆论界，从战术上说是对前一步将涉法突发性事件基本事实迅速宣示的及时跟进，这既是必要的一步，又是不可缺少的一步。说其必要，就如同武林中的连环招法，必须招招相连、步步递进才能克敌制胜，而缺少主要事实宣示这一步就意味着可能前功尽弃。这一环节的战术要求就更加明确，在叙述涉法突发性事件主要事实的过程中，一方面要客观、准确、清晰地叙述相关事实、情节和背景，另一方面要针对易被和已被误解、误读、误传的事实、情节和细节等进行必要的解析与澄清。此外，法治传媒还应紧紧围绕涉法突发性事件所涉法律的特性，在主要事实叙述当中将相关法律规定解释清楚，并且将法律关系、法律意义上的权利义务等阐释清晰。在以往涉法突发性事件舆论场的是非之辨中，是非之所以时常含混，网上舆论受众之所以时常感觉是非难辨，以至于屡屡是非颠倒，就在于常常在情理法之间错位，而其间的根本原因又在于对于法律、法规的无知和对于法律、法规的误解、误读。因此，在将涉法突发性事件主要事实阐释清楚的同时，把相关法律、法规以及相关法律关系、法律意义上的权利义务等解读清晰，从引导网上网下相关舆论的意义上说，是一件双重意义上的基础性工作。

此外，围绕涉法突发性事件相关观点的引导也十分重要。以阐发观点为主旨的评论在舆论形成、变化和相互交锋当中，历来是不可或缺的重要元素。进入互联网和移动互联网时代以后，在网上舆论场上，舆论受众阐发观点、评论观点的欲望相当强烈，与此同时于不知不觉中接受观点影响的机会也大大增加。在涉法突发性事件相关舆论的形成和变化当中，观点类元素的作用非常突出。因此，主动运用评论适时适度影响和引导涉法突发性事件的相关舆论在互联网和移动互联网时代比以往任何时候都更加必要。法治传媒应充分发挥自身在法治评论方面具有的天然优势，主动运用、善于运用并且努力做到巧妙运用评论体裁，将涉法突发性事件中关键性事实运用评论解读、分析清楚，将相关法律问题阐释、解析清晰，将某些易于被误解、误读和某些人基于阴险用心故意误传、误读甚至造谣生事的相关内容予以清晰解读和评论，努力影响和引导舆论，将主导涉法突发性事件舆论场的主动权牢牢掌握在手中。

从传统社会走向现代化，“社会急剧变动和社会体制转轨”是不能超越的发展阶段。当前我们身处其中，深刻感受着“社会急剧变动”的种种震荡，耐心承受着“社会体制转轨”的次次阵痛，正是中国走向现代化过程中必须经受的震感和痛感。经历这些，是中华民族无可回避的宿命。“充满着各种社会冲突和动荡”，恰恰是震感和痛感的根源；而涉法突发性事件频发，也恰恰是震感和痛感的表现。能够与国家、民族共同经历走向现代化历程的艰辛，是我们这一代人的幸运，能够尽我们的职业所能助力国家、民族顺利走向现代化，是我们这一辈人的使命。作为法治传媒人，唯有努力与拼搏，才是我们应然的选择！

第八章　法治生态环境与法治传媒的关系

生态一词源于古希腊文，原意为住所、栖息地，后来引申为生物在一定自然环境下生存和发展的状态，也指生物的生理特性和生活习性。随着生态学渗透到各个领域，“生态”一词涉及的范畴越来越多、范围也越来越广，并被赋予愈加丰富的内容，特别是相关概念进入社会学的领域以后，常常泛指社会领域内有关人群与相关事物的存在状态，以及它们之间和它们与周围环境之间环环相扣的关系。无论是自然环境下的植物、动物，还是社会环境下的人类和与人类生存、发展密切相关的事物，从生态的角度上探寻其意义在于，精确掌握植物、动物、人类和相关事物等存在和发展的状态，从而准确把握其存在和发展的规律，以便顺应这种规律而促进其良性的存在与发展。

正像生态的概念以及生态学的思维方式曾经被引入一个个范畴和领域一样，随着这一次次引入必然产生一系列新鲜而富有价值的研究课题，并给相关范畴和领域带来种种令人关注的变化。于是，当生态的概念与生态科学的思维方法进入法治领域的时候，又产生了一个个含义深远的词汇和命题，这就是法治生态、法治生态环境和执法生态、执法生态环境等。

从法治传媒的角度来观察和研究，法治生态环境与法治传媒是什么关系？它们之间密切相关的主要有哪些内容？在改进法治生态环境方面法治传媒的责任和使命是什么？

一

民间风俗、传统习性和思维习惯等无形的文化元素，成为影响乃至左右人们思维和行为的强大力量，也成为影响法治生态的主要因素之一。反思传统自然成为观察、研究中国法治生态的重要选项。

几千年的悠久历史和传统文化是世界四大文明古国之一的华夏和华夏文明的标志性符号，是中国面对世界其他文明所引以为自豪的资本，也是中国走向未来必须面对的文明基础。

在跨入现代法治文明之前的漫长时期，法治文明犹如一粒粒种子，播撒在前法治社会广袤的土壤里。正是在传统文明的田野里，经过时间风雨无尽地冲刷浇灌，经过岁月长河不停地流淌洗礼，才渐渐生长出伟岸的现代文明之树，并且绵延成林，渐渐成为覆盖原野的无际森林。毫无疑问，尽管法治文明之树伟岸雄健苍翠欲滴，尽管法治文明之林莽莽苍苍无边无际，但现代法治文明融合、超越传统文明的过程却注定曲折、艰难，有时甚至是倍感艰辛、倍感痛苦、备感无望的过程。西方发达国家漫长的进程是这样，中国正在经历的法治化进程也是这样。

从法治生态的角度上看，遵行法治、信守法治，是法治社会最为一般的生态法则和生态规律。然而，在中国百姓的心目中，作为引领生活和行为的自然信条，方便和习惯是千百年来承继下来的不二法则。也许这个方便和习惯的哲学源头便是中国古代先哲所崇尚的“顺其自然”吧，老子曰：“人法地，地法天，天法道，道法自然”。这里“道法自然”的“自然”是自然而然的自然。“道法自然”，即“无状之态”的自然。所谓道法自然就是“道”以自然为归，道的本性就是自然。

可以想见，在古代文人所推崇的生活方式中，归隐田野山川，日日与清风、竹林、月影、小溪相伴，在晨曦中信步于田野上放歌该是怎样的自在和洒脱。然而，在现代社会，当大工业将田园牧歌式农耕社会的生活方式彻底颠覆，从而使秩序与规则变成人们必须时时处处遵行的法则从而步入法治社会的时候，正是农耕社会沿袭下来的这种事事图方便、处处随习惯的天然习性，与遵行法治、信守法治的法治生态准则和法治生态规律构成天然的矛盾与对立，并且不时发生对抗。

城市交通最为体现现代法治的根本原则和精神，这是现代城市发展的规律使然，也是现代城市运行的必需所致。正是现代城市的无度发展，使城市规模无限扩张，车流和人流都茫茫无限，如何最大可能地保证车流、人流畅行无阻，如何最大可能地保障交通参与者的安全有序？严格遵行道路交通法规就成为所有交通参与者在道路交通活动当中的必须。

然而，百姓代代相传下来以方便和习惯为特征的生活习性和行为准则，却与上述要求天然相悖。如下现象在当下很多城市的道路上都司空见惯：

在行人一端，十字路口的红绿灯视若不见，只要三五成群便觉人多势众，就可任意穿行；在行车道上，行人任意行走，在车流间寻缝钻行，仿佛在表演一种杂技；在移动互联网时代，举着手机边看屏幕边行路，成为多数路人的当然行为，即使是车流如织之时过马路，即使机动车就在身前身后……

在机动车司机一端，“中国式过马路”的群体性行为演变为越序抢道，在许多道路上只要有 8~10 辆车以上形成候车队伍，便不断有后来车辆越序前行伺机插入行车队伍，在较为狭窄的道路上甚至逆行前插；为了越序前插，在高速公路和环线快速路上违章占用应急车道就成为家常便饭，在交通流量高峰阶段，应急车道上车流滚滚持续不断，仿佛这些应急车道早已改成正常行车道了。当方便和习惯的行事原则体现在机动车停车上，乱停车便成为必然。驾驶员停靠机动车一是图近二是图省钱，于是乎便道上、道口边、街门前，甚至行车道上，都成为机动车临时停车地点。在夜幕降临之后，违章乱停车更是到了无以复加的地步。至于学校、医院门前四周在特定时间违章停车几成公害，已是人们公认又无奈的现实。

在行人和机动车司机之外的另一端，还有一支由自行车、电动自行车、摩托车骑乘者和种种违法车辆驾驶人员等组成的违章大军。在当下城市道路交通当中有个奇特的现象，就是在机动车驾驶员和行人之外，存在着一个特殊的群体，他们几乎视道路交通法规和管理如无物，在车流人流密不透风的城市道路上，恣意行走，如同走在静寂的山林之中。这就是摩托车、电动自行车骑乘者和种种违法机动车驾驶员等所扮演的“交通勇士”，即使在城市最中心车流最密集的十字路口，他们成群结队在红灯闪亮的当口，从一个个自己选准的微小空当，飞速穿过；在一条条城市道路上，他们平日里随意抢行、逆行，在人车之间的缝隙里随时表演着飞车杂技……此外，还有日益增多的自行车车手。随着互联网共享经济概念下迅猛发展的共享单车如浪潮般涌来，各个城市里成群的行人转瞬间便成为自行车车手在道路上急速骑行。在他们眼里，除了极少数路口在极少数时候交通监管能做到严防死守迫使他们不能不在遇到红灯时无奈地下车等候以外，其他的任何路口任何红灯都不能阻止他们奋勇骑行。平日里，他们在城市的各个区域、各条道路和各个角落都活跃着，忽而是成群结队的行人，忽而是三五成群的自行车车手，无拘无束地到处游走。在他们身上，行人身上的那种“中国式过马路”所代表的集体违法无意识与机动车驾驶员们的恣意抢行相结合，成为一种全天候交通违章的“自由战士”……

与上述现象相对应的是，作为城市道路交通法规的执行者与监管者和作为城市道路交通秩序主要维护者的交通警察，对于种种群体性违法违规无意识的现状，却表现出惊人的漠视。仿佛是习以为常、见怪不怪的默许，也仿佛是万般无奈之下的无视……于是，在不少城市的道路上，道路交通警察与群体违法违规的百姓群体之间形成和平共处、互不打扰的“和谐”关系，那些违法违章者该闯红灯的自去闯红灯，该驾车抢行的自去抢行，该表演骑车穿档者则自去表演骑车穿档……而交通警察，自有他们的执法习惯和执法规则，该疏导道路疏导道路，该处理事故处理事故，一句话：该忙啥忙啥。在中国道路交通问题成堆为各方普遍诟病的当下，这种两厢共存所形成的相安无事，应该算是一种难得的境界了吧。

民众基于方便和习惯所构成的交通恶习，令中国的道路交通执法形成欲治不得、欲罢不能的尴尬境地，这种怪诞的执法生态，正是当下中国执法生态与法治生态中普遍存在的状态。

与道路交通执法的状况相类似，还有某些强大民俗对于法律以及执法构成的另一种挑战。比如，在一些少数民族聚居的地区诸如走婚制这样绵延千年的古老婚俗还在延续，这类习俗已经融入当地人们的血液，如同水和空气，世世代代人们安之若素，很难想象，能用一种法制化的强制手段在短时间内予以改变。对此，法律该说什么？此外，还有一类习俗，流行于全国范围，其蕴含的文化力量与其具有的文化影响极为巨大，同时在其背后暗含的消极作用也日益明显。在这方面，最为典型的代表就是燃放烟花爆竹。

以数千年农耕文明史和多民族为主要特征，在华夏大地上，多种多样的民间风俗和以拜祭天地、祖宗，祈求来年风调雨顺、吉祥如意，并驱赶瘟神恶鬼，以图远离灾祸、疾病等为核心的民间信仰相结合，流传并沿袭下来以过年为主要代表性符号的年节系列生活习俗。其中，以燃放烟花爆竹作为重要的信仰载体和祈福形式，在春节期间集中释放，成为沿袭数千年而不衰的风俗习惯，也是华夏民族此类风俗中最有代表性的元素。

据考证，燃放鞭炮习俗在我国已有 2000 多年的历史。对此最早的明确记载始于南北朝时期，根据《荆楚岁时记》记述：“正月一日，是三元之日也。谓之端月，鸡鸣而起，先于庭前爆竹、燃草，以辟山魈恶鬼。”[《荆楚岁时记》，记录中国古代楚地岁时节令风物故事的笔记体文集，由南北朝时期的梁宗懔所撰写。全书共 37 篇，记载了自元旦至除夕的 24 节令和时俗。] 到了唐朝，鞭炮又被人们称为“爆竿”，是将一支较长的竹竿逐节燃烧，连续发出爆破之声。《通俗编排优》记载：“古时爆竹。皆以真竹着火爆之，故唐人诗亦称爆竿。”唐朝诗人来鹄曾有这样的诗句：“新历才将半纸开，小亭犹聚爆竿灰。”[诗人来鹄，即来鹏（《全唐诗》作来鹄），豫章（今江西南昌市）人。这首题为《早春》的绝句后面还有两句：“偏憎杨柳难钤辖，又惹东风意绪来。”] 写的就是当时春节燃烧竹竿的情景。

后来，炼丹家们经过不断的化学试验，发现硝石、硫黄和木炭合在一起能引起燃烧和爆炸，于是发明了火药。有人将火药装在竹筒里燃放，声音更大，使得火烧竹竿这一古老习俗发生了根本变化。

到了宋代，民间开始用纸筒和麻茎裹火药编成串做成“编炮”（鞭炮）。北宋时，已经出现了用卷纸裹着火药的燃放物，还有单响和双响的区别，改名“爆仗”，后又改为“鞭炮”。明清两代，爆竹的种类更加繁多，燃放爆竹的时间已不限于大年初一清晨，从除夕夜即开始，至子夜零时达到高潮，俗称“迎神”。此时，无论贫富贵贱均要放爆竹，李家瑞《北平风俗类征》引《壶天录》说：“京师人烟稠密，甲于天下，富家郫购千竿爆竹，付之一炬。贫家即谋食维艰，索逋孔丞，亦必爆响数声，香焚一炷，除早年之琐琐，卜来岁之蒸蒸，此习沿类然也。”

清朝谢文翘在《教门新年词》中写道：“通宵爆竹一声声，烟火由来盛帝京，宝炬银花喧夜半，六街歌管乐升平。”这首诗形象地反映了当时北京燃放鞭炮的情景。

其后国人燃放鞭炮的习俗一直延续至今。从多年来各地以农历春节为主要当口集中燃放鞭炮的状况和趋势来看，无论是古往还是今来，此种习俗不仅未见衰微半点，而且随着人们生活水平普遍大大提升，民众燃放烟花爆竹的欲望与能力均加倍地增强。加之烟花爆竹产品花样翻新，各色新型产品迭次推出，一系列烟花产品瞬间腾空而起绽放千万束灿烂花朵可将夜空装点得璀璨多姿，更使得人们过年时宣泄吉庆之情和寄托来年美好愿景的初衷可以在一个个梦幻般的瞬间得到充分的释放。

然而，燃放烟花爆竹的多种危害日益凸显。近年来，燃放烟花爆竹对于环境的危害日渐突出，特别是对大气环境的污染，已经为越来越多、越来越精确的监测数据所证实。据环境保护部门近年来的监测数据显示：除夕夜至大年初一，国内众多城市均出现大面积、阶段性密集燃放烟花爆竹行为，空气中的污染物迅速大幅增加，直接导致空气质量下降。特别是在除夕当天19时至22时和正月初一0时至2时，很多城市的监测结果都显示此时的空气质量最差，而此时段正是鞭炮燃放最集中的时候。集中燃放烟花爆竹对我国城市环境空气质量造成了严重影响，大部分城市在集中燃放日出现空气质量超标现象。有关专家从专业角度分析认为，燃放烟花爆竹可以导致空气中PM10、PM2.5等污染物浓度显著上升，燃放活动还可以导致PM2.5中K、Ba、Pb、Cu等元素含量明显上升，而且集中燃放烟花爆竹对颗粒物小时浓度值、日均值和年均值均有一定影响。

一份分析报告指出，从化学成分的角度来分析，可以帮助人们科学地认识燃放烟花爆竹对大气环境造成污染的内在原因。烟花爆竹的化学成分大体分为四类，第一类是氧化剂，如硝酸盐类、氯酸盐类等。第二类是可燃物质，如硫黄、木炭、镁粉和赤磷。第三类是火焰着色物，如钡盐、锶盐、钠盐和铜盐。焰色来源于高温下金属离子的焰色反应，但这些重金属被人大量吸入的话，将有可能使人重金属中毒，严重的有可能致人死亡。第四类是其他特效药物，如苦味酸钾、聚氯乙烯树脂、六氯乙烷、各种油脂和硝基化合物，这些物质又会造成有机污染。为了增强声响效果，有的烟花爆竹配方中还增大氯酸钾的用量。

在引燃后的高温、高压条件下，爆竹中的物质发生一系列化学反应，放出大量的一氧化碳、二氧化硫、氮氧化物等有毒有害气体和各种金属、非金属氧化物，并产生大量的烟尘颗粒。二氧化硫进入大气层后会形成酸雨；二氧化氮会刺激人的眼、鼻、喉和肺，还会形成城市烟雾，影响可见度，并且会形成硝酸小液滴，也产生酸雨。烟花爆竹在燃放过程中产生的污染物严重污染环境空气质量，对人的呼吸道产生强烈的刺激，敏感人群会出现气喘、胸闷、咽痛、呼吸困难等不适症状，还会诱发一些慢性疾病；其中硫化物等有毒有害气体浓度高时会刺激呼吸道黏膜，伤害肺组织，引起或诱发支气管炎、气管炎、肺炎、肺气肿等疾病。

由燃放烟花爆竹所产生的噪声污染也不容忽视，据环保部门对武汉、上海、北京等10大城市春节期间的鞭炮污染情况进行监测，发现燃放鞭炮地区的噪声高达135分贝，远远超过人的听觉范围和耐受度。

此外，每年燃放烟花爆竹造成的人身伤害和引发的火灾给人们财产造成的损失，也是燃放烟花爆竹所固有的“罪状”。

伴随着人们对于燃放烟花爆竹负面作用认识上的觉醒，燃放烟花爆竹便成为一个在人们认知上非常矛盾的问题。是该放任还是该禁绝，是该限制还是该鼓励？燃放烟花爆竹究竟是利大还是弊大？自然，在这个明显属于公共领域的重大课题面前，法律难以回避。事实上，围绕着法律是否该禁限燃放烟花爆竹在很长一段时间内，一直是中国法制面临的难题。围绕着是该禁放还是该限放，在民众之间、在立法机关和执法机关之间长期争论不断，在法学界也有不同的观点。从实践的层面看，以北京为代表的280多座城市都曾经尝试着立法禁放烟花爆竹，并由此经历了一场场艰苦的法律之战。

1988年，第六届全国人大第五次会议提出加强烟花爆竹的生产和燃放安全。此后，全国共有282个城市制定了全面禁放烟花爆竹的法规。其中最有代表性的是北京市，1993年，北京市开始正式实施《禁止燃放烟花爆竹的规定》（以下简称禁令）。

禁令申明：自1993年12月1日起，北京市全面禁止燃放以及生产、运输、携带、储存、销售烟花爆竹，禁止区域为市内城八区（东城区、西城区、崇文区、宣武区、朝阳区、海淀区、丰台区、石景山区），并授权公安机关为禁放的主管机关；禁令明确了三种一般违规情况的处罚标准：（1）单位燃放烟花爆竹的，处500元以上2000元以下罚款；（2）个人燃放烟花爆竹的，处100元以上500元以下罚款；（3）携带烟花爆竹的，没收全部烟花爆竹，可以并处100元以上500元以下罚款。禁令还规定了对以下两种严重情节的处罚标准：对违反该规定生产、运输、储存、销售烟花爆竹的，由公安机关没收全部烟花爆竹和非法所得，可以并处5000元以上20000元以下罚款；个人或者单位直接责任人，违反该规定情节严重的，依照《中华人民共和国治安管理处罚条例》处以15日以下拘留；造成国家、集体、他人财产损失或者人身伤害的，依法承担经济赔偿责任；构成犯罪的，依法追究刑事责任。

禁令易颁，执行却难。后来，当一切变成了过去时，人们才逐步看清了这样一个事实：当初所有人对于燃放烟花爆竹这样一种传统民俗究竟具有多么强大的习惯力量，并没有多少真切的认识，继而对于运用法律改变这种传统民俗具有多大的可行性，更没有确切的概念。也许，当初的立法者们怀着空前坚定的决心，期待依靠一部严厉的地方法规与严明的执法相配合，就能够一举根除燃放烟花爆竹这个沿袭了2000多年的民间习俗；也许当初的地方领导和有关部门迷信着法律的威慑力，幻想着以法律的无边法力慑服民众，使其心悦诚服地放弃陋俗、拥抱文明。

然而，禁令颁行之后出现的是一个令人进退失据的尴尬局面。至今人们难以忘怀1994年农历癸酉年腊月三十（农历除夕）那一天：这天早晨，北京市的四九城格外宁静。多数的市民都知道，“上面”颁布了一个禁令，从今年春节起市内再也不能燃放鞭炮了。市民的心绪五味杂陈，他们嘀咕着：过年不放鞭炮，那年该咋过？他们在心里一遍遍问着自己：过年不放个鞭炮那年还叫年吗？各级公安机关的民警们也内心忐忑，他们不知道这个禁令的效力究竟如何，如果为数不多的市民犯了禁令那还好办，可如果满胡同、满大街的市民都一窝蜂地放起鞭炮来，那该怎么办？

白天在静悄悄的不安之中过去了，偶尔三两声稀稀落落的爆竹声，更衬托出白天的宁静，也似乎更显露出那种等待与观望的不安来。当除夕的夜幕渐渐覆盖了城区，市民们内心中的那股劲儿越憋越足，他们太想将成挂成挂的鞭炮满世界地放起来，以把心头憋了一年的那些个不痛快和对来年的祈望都释放出来。但是单个的百姓多数胆小，禁令像把悬在头顶上的剑，作为小小百姓，他们怕那把剑真的会落在自己头上。让他们窃喜的是，随着夜色越来越浓，爆竹声渐渐由稀稀落落变得密集起来，继而越响越密、持久不断，很快全城就陆陆续续进入了爆竹竞响的世界。

此时，当越来越多的百姓由窃喜变为大喜和狂喜的时候，公安机关以及公安民警们陷入了尴尬的境地，制止、处罚吧，制止不过来也处罚不过来；放任不管吧，那明显就是失职……如今，很难用确切的数据真切地反映出 1994 年农历除夕那天公安机关对于禁止燃放烟花爆竹规定的执法情况；也很难用确切的数据准确地描绘出在那个具有某种纪念意义的日子里北京市究竟有多少市民怀着些许复杂的心情，撒着欢似的将一挂挂鞭炮燃放得震耳欲聋……

第二天，也就是甲戌年大年初一在烟花爆竹犹犹豫豫地燃放声中来临了。农历甲戌年是狗年，人们笃信狗年旺旺；但 1994 年的农历年春节除了往年都有的那些禁忌和讲究以外，似乎还有个大家心中皆有但口不能言的含义，就是用游击战的方式与燃放烟花爆竹禁令进行抗争。

农历甲戌年的春节就这样一天天过去了，当燃放烟花爆竹的高峰期终于变成了过去时，作为禁令执法者的公安民警暗自吐了口恶气：让人难受的日子终于结束了。然而，他们深知，春节年年有，鞭炮年年放，他们不知道，明年他们是否还会在全城燃放鞭炮的喜庆时刻再次陷入是严格执法还是睁一只眼，闭一只眼的尴尬境地……

对于春节燃放烟花爆竹到底应该怎么办？究竟是该禁还是该限，或者是完全放任？对此起初只是民间开始议论，继而一些法学家、民俗专家介入了相关话题的讨论，然后，在诸如两会的小组讨论会上，一些代表委员也纷纷议论起来，甚至当时的国家领导人都在某些场合介入了这场讨论。议论也好，讨论也罢；专家也好，代表委员也罢，讨论，终究只是讨论，不会有结果，也不会有穷期。然而，这些议论、讨论形成了一种氛围，并且逐渐体现出舆论的力量。这种舆论的客观作用首先就体现在呼吁各方对于过年燃放烟花爆竹的民风民俗给予足够的理解和尊重，继而这种理解和尊重就体现出对于过年燃放烟花爆竹群体行为的宽容，这种宽容客观上就是对于断然禁止燃放烟花爆竹禁令的否定；其次，这种持续的议论和讨论形成了一种共识，就是以法律断然禁止的方式一举禁绝流传两千多年的民间习俗，既不合情也不合理，而且不具有可以执行的现实性。于是，一种颇为有趣的现象出现了，关于燃放烟花爆竹的禁令既未修改也未废除，但是客观上被束之高阁了。

当 1995 年也就是农历乙亥年春节来临的时候，北京的市民们格外欢天喜地地将数不胜数的烟花爆竹燃放到节日的天空中，仿佛是一种曾经失去的自由和权利又重新被赋予了一样。以后年年如是。直至 2005 年 9 月 9 日北京市人大常委会第二十二次会议作出《北京市烟花爆竹管理规定》，对原有的关于燃放烟花爆竹的禁令作出修订：规定第十二条将市区五环路以内的地区明确为限制燃放烟花爆竹地区，农历除夕至正月初一，正月初二至十五每日的七时至二十四时，可以燃放烟花爆竹，其他时间不得燃放烟花爆竹。规定列出如下地点为禁放地点：输、变电设施；医疗机构、幼儿园、敬老院；山林、苗圃等重点防火区；重要军事设施；市和区、县人民政府根据维护正常工作、生活秩序的要求，确定和公布的其他禁止燃放烟花爆竹的地点。

对于燃放烟花爆竹由禁放改为限放，是法律对于民俗的妥协。应该说，尽管这个妥协是出于无奈，但是在事关法律生命的问题上，与其让一部法律在既无法执行又不修订或废除的尴尬状态下强撑，不如作出必要的修订。因为法律的生命在于执行，法律的尊严也维系于此。在向法治文明迈进的漫长历程中，有时候法治的脚步需稍稍放慢，以等待传统文化和传统民俗与法治相融合。这需要条件，也需要时间。为此在某些特定的阶段，法治放慢脚步向传统文化和传统民俗暂时性地做某些妥协，是必要的。就燃放烟花爆竹而言，既然这个传统民俗能绵延两千多年，足见其背后蕴含的生命力有多么强大。从这个意义上说，能够将修订后的法律执行好，也具有相当大的难度。因此，如果能够将修订后的法律执行好，也不失为一个明智的选择。

就在北京对燃放烟花爆竹由禁改限的前后，哈尔滨、成都、上海等106个城市也开始实行有限解禁。据公安部治安管理局数据显示，截至目前我国实行烟花爆竹禁放的城市还有138个，其中省会城市5个，地级市30个，县级市103个；出台限放政策的城市536个，其中直辖市4个、省会城市19个、地级市111个、县级市402个。种种迹象表明，在相当长的时间内，对于燃放烟花爆竹无论是禁还是限，都是法治绕不开的难题。

执法，遭遇种种尴尬，绝不仅仅限于群体性燃放烟花爆竹，猫鼠游戏在以各种方式演绎……

二

在中国由传统社会向现代法治社会迈进的历史进程中，有个相对漫长的渐进过程。在这个渐进过程中，国家的社会形态随着法治进程发生缓慢的渐变。伴随着这种渐变，国家的执法机关需要经受各种各样的考验。

从某种意义上说，涉及群体性执法在国家执法机构面临的诸多考验之中最为常见也最为棘手，其中，尤以城管行政执法最为典型。当城市化将千千万万的农业人口与农田相脱离的时候，当产业调整与企业改革将无数的富余劳动力推向社会的时候，个体商业与服务业是吸纳剩余劳动力的主要端口，于是，难以计数又源源不绝的游商出现在城市的街头巷尾，城管行政执法也在改革开放的转型关口被历史性地推到了风口浪尖。

城管执法面临的困境与窘境如此之多、如此不堪，怎一个难字了得。而在公众与舆论面前，他们又每每处于被攻击、谴责的境地，一系列极端事件和案例不时出现在公众的视野里……

极端事件标本：湖南省临武县“7·17”事件——以1名瓜农死亡和4名城管执法人员分别被判处3年半至11年有期徒刑的结果，成为城管行政执法极端事件的典型。

这是经过法院审理后还原的事实：2013年7月17日10时许，天气闷热难耐。临武县城管执法人员廖卫昌等人巡逻执法至县城关镇解放南路一路段时，发现邓正加夫妇未在城管划定区域内摆摊卖西瓜，在劝离未果的情况下廖卫昌等“暂扣”了邓正加夫妇4个西瓜和一杆秤。被扣了西瓜和秤，邓正加夫妇又急又恼，便对执法人员百般阻拦，城管局工作人员告知邓正加夫妇到城管局去处理后便离开了。

当日11时许，被告人廖卫昌等人巡逻至临武大道农民自产自销指定区附近时，被转移至此摆摊卖西瓜的邓正加妻子黄某发现，仍然余怒未消的黄某对廖卫昌等人一通谩骂。廖卫昌等人未予理睬，并到对面处理其他违规摆摊的商贩。因黄某一直对廖卫昌等人进行谩骂，廖卫昌便用手机拍摄这一情况，黄某见状便搬起西瓜作势欲砸廖卫昌，邓正加也用秤杆戳向廖卫昌，眼见一场执法冲突在所难免，廖卫昌、袁城、骆威平、夏际玉等人遂一起动手抢夺杆秤。这时，廖卫昌首先挥拳击打邓正加头面部，然后袁城、骆威平、夏际玉也相继对邓正加进行殴打，拳脚相加之下邓正加倒地后死亡。经法医鉴定，邓正加系在外力作用下诱发小脑与脑干桥延沟交会处畸形血管破裂致蛛网膜下腔广泛出血而死亡。

伴随着邓正加这个瘦小枯干的瓜农在与数名城管执法人员的执法争执中突然死亡，一场城管执法突发性事件震惊全国。与此同时，一场罕见的舆论风暴也随之发生。7月17日事发不久，即由微博网友发微博称，湖南郴州市临武县“一个城管当街砸死了一个卖西瓜的农民”。微博中附有现场照片，以及疑似涉事城管的胸牌。此微博迅速引爆舆论，并引起包括《人民日报》在内的多家媒体微博的转发和关注，在短时间内即成为当日热点话题。微博数据显示，该话题10时仅有寥寥数条，但到17时，已暴增至17349条，到当天23时，该话题相关微博突破5万条。7月18日13时，在微博平台上关于“临武城管暴力执法事件”的相关信息达到30多万条。此后直到20日，舆论关注度一直保持在高峰值，特别是伴随着采访记者被打、事发现场抢尸、黑客攻击政府官网等情节，媒体与网上关注度更是几度达到顶峰。据对舆情分析，媒体报道事件调查处理情况的新闻占39%，报道官方回应的新闻占24%；报道记者采访被打的新闻占18%，报道现场抢尸的新闻占13%。

从对事件的评论来看，几乎是一片讨伐之声：这是广东一家媒体的评论，标题是《岂能用“城管手段”处置突发事件》，评论说：用喊打喊杀、拳头说话的“城管思维”处置影响极坏的公共突发性事件，是严重缺乏政治智慧的脑残行为。城管与小贩发生冲突，导致小贩死亡（哪怕真是心脏病发作），已经是一起民愤极大的刑事乃至政治事件，对政府声誉、形象损害极大。按照合理的处置逻辑，应该是：先安抚家属情绪，求得家属谅解，避免矛盾进一步激化；以实事求是的态度，彻查事件来龙去脉，给出一个最接近真相的解释；与外界保持良好沟通，给公众提供全面、实时的信息；追究当事人的法律责任，对单位领导进行行政问责；行政部门举一反三，从事件中吸取血的教训……

这是北京一家报纸的评论，认为：对执法者而言，谦抑自持，应是起码的权力自觉。若动辄上演“全武行”，信奉江湖化的“拳头法则”，那势必会矮化自身形象，也自毁公信。遗憾的是，在时下，城管形象俨然跟“暴力执法”标签捆绑。

这是一家主流新闻网的评论，认为：城管的污名，表面看是少数素质低下的人员造成的，实际上却是制度漏洞的产物、权大难管的体现。不独城管，刚刚“坏了事”的广东东莞的治安员，同样存在不受约束、不服管制的现象。一旦权力不受制约，掌权用权的人就会自我膨胀，小则对群众吆五喝六、横眉竖目，大则知法犯法，人治压倒法治。要维护法律尊严，塑造公众自觉守法、不去违法的法治环境，执法者有法必依、执法必严是关键。执法者不忠实于法律，社会的法治信仰也会凋敝。

这是一家财经新闻网的评论，认为：更长效地避免城管执法的暴力损害，必须通过法律途径。一方面，通过严格的法律程序，限制城管执法中武力的使用。尤其是致命性武力，更需要有最严格的限制。在欧美，即使是警察要使用致命性武力也需要在尊重人权的基础上，遵循“穷尽其他手段”“紧迫而必要”等原则。对于管理城市一般秩序的城管，本来就不应有使用致命性武力的权力，即使是一般“武力”，也必须从严规范，这是预防城管暴力执法的前提。另一方面，必须建立起严格的责任追究机制，任何参与城管执法的人，都要全程对执法行为负责，这种法律责任不因其身份不同而有所差异。只有建立严格的责任制度，才能有效地制约权力的滥用。

……

有必要将临武事件的原始结果记录于此：据法院查明，案发后被告人廖卫昌、袁城、骆威平、夏际玉主动到临武县公安局投案，并如实供述了自己的罪行。

2013年12月27日下午3时许，湖南永兴县法院经过审理，以故意伤害罪宣布判处涉“瓜农死亡事件”的临武县城管局工作人员廖卫昌有期徒刑11年，袁城、骆威平、夏际玉分别被判处有期徒刑6年、4年和3年6个月。2014年5月15日，湖南临武县城管致瓜农死亡案二审，在郴州市中级人民法院公开宣判，法院裁定，驳回上诉维持原判。法院对被告人廖卫昌、袁城、骆威平、夏际玉4人以故意伤害罪分别判处有期徒刑11年、6年、4年、3年6个月。

2013年7月19日，临武县依据《最高人民法院关于审理人身损害赔偿案件适用法律若干问题的解释》等相关法律法规，赔偿死者家属死亡赔偿金、丧葬费、精神抚慰金等共计89.7万元，并已执行到位。死者由家属按当地风俗安葬……

临武县“7·17”事件平息了，随着时光流逝，这起喧嚣一时的舆论事件也注定将从人们的记忆中渐渐淡漠并最终遗忘。然而，作为城管行政执法现实困境的标志性事件，如果不能得到科学、准确和透彻的剖析，就对不起这起事件中付出的所有惨痛代价，也无法对类似事件提供经验性的参照。那么，通过剖析这起典型事件，我们能从中得出哪些结论呢?

作为一起极端事件，临武县“7·17”事件充满了偶然性、非理性、暴力性和极端性，然而，如果对这起事件做一般性的还原，便会发现，其中折射出城管行政执法当中存在的普遍性问题，这些普遍存在的问题性元素在日常的城管执法中时时可见。正是在这些随处随时可见的问题元素中蕴含着暴力对抗的种子，当某种条件一旦具备，这些种子便迅速爆燃，就可以酿成震动四方的极端事件。这些问题元素表现为：

1. 城管行政执法相对人违法行为的普遍性。城管行政执法相对人所拥有的绝对数，在中国各个行政执法的相对人中，绝对是数一数二的。在城管行政执法相对人中，无证商贩又是一股主流人群，从贩卖蔬菜、水果、粮油蛋奶到服装、鞋、袜、针头线脑儿等，从加工经营街边早餐、烤串等小吃到路边剃头、算命等，无所不包。他们的共同特点是散兵游勇，打一枪换一个地方。一年到头与城管、工商和警察玩着猫鼠游戏。无证、逃税、逃避城管和工商管理是他们共同的特点，这就是普遍的违法性。他们的心理是：对城管、工商、警察能躲就躲，天地宽着呢，哪儿不能躲着监管挣着钱?如果被城管、工商、警察逮着了，训一顿、罚一次，认倒霉；逮不着，则该干啥干啥。因此他们宁可冒着被逮、被罚的危险，也不愿办证、缴费进入合法经营的通道。

这种以无证经营活动为主体的普遍违法现象的存在，决定了城管执法经常面对众多违法者，因而经常处于疲于奔命和寡不敌众的执法状态。这种状态造成了城管执法的软弱无力，时常在管不住、管不好和管不胜管索性放任不管之间游移不定。这种状态也造成了城管执法队伍整体的疲惫感、无力感、焦虑感和挫败感，这种疲惫感、无力感、焦虑感和挫败感反过来又极大地影响了城管执法尺度的把握和执法状态的保持，使城管执法无法在比较稳定的状态中持续，致使粗暴执法乃至暴力执法时有发生甚或酿成重大突发性执法事件和舆论事件。

2. 城管行政执法相对人违法行为的对抗性。以无证经营者为主体的违法者和以无证经营活动居多数的违法活动，有着一个鲜明的特点，就是违法的持续性、反复性和顽固性，这个特点决定了他们在面对城管行政执法时无论是躲是跑还是接受处罚，最终都还是要继续进行无证经营活动的必然性结局；这也就决定了违法者与执法者之间在执法活动当中存在着必然的对抗性。这种对抗性或急或缓，或明或暗，一旦处在某种偶然因素造成的激化情况下，就可能酿成祸患。

3. 城管行政执法行为自身的失范性。城管机构及其工作职能的前身是城市环卫，其原始职能简单而又纯粹，就是管理和监督城市的环境卫生。在20世纪80年代以前，环卫部门隶属多变，公安、卫生、供销等部门都管理过环卫工作，自1980年起改由城市建设系统管理，环卫遂形成一个完善的行业。由于各级政府的重视，环境卫生法规逐渐完善，开始走上依法治理环境卫生的轨道。然而，随着改革开放带来经济的空前活跃和发展，城市的建设事业在迅猛发展的同时，给城市的建设管理带来了许多新问题。城市容积的迅速扩大，人口的急剧增加，特别是以营利为目的的乱搭乱建建筑物，任意摆摊设点，乱挖乱占城市道路、园林绿地，妨碍交通、影响城市绿化，乱贴乱画、乱堆乱倒、乱吐乱扔等，严重影响城市容貌；各种毁坏、破坏公用设施，破坏城市规划的现象屡有发生，许多地方的政府陆续组建了城建监察队伍。自建设部（90）建城字第372号《关于进一步加强城建管理监察工作的通知》下发后，城建监察队伍在全国县城以上的城市普遍组建。此后，这个年轻的执法机构便承担起以前分别由若干监管部门分管的事务，包括：市容环境卫生、城市规划管理（负责无证违法建设处罚）、道路交通秩序（负责违法占路处罚）、工商行政管理（负责无照经营处罚）、市政管理、公用事业管理、城市供水管理、停车管理、园林绿化管理、环境保护管理、施工现场管理（含拆迁工地管理）、城市河湖管理、黑车、黑导游等。由于相关法律法规不健全、缺乏执法规范性和系统性训练以及执法队伍素质参差不齐等多种原因，在城管执法活动中普遍存在着执法失范的情况，比如：随意查扣、任意处罚和在采取强制措施上的随意性，特别是在遇到执法障碍的情况下，往往采取过激的方式试图压制对方且常常适得其反，造成矛盾激化，酿成流血事件。

4. 城管行政执法形象在舆论环境中的扭曲性。在相当长的一段时间内，城管行政执法和城管行政执法者的形象在社会舆论中时常处于被揭露、被批判乃至被鞭挞的地位，经常与暴力执法、执法犯法和对执法相对人吃拿卡要等执法腐败行为相联系的新闻、传闻捆绑在一起。实事求是地说，这类新闻、传闻在一定程度上反映了城管执法现实存在的一些问题，成为城管行政执法现实问题的写照。但是，这种写照常常被无限夸大，乃至成为一种普遍地妖魔化。公平地说，城管行政执法形象在一定程度上正是被这种妖魔化的社会舆论所扭曲。这种舆论状况产生了三重负面作用：一是在社会大众心理上产生了抵制城管行政执法的普遍诱导力，致使社会大众在心理上对于城管行政执法普遍不服从、不支持、不配合。二是在城管行政执法机构内部和执法人员当中产生消极颓唐的心理影响，致使他们在行政执法上或是出现消极执法，也就是执法不作为；或是出现过度执法，也就是更加随意地从事执法活动，致使违规执法的情况更多地出现。三是更加恶化了城管行政执法环境。包括城管行政执法者、城管行政执法相对人、城管行政执法活动参与者、旁观者和相关舆论环境等一起构成了城管行政执法环境，由于城管行政执法的舆论形象被扭曲，反过来更加剧了城管行政执法社会形象的扭曲化和妖魔化。这些令人不安的状况不断产生破窗效应和蝴蝶效应，致使城管行政执法环境更加恶化，加剧了城管行政执法的难度。使得在一段时间内，城管行政执法活动产生了违法活动不断加剧、执法难度日益增大、执法失范现象屡禁不止、执法失当与执法遇阻现象交织导致的突发性舆论事件时时发生，从而加剧城管执法形象进一步恶化的恶性循环。

以城管行政执法为代表的执法困境虽然极端，但也确实可以作为现实版各地执法环境的缩影。在这个缩影中，囊括了群体性违法无意识的种种表现，囊括了执法机构、执法队伍、执法手段等方面的种种缺陷，囊括了执法活动与违法行为之间持续博弈的种种特点，也囊括了包括传媒舆论在内的社会舆论围绕执法困境的种种反应……尽管将上述种种作为现实执法生态环境的全部可能不够全面，但是，毕竟它们代表了当下现实执法环境的一些主要特征，或者说，在一定程度上反映了现实执法环境的主要问题。因此，在这个语境下探讨法治传媒的媒体定位和导向选择，还是有充分依据与现实可行性的。

在群体性违法无意识的社会环境中，在种种客观原因导致执法环境不良的现实情况下，在包括新闻传媒在内的社会舆论常常混沌一片的舆论环境下，法治传媒应该如何校准自身的舆论定位，并且应该如何扮演好引导舆论影响受众，从而使执法环境逐渐向良性方面转化的传媒角色呢？

由于公众群体性违法无意识造成的普遍性违法现象随处随时可见，是一个客观事实，且在一定时期内难以有根本性改观；由于执法机构、人员素质欠缺，执法规范、执法手段等不完善所造成的执法短板，使得执法机关在面对群体性普遍违法的现实面前出现执法失职、执法失措和执法失当等现象，也是具有普遍性的现实问题，且在一定时期内难以根本性改变，这两重因素构成了中国执法环境现实困境的基本特征。

在此种执法环境下，面对种种执法冲突的现象和事件，面对常常进退失据、方向难辨的社会舆论，法治传媒该如何校准自己的媒体定位进而承担起为社会舆论导航的传媒功能呢？

三

就新闻传媒而言，满足公众知情权、维护社会公平正义和坚持新闻真实性原则是其最基本的社会责任，在这一点上，法治传媒毫无疑问必须坚守。然而，作为法治传媒，在推动社会的法治进步方面还应负有特殊的责任。具体到面对现实执法环境下林林总总的执法冲突现象和事件，法治传媒人需要强化自身对于推动法治进步的社会责任感，需要强化自身对于法治进步的历史必然性所抱有的职业信念感，需要强化自身对于投身法治进步历史进程的职业使命感。特别是当法治列车在重重难题中艰难腾挪、缓缓行进的漫长征程中，法治传媒人不能失去穿透迷雾辨别方向的职业能力，尤其不能失去击穿形形色色虚伪言辞的法治思辨能力。

在我们身处传统社会向现代社会转型的现实阶段，当媒体人与普罗大众面对种种执法冲突的现象和事件时，为什么时常出现舆论进退失据、方向难辨的职业现象？笔者以为有一个重要的原因就是辨别工具的错失。在林林总总执法冲突的现象和事件出现在传媒视野的时候，什么是衡量是非曲直的根本尺度？如果说，此时此刻维护社会公平正义是新闻传媒人在采访报道执法冲突现象和事件时不二的职业信念。那么什么是保证这个职业信念得到忠实信守与忠实执行的根本条件？换句话说，什么是衡量社会公平正义的标准？什么又是决定新闻传媒职业活动走向公平正义的标杆？笔者以为，在新闻传媒面前决定任何一起新闻事件个中性质与意义的根本标准、尺度首先在于事件的真相，对于执法冲突现象和事件而言更是如此。一是事实真相，无论是新闻事实（经过新闻媒体调查核实过的事件真相），还是法律事实（经过司法机关或执法机关查实后认定的事实真相），都是新闻传媒判断执法冲突现象和事件其公平正义的基本依据；二是法律依据，在任何一起涉及执法冲突的新闻事件中，无论是判断执法相对人行为的是非曲直，还是衡量执法者自身执法行为的功过是非，都是以法律尺度对比其行为（事实）后才能产生的结果；三是思维与判断方式，决定每一起执法冲突事件背后公平正义判断准确与否的关键，在于思维与判断方式是否运用得当。对于涉法新闻事件，尤其是对于执法冲突事件，判断其是非曲直，只有运用法治思维，观察和判断事件的事实本身，再参照相关的法律法规，推断出前因后果，推断出涉事各方各自的责任。近些年来，在一系列执法冲突事件的新闻报道中，新闻传媒在对事件真相的报道把握上，在对相关法律法规的判断运用上，尤其是在思维和判断方式的运用上，存在着普遍性的缺失。诸如，事实不清和事实失真，特别是在决定法律是非起因和根本的关键事实上，常常自觉和不自觉地忽略，只在复杂事件的枝枝杈杈上无休无止地纠缠，只在相关事件的炒作中跳来跳去，只在事件悲情的结果上大肆渲染……

至于法治思维方式，更是新闻媒体人普遍的短板。因此，作为法治传媒，在这一点上首先应着力校准自身的媒体定位，并且不断提升自身的专业水平，在报道执法冲突现象和执法冲突事件中，以正确的法治新闻职业行为从事新闻传播活动。

其次，向社会公众传播法治意识和普及法律知识是法治传媒的使命和责任。在中国由传统社会向现代法治社会跨越的历史进程当中，法治新闻传媒负有特殊的使命和责任，诸如：通过法治新闻传播推动立法活动，以助推法治体系的健全与完善；通过法治信息传播推动执法和司法活动，以助推执法和司法活动的进步与完善；通过法治新闻传播向社会公众传播法治意识和普及法律知识，以推动社会大众的尊法和守法。应该说，较之前两项内容，法治新闻传播对于普及法治意识和法律知识的职责和使命，在法治传媒人的自我认知上，往往停留在一般性的水平上，对于民众在法治意识和法律知识方面整体性缺乏的危害和根源还缺少深刻的认识，对于民众在尊法、守法方面整体性缺乏以至于在相当程度上存在对群体性违法无意识的现状还缺少深刻的认识，因而法治传媒人在运用传播手段普及法治意识和法律知识方面，存在着指导意识上的麻痹，也存在着操作手段上的贫乏。

再次，营造和维护良好的执法环境是法治传媒的应有职责。执法环境是由执法行为人的执法活动、执法相对人的守法活动和执法舆论环境等要素共同构成的。在不同的条件和环境下，这三种因素相互影响、相互作用、相互制约，此消彼长。现阶段，在执法活动一端时时存在执法失误和执法瑕疵的现状下，在守法活动一端不时处于群体性违法无意识和少数人极端违法行为时有发生并存的状况下，执法舆论环境的作用就显得尤为突出、尤为重要。在影响甚至左右舆论环境的多种因素中，新闻媒体和新闻媒体人的作用毋庸置疑。尽管在互联网时代，新闻媒体在影响舆论方面的决定性作用打了一定程度的折扣，但是，新闻媒体以其制作、传播新闻信息的能力和公信力方面的传统优势，在引导和影响舆论方面的地位和能力，仍然无可替代。就营造和维护良好的执法环境而言，法治传媒和法治传媒人应确立并不断强化责任意识，特别是在极端执法事件突然发生的情况下，应抢占新闻传播制高点，围绕着事实真相、法律是非等核心元素澄清舆论、引导舆论，防止和澄清信息传播中的以讹传讹、以悲情模糊是非等现象，在一个个具体执法事件中，力争营造相对良好的舆论环境，力求防止舆论事态上的恶化，为执法极端事件的良性处理创造舆论条件。在平时正常环境下，法治传媒和法治传媒人应为推动执法机关执法活动健康、良性发展多做建设性的舆论工作，应为传播执法机关健全、完善执法活动等积极、健康的新闻信息多做建设性的舆论工作，同时，也应积极运用新闻监督活动督促、监督执法机关及时查处执法违法等问题，并通过完善机制建设防微杜渐。

第九章　新闻泛娱乐化对法治传媒的影响

泛娱乐化正在将文化变成娱乐的奴仆，当娱乐无所不在的时候，娱乐手段、娱乐元素、娱乐作品等铺天盖地，文化手段、文化元素只是适逢需要偶尔为之，而且文化元素的出场，往往或是披着娱乐的外衣，或是装扮成娱乐的伴侣。于是乎一段时间以来，文化元素从整体上倒变得稀缺起来。

与此同时，在大众文化的范畴中，新闻传媒和文化传媒的定位成了问题。它们究竟是娱乐的制造者，还是娱乐的工具？究竟是传媒需要娱乐，还是娱乐需要传媒？在全民娱乐面前，媒体居于什么样的地位？在泛娱乐化时代，媒体的定位、媒体的角色、媒体的职责，是否需要重新诠释？

在新闻传媒和文化传媒当中，法治传媒历来以尊崇法治、维护社会公平正义为己任，严肃的定位决定着严肃的风格。如此定位和如此风格的新闻媒体身处泛娱乐化时代，将会受到怎样的影响呢？

泛娱乐化在新闻传媒领域的影响如此普遍，新闻传媒人的地位和作用在浑然不觉中已悄然改变，在很多时候和很多情况下，他们或是娱乐他人或是被他人娱乐，新闻传媒表达方式和新闻价值判断尺度也在相应变化。

一

本来，传统的娱乐观并没有将新闻传媒纳入娱乐范畴。在传统的娱乐观看来，娱乐属于人们正当的消费需求，能够娱乐人们感官的元素和手段，部分来自文化、部分来自体育、部分来自民间、部分来自其他。

当文化和体育具有一定商业化程度的时候，文化和体育产品生产者逐渐有意识地将娱乐功能作为文化和体育产品的主要功能之一，从而试图越来越在更大程度上满足人们的娱乐消费需求。在很长的时期内，提供娱乐消费的媒介主要是文化和体育方面的媒介，如电影院线、各种戏剧场馆、文艺表演场所、各类歌舞厅和体育比赛场馆等。如果把文化体育媒介称为娱乐媒介的话，它们与严肃媒介之间有着严格的分野：正像电影、电视剧、情景喜剧、文艺和竞技体育表演等属于娱乐内容，相应地，能够提供娱乐节目的媒介也属于娱乐媒介，如电影院线、娱乐电视台、情景剧场和比赛场馆等；与之相对，新闻、纪录片、教育片等就不属于娱乐范畴，纪录片、教育片摄制播放部门和新闻媒介等也自然不属于娱乐媒介。无论从形式还是内容，新闻、纪录片、教育片等都与娱乐节目截然不同，特别是新闻节目，时政新闻就是时政新闻，经济新闻就是经济新闻，即使是文化和体育新闻，也是严格按照新闻内容需要，在传播形式上进行必要的加工和包装之后见诸报端或播出于电台、电视台。

然而，进入娱乐化和“泛娱乐化”时代，传统娱乐观逐渐被颠覆和完全颠覆。当社交媒体上恶搞新闻和新闻恶搞在一段时间内成为人们乐此不疲的娱乐内容时，意味着传统的新闻观也面临着重大挑战。

对于娱乐的发展将会严重进逼新闻传媒的状况，有位学者早有先见之明。20世纪80年代中期，当时的媒体生态环境，还是电视媒体占据垄断地位并且风光无限。美国纽约大学文化传播系主任尼尔·波兹曼教授就断言：现实社会的一切公众话语日渐以娱乐的方式出现，并成为一种文化精神。我们的政治、宗教、新闻、体育、教育和商业都心甘情愿地成为娱乐的附庸，毫无怨言，甚至无声无息，其结果是我们成了一个娱乐至死的物种。其实，尼尔·波兹曼当时下此断言针对的仅仅是他在拉斯维加斯这座赌城看到的景象，他忧虑至深的只是以电视传播方式为代表的以图像表达、图像阅读为主体的文化传播方式，在取代以图书、报纸传播方式为代表，以文字表达、文字阅读为主体的文化传播方式后给理论界、教育界和文化界正在带来和将要带来的思想损失和文化损失。今天看来，尼尔·波兹曼当时担忧的令政治、宗教、新闻、体育、教育和商业都甘心成为附庸的怪兽娱乐，相对于今天娱乐时代和“泛娱乐”时代的各种娱乐形态、娱乐形式和娱乐产品，无论从形态还是从实质上说，可能连小巫都称不上。如今三十年过去了，当年的传媒宠儿电视传媒已经沦为传统媒体，其在传媒和文化领域叱咤风云的特殊地位已渐渐不在；与此相对应的是，在互联网的语境下，以智能手机为代表的移动终端则占据了通向媒体世界未来的强势地位，社交媒体微信等则代表了新型的传播方式。而娱乐无论从形态、规模，还是从实质、影响，都绝非 20 世纪 80 年代的美国所能比拟。之所以在今天重温尼尔·波兹曼教授的论断，仍有振聋发聩之感，只因为“其结果是我们成了娱乐至死的物种”之论断是如此给力，即使在今天这种洞见仍令同领域后来的研究学者们倍感汗颜。

在今天看来，毫无疑问，尼尔·波兹曼教授的论断虽有价值，但仍然值得更加深入地研讨。比如：“我们成了娱乐至死的物种”中的“我们”指的究竟应该是何人，就是一个可以讨论的问题。是指在娱乐之中忽而乐此不疲、忽而倍感厌倦的娱乐消费者，还是指向那些制造娱乐、操纵娱乐的业界大佬，或者是指向“心甘情愿成为娱乐附庸”的政治、宗教、新闻、体育、教育和商业界的骄子们，抑或是指向那些自以为眼光独具且牢牢掌控娱乐业命脉的资本所有者呢？而且，这句论断中的“死”指的又是什么，也是值得讨论的问题。包括，这个死亡的概念究竟是医学意义上的死亡，还是含有其他方面的意义，都颇为值得玩味。至于“娱乐至死”究竟是因为娱乐过度而导致相关人物医学意义上的死亡，还是因为娱乐的过度发展致使某些方面——比如文学艺术、文化传媒和图书出版等业态——出现类似死亡的状况？都大有深意。但是，让我们将上述可以深入研讨的问题暂且放在一边，因为如下现实已经逼近眼前，迫使我们不得不严肃地面对，并且进行一番更加深入的思考。

进入娱乐和“泛娱乐”时代，与娱乐相关的现实告诉我们，如果以怪兽论娱乐，那么今天的娱乐才真正可以称为超级怪兽，它已被资本视为文化产业新宠，被冠以“泛娱乐”之新概念。有了争相追捧的雄厚资本做后盾，娱乐便一泛再泛而不可收手，遂成为当下最热门的文化产业。其横扫一切传媒和文化领域的气势咄咄逼人，难怪有人认为当下已经形成了一种娱乐霸权。

娱乐霸权是否形成，是个仁者见仁、智者见智的问题，但“泛娱乐化”确实已经将娱乐的魅影变得无处不在。就连新闻传媒也纷纷张开臂膀，争相拥抱娱乐这个传媒宠儿。在新闻内容上，娱乐已经在相当的程度上成为主角，或是成为电视、电台重点打造的黄金栏目，或是成为报纸固定的内容版块。不仅仅是电影、电视剧、话剧、音乐剧等传统的娱乐内容经常占据着重要的版面、时段，也不仅仅是各类重金打造的电视真人秀、“笑傲江湖”、“中国好声音”、“快乐大本营”等新型娱乐节目长期占领着版面、时段制高点，而且各类“娱乐八卦”新闻、各种形形色色的娱乐明星、“网红”逸事传说等也是新闻传媒乐此不疲的报道热点。在追捧娱乐明星和网络红人方面，新闻媒体同样扮演着重要的角色。

如果从哲学的层面分析娱乐化和“泛娱乐化”的形成，会有趣地发现，娱乐本来是人为制造出来的，为了满足人们娱乐感官和内心的消费需求，那些文化产品和体育产品制造者们千方百计地推出一代代文化、体育产品，并且将这些文化、体育产品不断升级换代；在这个不断持续的过程中，人们对于娱乐功能的认识也不断丰富、不断提升、不断深化，能够有效满足消费者娱乐感官的文化、体育手段，渐渐演化为娱乐手段，与此相关的文化、体育等元素遂渐渐演化为娱乐元素。与此同时，有效传播娱乐节目的传播手段也渐渐成为日渐强势的娱乐传播手段；当资本大踏步地进入娱乐行业的时候，标志着娱乐业强势发展、强势扩张的时代正式来临。一旦娱乐时代真的来临了，娱乐业便不再是人尽可夫的奴婢，娱乐也不再是任人驱使的工具。相反，娱乐业日益展现出其对娱乐对象、娱乐产业、娱乐信息传播业强大的反作用力和反向影响力。娱乐化和“泛娱乐化”就是这种作用力和反向影响力的专业称谓。其中，新闻传媒感受到的这种作用力和影响力日益强烈。

娱乐化和“泛娱乐化”对新闻传媒的影响日益鲜明地体现在节目

制作和版面编排等方面。娱乐化和“泛娱乐化”总是以貌似时尚、貌似前卫的形式和风格作为其外包装，也作为其有别于以前一切非娱乐化和“泛娱乐化”时代的文化产品的标志性符号。于是这些不断出现的颇具时尚感和前卫感的形式和风格，便以舍我其谁的气势越发霸道地出现在各种文化传媒面前。新闻传媒也在劫难逃。于是乎，一种时尚或伪时尚的风格一经出现便迅速成为各家照搬和仿效的目标。争相照搬纷纷效仿之下内容趋同、风格类似成为娱乐化和“泛娱乐化”的必然结果。

娱乐化和“泛娱乐化”对新闻传媒的影响也体现在对新闻价值标准的判断上。能否有效娱乐受众的感官神经，能否契合受众一个时期所集中关注和产生普遍兴趣的信息区域，正在成为一些新闻传媒人极力追求和努力捕捉的目标之一。这种新闻价值导向的变化，使得新闻和娱乐的边界日益模糊起来。本来，传统的娱乐内容成为新闻传媒争相关注的目标，已是司空见惯；随着“泛娱乐化”的影响，那些“泛娱乐”的内容，也越来越多地进入新闻传媒的采编视野。凡是被受众争相围观、蜂拥跟帖热评的“八卦信息”正源源不断地进入新闻传媒的报道领地，并日益占据更加显要的位置和时段。由于微信等社交媒体能够在更大范围调动广大受众实时参与对“八卦信息”的围观和热评，这种自主参与的愉悦感和成就感，使“八卦信息”的发现和热炒更加成为当下最为流行的“泛娱乐化”活动，也使得新闻传媒的参与变得越来越主动、越来越积极、越来越富有创意。这种水涨船高的态势，使得“泛娱乐化”新闻可能成为新闻门类中的最新一族。

新闻价值判断标准在“泛娱乐化”的作用之下产生潜移默化的影响不可低估。一种“娱乐价值”在无形之中悄悄进入新闻传媒人的价值判断体系中，一起新闻事件是否具有“娱乐价值”，已经成为一些新闻传媒编辑们自然而然的职业反应和专业判断。显然，如果一起新闻事件具有“娱乐价值”的话，那么它的关注度便会更高，其新闻价值也就更大。反之，如果一起新闻事件缺乏“娱乐价值”，就显得过于沉闷，其新闻价值也就大打折扣。当“娱乐价值”成为新闻价值中的新元素，“娱乐角度”自然就会成为一个新的新闻角度。在“泛娱乐化”的作用之下，寻找“娱乐角度”、挖掘“娱乐元素”和提升“娱乐价值”便成为新一代新闻传媒人的职业功夫。善不善于寻找“娱乐角度”、挖掘“娱乐元素”和提升“娱乐价值”，就成为记者编辑们钻头觅缝苦苦追寻的目标。

娱乐化和“泛娱乐化”对新闻传媒产生了普遍影响，已是不争的事实。尽管从目前看，除了一些专业的娱乐传媒，这种影响之于新闻传媒还是有限的、局部的，还远远没有构成全局性和颠覆式的影响，也没有对新闻传媒界造成整体的和根本性的改变。但毫无疑问，娱乐化和“泛娱乐化”的影响，已经对新闻传媒构成了一定程度的挑战，这种挑战对于法治传媒的波及更加明显，也更加不容忽视。

二

作为新闻传媒一族，法治传媒在娱乐化和“泛娱乐化”的浪潮面前受到强烈冲击，多重影响在涉法领域的突出表现使得法治传媒逐渐成为新闻媒体中受到娱乐化和“泛娱乐化”影响最为深重的一族。

如果说当“泛娱乐化”如浪潮般汹涌而来的时候，就连新闻传媒都纷纷张开怀抱的话，其实，并不能一概而论。在起初和一段时间内，法治传媒并没在踊跃投向“泛娱乐化”的媒体行列。面对“泛娱乐化”颇带霸权气势的进逼，法治传媒始终带着几分抵触、几分躲闪、几分焦虑、几分无奈。从起初，完全以旁观者身份冷眼静观，到“泛娱乐化”风头劲爆以至于无所不在令法治传媒躲无可躲从而倍感焦虑，再到“泛娱乐化”引出的法治话题、法治影响以及极具挑战性的行业课题已经无法回避，如何应对、如何有效应对、如何站在更高的基点上良性应对，渐渐成为法治传媒面临的必选题。至此，法治传媒已经在相当的程度上感觉到“泛娱乐化”对自身的冲击，如果再不有效应对，可能在相关领域会进一步边缘化，在“泛娱乐化”和新型媒体浪潮的双重冲击下，法治传媒的舆论影响力和传播力可能受到进一步消解。但是，在建设性地讨论应对之策之前，先反思一下我们对娱乐化和“泛娱乐化”的影响是否已经认识清晰，是十分必要的。那么，娱乐化和“泛娱乐化”在涉法领域的影响都有哪些呢？它们又是以何种方式出现在舆论视野的呢？

当我们冷静地解构娱乐化和“泛娱乐化”在涉法领域的影响时，我们发现，它们的影响分为直接影响和间接影响，我们先来分析一下直接影响主要有哪些。

娱乐化和“泛娱乐化”过程中直接引发的涉法新闻传播问题，从微观层面看主要是娱乐界人士违法事件，如娱乐界人士涉嫖、涉毒。典型的事件有：影视演员黄海波涉嫖，2014年5月15日晚，曾经饰演《我们结婚吧》《父亲的战争》等电视剧的当红影视明星黄海波因涉嫌嫖娼被北京警方依法行政拘留，继而被处以行政拘留15日，在行政拘留期满后被转为收容教育6个月；电影导演张元涉毒，曾经导演《过年回家》《东宫西宫》等影片并在一些国际电影节上多次获奖的电影导演张元涉嫌吸毒多次被警方拘留，2008年张元涉嫌聚众吸毒曾被行政拘留10天，此后于2014年6月13日因涉嫌吸毒再次被警方抓获并予以行政拘留。娱乐界人士发生涉嫖、涉毒事件，从来都是舆论界高度关注的事件。令人匪夷所思的是，在一段时间内，舆论关注明星涉嫖、涉毒事件时往往是以同情、声援，甚至赞美涉事明星的舆论为主。以黄海波涉嫖事件为例，这起明星涉嫖事件发生后，连天的舆论态势，竟然都是以声援为主，一些人认为黄海波作为明星不揩粉丝油，有节操有底线。一篇网上文章的观点颇有代表性：如果说“天下男人都会犯的错”成立，并且是指男人搞婚外情，那么这次黄海波嫖娼被抓，就被认为是连这种普世之错都算不上（黄海波单身）。舆论的反映也恰恰如此——黄海波获得了大多数网友和媒体人的宽容、理解，甚至击节赞赏。一些人甚至公然在网上为黄海波喊冤，并攻击中国禁止卖婬嫖娼的法律制度反人道，不符合西方发达国家的普适价值观；并举出曾以《我有一个梦想》的演讲而闻名于世的美国黑人民权领袖马丁·路德金作为例证（据称马丁·路德金曾经数度嫖娼），以论证嫖娼行为无碍于人的品德。

娱乐界本身是个各色杂陈的江湖，娱乐界人士的涉法问题也各色各样。除涉嫖、涉毒为多发高发的涉法问题以外，还有涉赌、涉财以及涉及侵犯人身其他权利的问题等，这也从一个侧面说明我国娱乐界人员的素质构成。因为篇幅所限，那些种种涉法问题不在此处一一罗列。

从中观层面看娱乐化和“泛娱乐化”过程中引发的涉法新闻传播问题，首先是侵犯著作权以及著作权保护问题，这方面的典型案例较多：有台湾地区作家琼瑶起诉电视剧导演于正侵权案，有百度、快播侵犯多家影视著作权案等。在侵犯著作权案引发的法律纠纷或者诉讼方面，舆论关注度也相当高，以琼瑶诉于正案为例：2014 年 12 月 25 日，当琼瑶诉于正侵犯著作权案一审判决结果见诸媒体的时候，引起行业一片欢呼。曾经有 100 余位编剧联署声明力挺琼瑶，此刻这些饱受侵权之害的编剧们纷纷表态，汪海林等知名编剧发文表示支持法院判决，六六说：“终于！中国版权保护拉开帷幕。”中国电视剧编剧工作委员会也发表了关于琼瑶诉于正侵犯著作权案的声明，声明中称：“我们要告诫全体会员和同行：对编剧来讲，原创是光荣的生命线，抄袭是可耻的墓志铭。”普通受众对法院判决也非常关注，某网站就琼瑶诉于正侵犯著作权案判决结果做了调查，90% 以上的投票都是“大快人心，抄袭应该受到应有惩罚”。

2015 年 12 月 18 日琼瑶诉于正侵犯著作权案终审宣判，曾经出任案件审理专家辅助人的汪海林特别发表了文章，指出：“令人恶心的不是于正，而是中国整个影视业的是非观。”他认为，大家不应该只是盯着于正一个人，更应该重视于正赖以生存、如鱼得水的“大环境”。“当初在一审判决后，有些电视台看到终审裁决还没出来，于是抓紧播出《宫锁连城》。被判输了官司的侵权者，没有输掉市场和土壤，似乎在某些人眼里，侵权者‘虽败犹荣’。”中国电视剧编剧工作委员会副秘书长、知名编剧余飞认为，目前制止抄袭最大的阻力，第一是追捧抄袭文化、挣快钱者众；第二是诉讼太难而行业自身又无法对此形成真正的制约；第三是没有法定公认的专家判定团队；第四是判断抄袭标准缺失或不统一。“抄袭带来的戾气已经达到顶峰。”余飞呼吁，在法律规范之外，更应该形成“声讨抄袭的江湖声音和门派行动”，就是“演员、导演、制片人、影视公司、电视台、网络平台，应该拿出骨气来，拒绝和抄袭者合作”。有评论指出：抄袭现象如此泛滥，首先与抄袭者的良知与版权意识缺失有关。而在被质疑后，抄袭者“打死不承认”的态度也会给原作者的维权之路带来极大阻碍。于正等人虽然一审败诉，但都表示不会道歉；2015 年 9 月，被摄影师王源宗质疑盗用其素材后，央视工作人员反问“央视用了你的素材又怎样”；春晚小品《喜乐街》的片段被质疑抄袭韩国某综艺节目，演员瞿颖对此回应称这是“借鉴”。抄袭者对于自己明显的抄袭行为不承认或者不反省，导致了原作者在想要讨回公道时往往需要采取法律手段。不过，对于原作者来说，打官司一方面费时费力，另一方面会有使抄袭者作品获得更多关注的可能。因此，一些作者在面对被抄袭时会选择沉默。

在娱乐化和“泛娱乐化”过程中引发侵犯名誉权、隐私权等方面的问题也比较多，各方的呼声相当强烈，并不时引发舆论事件，在此不再罗列。

在中观层面的娱乐化和“泛娱乐化”过程中引发的涉法新闻传播问题，其次表现为人为炒作的涉法事件。这类事件在舆论方面的表现很有特点，最为典型的是王宝强与马蓉婚变事件。2016 年 8 月，正是里约奥运会举行期间。在毫无征兆的情况下，王宝强与马蓉婚变突然在网上曝光，随即引起网民非常强烈的关注。某网站的导读如此惊呼：从今天起床之后看手机，就是关于王宝强离婚的事件，整个朋友圈都被刷爆了，可谓震惊整个互联网呀！声势浩大，影响之广……的确，整个舆论场因此事件在瞬间被引爆。有这样两条数据：事件初起的两天内微博阅读量为 55 亿人次，仅事发当日在马蓉最新的微博下面就有 300 多万条评论，其中绝大部分都是“贱人”“不要脸”的谩骂。随着各种自媒体纷纷转发、跟帖、搜索、评论，继而新闻媒体以各种报道体裁纷纷介入，不仅报道和评论，而且还在访谈等节目中做深度解读和分析。

在这场舆论事件中，评论扮演了比较重要的角色。值得关注并且深入探究的是，众多人士不仅争相围观这起明星婚变事件，而且纷纷介入争论之中，其中王宝强是否应该通过在微博上发表声明的方式将家丑公之于众成为争论的一大焦点。各种评论也你来我往，争辩得热火朝天。有评论认为：王宝强在个人微博上公开发表与妻子解除婚姻关系的声明，并直指自己的妻子和自己的经纪人存在不正当的两性关系，严重伤害了婚姻、破坏了家庭。此举（本书著者注：指王宝强在微博上发布关于离婚的声明）遭到很多人批评，他们认为这样的行为不够体面。“不体面”的批评看上去有些道理，但实则是一种过分的要求。首先，王宝强作为一个有自主行为能力的个体，有权决定自己的言行，他选择在自己的微博上公开自己的家事是他的自由意志。国外有体面和平分手的伴侣，也有打得不可开交的案例（如约翰尼·德普的离婚大戏），国内同样如此。非得强求别人的方式要体面，这个行为本身就不体面。其次，如果王宝强的声明内容完全属实，那王宝强是遭到背叛的一方。在此情况下要求他“姿势优雅”，是不是太强人所难呢？而且王宝强的公开声明虽然言辞激烈，却并没有进行辱骂。给人造成“不体面”印象的是部分网友对其妻子的出格态度，但这与王宝强本身并没有什么关系。最后，“体面”的做法也许比较好看，但很可能并不是智慧的做法。许多网友都指出，以往有些明星在离婚过程中表态含糊，以至于明明自己是受害者却在媒体曝光后，舆论上处于被动位置。在现代社会中，婚姻是一种契约关系，爱情既已消失，那么在解除婚姻关系的过程中，争取主动地位，维护自己的利益和尊严，无可厚非。

也有评论在法律层面上对王宝强在微博上发布离婚声明举动的公正性进行辩护，指出：有人拿《侵权责任法》来批评王宝强的公开声明，认为他在公开场合泄露马女士的个人隐私，直接侵犯了她的隐私权，是法律意识淡薄的表现。这样的指责是否有根据？事实上，有法律人士很早就讨论过这个问题。在一篇题为《扩散丈夫婚外情是否侵权引争议》的文章中，就有观点认为类似妻子扩散丈夫婚外情的行为构成侵犯隐私权。就算出轨铁证如山，也不应公开，否则就要受到相应的法律制裁，在离婚诉讼中处于不利地位。这种说法有一定的道理，却忽略了另一种权利。婚姻法规定，夫妻双方应当相互忠实、互相尊重，应维护平等、和睦、文明的婚姻家庭关系。这就是所谓婚姻关系中的“忠实义务”。如果婚外恋这样违背忠实义务、违背公序良的所谓“隐私行为”也能受法律保护，以至于因此受到伤害的配偶难以主张自己的愤懑，把苦水往肚里咽，乃至于权利受损，那这种隐私保护的正义性在哪里？会不会导致社会上有更多丑恶的现象出现和蔓延？

还有评论在心理文化层面对这一事件进行剖析，指出：指责王宝强没文化、思想观念落后的人不在少数，其中传播较广的一个说法是形容王宝强的行为是“乡野鄙夫的野蛮复仇”。意指王宝强出身农村，没念过几年书，虽然最后走上了演艺明星的道路，但观念守旧，在对待婚姻时大男子主义，站在道德制高点，吊打“奸夫淫妇”。这种说法显然是一种赤裸裸的农村歧视。莫非城里人在处理婚外情事件时，就不需要道德制高点，不需要用公序良俗来为自己的决断进行支撑？恐怕是持有这种心态的所谓城里人，默认了婚姻就是不干不净充满苟且之事，才觉得离婚不该搞出大动静吧。婚姻双方是有着忠实义务的，在现有的婚姻制度和习俗中，伴侣对彼此的忠诚是很重要的方面，再怎么“现代”的价值观若与之背离，那就是一种小众、另类（假如不是不正确的话）的价值观。王宝强作为一个明星，这么直白地指责配偶“背叛婚姻、破坏家庭”，假如事实无误的话，那简直就是一股维护人类婚姻价值的“清流”，对于这个物欲时代反而是难能可贵的。除此之外，还有一种冠冕堂皇的说法，称王宝强的离婚声明是“迷恋农耕时代的价值观”。这篇文章行文看起来倒不像是歧视农村人，而是强调门当户对的重要性，称“他和马蓉虽然都是农村出来的，但一个是大学学影视专业的校花，一个小学没有毕业，本就是门不当户不对的一对，出问题的概率不会太小”。能否以学历来评判两个人是否门当户对？这恐怕是大有疑问的。就算我们姑且假定学识认知上的“悬殊”，造成了王宝强与马蓉如文章所说“精神与价值观上存在差异，双方在生活习惯、气质修养、兴趣爱好等方面有很大分歧”，能否说明王宝强应从自己身上去寻找婚姻不幸的原因？乃至于从一封离婚声明就能看出王宝强“这一辆婚姻之车开不好，下一辆也可能开不好，然后就一直怪自己买的车不好”？这恐怕又是一种城里人的傲慢。婚姻这辆车固然难开，但没有必要把“不门当户对”“志趣不相同”造成的困难放在过于重要的程度。“灵魂伴侣”固然令人羡慕，但这并不是婚姻美满的必要条件——婚姻结成时的忠诚誓言，朝夕相处积累的点滴爱意，互相给予帮助的身心支持，对孩子幸福成长的共同期盼，这些都可以构成婚姻的支柱。如今部分国人的一大问题就是，对构筑婚姻忠诚的方面谈得太少，对离婚、出轨的理由却谈得太多。更何况，说王宝强与马蓉“不门当户对”根本就是捕风捉影。大部分看客既不怎么了解马蓉，甚至也不了解王宝强——拿王宝强小学没毕业说事，怎么不拿他“演而优则导”来说事，不拿他从业十余年、遍交精英人士增长的见识来说事？

凤凰卫视著名谈话类节目《锵锵三人行》先后两次以王宝强婚变事件作为话题，在8月23日首次谈及这一话题时其主持人窦文涛介绍的背景颇为值得玩味：已经有观众在咱们微博底下留言，说要再不聊王宝强就从此不看《锵锵三人行》……在这两次谈话节目中，嘉宾的观点很值得关注，一个观点是，王宝强离婚事件引起的舆论关注是一个社会问题，反映出当下社会贫富差距带来的观念冲突。另一个观点是，这一舆论事件折射出一些阶层存在的整体焦虑感。同样出自凤凰卫视的《社会正能量》栏目也将王宝强婚变事件作为主题专门做了一期节目，众嘉宾与观众围绕当今的婚姻观念争论得不亦乐乎。

王宝强离婚事件可以从社会学和婚姻关系学等多个角度进行研究，如果从新闻传媒的专业角度进行分析的话，有两个特点值得深度研讨：一是在这起舆论事件中，自媒体成为当事双方发布信息的主要媒介。在事件初起阶段，先是事件核心人物王宝强通过微博发布声明，将其与马蓉婚变的信息率先披露，也包括将马蓉与自己的经纪人宋喆存在婚外不正当两性关系的内情公之于众。此后，瞬间引爆整个舆论场。各种自媒体纷纷转发、跟帖、搜索、评论，继而新闻媒体相继介入，不仅报道和评论，而且还在访谈等节目中做深度解读和分析。二是在同一时间段内有里约奥运会等多项重要新闻的情况下，王宝强和马蓉婚变事件仍在近

10天内占据新闻传媒的重要版面和时段，在新型媒体上更是牢牢占据关注焦点。这两个特点释放出如下信息：一是当事人在自媒体上发布信息已经可以迅速占据舆论制高点，今后娱乐达人们完全可以不依赖专业的新闻传媒完成信息传播、舆论造势，而且专业的新闻传媒还要争先恐后地介入报道，从某种意义上说，专业的新闻传媒已经在传播作用方面沦为从属地位，成为信息传播上的二流角色。二是娱乐化和“泛娱乐化”新闻在与重要新闻争风头、争关注度的角力中，显示出强大的竞争力，这似乎既是对中国新闻受众的关注状态及其水平做了一个客观的描述，同时也对我国自媒体乃至整个新闻传媒的传播水准做了一个现实的评估。从关注和研究当下新闻传播变化趋势及其规律的角度上说，王宝强婚变引起的舆论事件可能具有某种标志性的意义。

在分析了娱乐化和“泛娱乐化”在涉法新闻传播领域的直接影响之后，再深入研讨娱乐化和“泛娱乐化”在涉法新闻传播方面的间接影响，会发现一些更加值得重视的现象和特点。

娱乐化和“泛娱乐化”在涉法新闻传播方面的间接影响是将一般的涉法事件做娱乐化的对待，无论涉法事件是何种类型、何种性质，都一概进行娱乐化的处理，然后最大限度地做娱乐化的传播。分析起来，那些娱乐化和“泛娱乐化”的处理手段，主要有如下几种：一是“有色化”处理，这类处理手法在贪腐案件中应用最为普遍，贪腐案件的男女主人公通常都被描写成色魔或者情圣，而挖掘有色情节就成了通灵宝典，诸如贪官在拥有情人方面有着怎样惊人的数字，关键性情人在案件中有着怎样惊人的作用，在情色交换上有着怎样惊人的内幕，甚至在云雨之欢方面有着怎样惊人的细节……二是悲情化处理，娱乐化并非一味狭义地取悦受众，“泛娱乐化”常用的妙招是“催情”，即不择手段地触动受众的情感，令你或喜或悲、或怨或怒……在涉法事件中，对相关人物做悲情化处理，是娱乐化和“泛娱乐化”的典型手段之一。比如：厦门公交车爆炸案，可以用作案者如何怀有冤情以使整个案件悲情化，在讲这类悲情故事中，曲折的情节必不可少，“动人”的细节必不可少。在一系列血淋淋的案件背后，那些擅长悲情化处理的“高人”们常常远离受害者，却钻头觅缝地了解疑凶作案前的种种遭遇，并且常常不惜笔墨、不吝篇幅地讲述这一个个悲情故事……当读者们屡屡被故事触动甚至潸然泪下的时候，却常常忽略了真正应该同情的受害者究竟是谁？三是激怒式处理，正像悲情可以感动受众，激怒式处理也是娱乐化和“泛娱乐化”的常用手段，目的在于令受众愤怒、哀怨。比如：城管人员与不法商贩发生执法冲突事件，城管人员强制执法的手段必定被大力渲染，小商贩的惨状必定被大大强化，无论是文字，还是图片、视频，都会着力渲染小商贩被打后身体滴血的部位，都会着力渲染小商贩们哀怨的神情……在一些公安人员以强制手段维护治安的舆论事件中，娱乐化和“泛娱乐化”的激怒式处理也大同小异。四是调侃式处理，应该说，这种处理方式乃娱乐化和“泛娱乐化”的当家手段，将涉法事件中荒诞离奇的内容剥离出来，加以无限放大，其间夸张手法是断然不会少的，比如：骗子的招法如何荒唐可笑，而中招者如何贪婪愚钝；谁人错上谁的床，谁人又将错就错乱中取巧……五是恐吓式处理，用恫吓手段触动受众的畏惧神经，也是娱乐化和“泛娱乐化”的常用手段，就如同戏剧和电影中的惊悚类型。将涉法事件中具有恐吓效应的元素提取出来，经过一番夸大化处理，然后四处传播。比如：电信诈骗的新型手段，病态杀人狂的作案特点，流窜犯罪集团血腥四溅的犯罪后果……

伴随着娱乐化和“泛娱乐化”对涉法新闻传播领域的影响，一起起涉法事件成为受众围观的焦点，围观涉法事件日益成为当下社会舆论方面的一大现象。在受众争相围观的涉法事件中，那些娱乐界的风云人物或因婚变、涉嫖涉毒、财产纷争、侵犯知识产权等原因引发的涉法案（事）件自然排在前列，人们争相围观、争相评述、争相搜索相关信息，新闻传媒也在围观的行列中出尽风头。另外，近年来，弱势群体因暴力强拆、粗暴执法等原因引起的群体性涉法案（事）件在引起受众持续围观的舆论事件中呈上升趋势，此类事件因为刺激受众情感，点中受众内心某个方面柔软的部位，致使他们愤怒、不平、同情，甚至呐喊。此外，由于错误或争议性执法引起非正常死亡的突发性涉法案（事）件，也是受众争相并持续围观的焦点之一，这方面最典型也最突出的事例是 2016

年5月7日在北京发生的雷洋事件。这类事件由于触发公众对于自身权益保障上的焦虑和社会公平正义方面的担忧，往往受众反应最强烈、最集中，也最持久。

娱乐化和“泛娱乐化”作为文化现象，在文化领域的影响注定是普遍的、多面的，在新闻传媒当中，法治传媒受到的影响是如此广泛、如此深入，财经传媒、体育传媒、科技传媒等，都不可相提并论。而进一步对这些影响做更深入的分析，将会发现：法治传媒面对的挑战相当严峻。

三

在公信力、影响力方面的不断消解，是娱乐化和“泛娱乐化”时代给法治传媒带来的主要负面影响，如何抵御、如何摆脱，进而完成深刻的锻造，是法治传媒无法回避的课题。

娱乐化和“泛娱乐化”的流行，是全球性的文化现象。它的发生、发展和演变至今影响无处不在，具有自身的客观性和必然性。它在文化领域的影响也需要积极、客观、全面地认识和对待。对于新闻传媒，特别是法治传媒来说，消极地回避、被动地等待和一味用传统的招法应付，都不是正确的态度，都可能错失了宝贵的时机，进而失去了完成自身转型的最佳机会。

娱乐化和“泛娱乐化”对于法治传媒的影响林林总总，但从根本上说，其负面影响，首先在于公信力。从某种意义上说，娱乐化和“泛娱乐化”时代，信息传播正在遭遇公信力危机，而在这场危机当中，法治传媒首当其冲。造成危机的原因主要缘于信息传播频频失真，新闻反转几乎成为规律。几乎每一起涉法突发性事件，都在不断的热炒中一次又一次反转。涉法的舆论事件也是如此，从湖南湘潭孕妇惨死手术台（2014年8月10日发生在湖南湘潭妇幼保健院）到庆安枪击事件（2015年5月2日发生在黑龙江省庆安县火车站），事例举不胜举。从表面上看，屡屡反转的是新闻事实，随之反转的是舆论的好恶。但本质上，受到极大伤害的是新闻以及新闻传媒的公信力。新闻的生命在于真实，法治新闻的生命更是如此。失去真实性的新闻与谎言无异，而失去公信力的传媒毫无价值。新闻传媒的公信力来自新闻报道的真实与诚信，法治传媒的公信力更是来自对于法治新闻报道上一以贯之的真实、公正与专业。当社会公众屡屡在新闻反转中受到戏弄，从曾经恼羞成怒到习以为常，以至于当新闻传媒公信力荡然无存的时候，新闻传媒面临的问题并不仅仅是情何以堪那么简单，真正残酷的问题是：新闻传媒赖以生存的根基受到动摇。

接下来我们面对的问题是，当面对涉法新闻公信力受到极大消解乃至伤害的时候，法治传媒应该做些什么和能够做些什么？

首先，我们应该将涉法新闻公信力危机置于战略高度予以考量。当下新闻传媒都在为新闻传播的转型问题而焦虑不安，都在为媒体融合的战略和战术问题而殚精竭虑，都在为构建新型传媒结构而争分夺秒……但是，作为法治传媒而言，在应对涉法新闻公信力危机的战略意义方面，认识普遍不足。其实，再应时的传播平台、再先进的传播技术和传播手段、再美妙的传播语言，都无助于重建新闻公信力。而缺乏新闻公信力的传播媒体，无论拥有何种平台、何种技术和手段以及何种传播语言，都难以拥有广大受众的信任，也自然难以长久地拥有广大受众。

如果从战略高度对娱乐化和“泛娱乐化”时代法治传媒公信力问题进行深入考量，我们应该得出如下结论：从某种意义和某种程度上说，以新闻反转和反转新闻为标志性特征，涉法新闻面临公信力严重消解，应该是常态化的状态。因此，法治传媒应当将重构自身公信力作为重要战略任务来对待。当务之急是确立并不断强化法治新闻公信力意识，并且将其作为自身核心竞争力持续性地增强。

其次，面对娱乐化和“泛娱乐化”时代涉法新闻的典型特征，根据重建新闻公信力的战略需要，制定有效的战术应对体系，以系统地、持续性地实施。对于报道内容中来自权威机关发布的法治新闻内容，是法治传媒宝贵的传播资源，要进一步用好、用足、用精，要特别做好重要法治新闻的深度解读，特别做好重要法律、法规的深度解读，特别做好重大涉法案（事）件的背景解读和法治精神解读。

对于突发性涉法新闻和舆情事件，特别是对于新型媒体上热传、热炒并广受围观的即时性涉法事件和舆论事件，应该有针对性地设置战术套路以有效应对。应当以求证性新闻和澄清性新闻为核心，以其他新闻体裁为辅助，形成系统性肃清失实新闻消极影响的整体战术。在传统的新闻传播中，求证性新闻和澄清性新闻体裁的使用并不常见，只偶尔见诸涉外新闻和时政新闻等方面报道。它们是针对一方（特别是对我国怀有敌意的国家和政治组织）故意或因技术性原因导致某一报道不准确甚至根本失实并带来明显消极影响而着力做出的新闻报道。求证性报道和澄清性报道的作用就在于针锋相对地将含糊的传说和错讹的报道真切明晰地予以澄清，并用必要的观点加以说明和强调，具有以正视听的明显功效。在娱乐化和“泛娱乐化”造成涉法新闻传播公信力严重下降的当下，应充分发挥这两类新闻报道的功能。可以将求证性新闻和澄清性新闻作为主要新闻体裁和主要新闻内容，及时、突出、持续地组织采写并刊发，尤其是对于那些影响广泛、严重混淆视听、严重损害我国法治形象和尊严的新闻反转和反转新闻，不仅及时澄清、突出醒目地刊出，还可以运用评论和解读性报道，围绕核心事实、关键细节和重要背景，予以透彻的澄清和解析，以完全彻底地肃清负面影响。如果持续地将涉法的澄清性新闻作为拳头产品，通过传统媒体＋互联网新型媒体一体化地有效传播，那么法治传媒重构内容公信力和传媒公信力的努力一定大见成效。

与此同时，在对涉法突发性新闻和舆情事件的跟进报道上，必须有长远眼光和战略性考量。应将慎重跟进、理性反应作为常态化的战术态度，以准确判断、把握有度、理性报道和留有余地作为基本要求，尽最大可能减少在跟进突发性涉法新闻报道和舆情事件方面的失误；应当加强研究新闻反转和反转新闻的特点及其规律，以建立并增强对此类涉法新闻的理性认识；应当尽最大可能逐步抑制和克服一见即事性涉法突发新闻和舆论事件即一哄而上唯恐落下和失声的焦躁感和恐惧感。

在实现思想认识上的转变以后，应建立一套简明有效的新闻处理流程，主要在三个环节上完成此类新闻的应对和处理：一是在可能和必要前提下的核清事实，力求对突发涉法新闻事件的主要事实辨明真伪，发挥法治传媒的传统优势，抢占公信力新闻的制高点；二是进一步增强涉法突发新闻事件方面的评论意识，特别强调在审慎判断之后的评论发声，要准确、独到、冷静，抢占涉法突发性事件的舆论制高点；三是在暂时无法核清事实的情况下，在必须报道涉法突发性事件的时候，努力做到审慎判断，反复推敲，慎下结论，留有余地，尽可能选用权威部门发布的信息和回应，尽可能就事实真伪方面提出疑问，为发生新闻反转留下最大的空间。

娱乐化和“泛娱乐化”时代法治传媒受到的负面影响还集中体现在影响力上。当以新闻煽情和恶搞新闻等为主要特征的新闻娱乐化，伴随着以社交媒体占主流的自媒体传播，使广大受众在相当程度上习惯于享受涉法新闻娱乐和娱乐涉法新闻，这个时候在不经意间广大受众的新闻感受和新闻判断习惯发生了值得重视的改变。这个改变的主要特征就是从被动地接受新闻信息转变为相对主动地接受新闻信息，从被动地接受新闻的判断转变为主动地判断和评论新闻。这个改变从研究新闻传媒影响力的角度看，意义相当重大。

在新闻传媒发展的历史上，传媒人与传媒受众的关系一直清晰无二，尽管伴随着传播方式和手段的变革，比如：广播以及广播电台的出现，电视以及电视台的出现，互联网以及网络门户网站的出现等，都给传统的新闻传播以及新闻传媒带来了一波又一波冲击，但在传媒人与传媒受众的关系上，都没有带来根本性的改变。新闻传媒作为新闻传播主动作为的一方，其地位、作用、影响力等都无可置疑、无可撼动、无可改变，而传媒受众作为新闻传播被动接受的一方，其地位也如此明确，尽管可以通过种种方式参与新闻传媒的相关活动，但都是新闻传播活动有限的补充。直到互联网＋移动终端＋各类新型媒体为代表的信息传播方式变革，与新闻娱乐化和“泛娱乐化”时代的叠加，才真正宣告了新闻传播新时代的来临，其典型特征之一就是传媒人和传媒受众之间边界越来越模糊，新闻传媒在新闻传播方面独一无二的地位从此不再，新闻传媒在传播影响力方面也需要重新评估。

就法治传媒而言，在信息传播多元、多个舆论场并存、涉法新闻突发事件频现和涉法舆论事件不断的当下，如何克服传播影响力弱化，不断校准法治传媒的传播定位，重新打造法治传媒影响力，是不容迟缓也不容懈怠的课题。传媒影响力是新闻传媒的立身之本，作为法治传媒，其影响力是自身价值的根本体现，也是自身存在的根本理由。在重铸传媒影响力的过程中，法治传媒亟须准确把握自身价值的核心，着重打造法治传媒的核心影响力。

核心影响力之关键元素一：努力找准社会的法治焦点，始终围绕重大的法治主题，牢牢占据法治传播制高点。娱乐化和“泛娱乐化”时代，社会聚焦点高度分散，受众兴奋点转换不定，在涉法舆论场上，随着一件件涉法事件的来去，公众的关注也忽聚忽散。在这种舆论生态环境下，法治传媒要重铸自身的影响力，需要找准自身的立足点，不能在无休止地追逐涉法新闻事件热点的长跑中，忘记自身的使命，丢弃自我核心的价值，必须将传媒关注的焦点始终对准中国法治领域的重大主题、核心工程和关键课题，围绕这些法治领域核心内容积极设置议题，推动全社会的关注和共识，让法治传媒的核心影响力成为中国法治前行的主要推动力。

核心影响力之关键元素二：努力找准民众对法治的关切点，始终围绕广大民众关切的核心所在，切实维护社会的公平正义。娱乐化和“泛娱乐化”时代，受众信息关注点多而散乱，而受众信息兴奋点也似乎多变，变得令新闻传媒人感到难以把握。特别是在涉法领域，当以微信为代表的自媒体借助一起起涉法突发性事件屡屡传递出涉法信息受众愤愤不平之声的时候，法治传媒人往往深深感受到一些民众对公安、司法以及其他行政执法机关的不满情绪之深之切，也由此产生焦虑之情。然而，作为法治传媒人，切不可被舆论的表象所迷惑，而看不到种种舆论表象遮蔽下民众内心深处真正的关切所在；更不可被某些舆论假象所蒙骗，而对某些舆论假象下的民众情绪产生误解。

当下之所以涉法突发性事件频频曝光于自媒体以及其他新型媒体，特别是借助这些涉法突发性事件和舆论事件受众每每抒发出的负面情绪，或是尖锐地质问、责问、追问乃至考问，或是借题发挥引起种种议论、评论、驳论乃至怪论，除去一些人别有用心确实是借题发挥以外，绝大多数人则是深深关切我国法治的进步，这种关切之中既包含了对自身权益保障状况的不安，也饱含公众对积极推进和完善司法改革、有效加强和改进司法监督的期待。法治传媒必须努力找准广大民众对法治进步的关切，并始终围绕这些关注点持续展开深入有效的报道，特别要在三方面下足功夫：一是不断反映广大民众关切法治进步，期待司法改革和完善司法体制、机制的呼声，不断反映社会各界对于法治进步，特别是对于推进司法改革、完善司法体制机制的意见和建议；二是不断推出反映法治进步，特别是司法改革有序推进、司法体制机制逐步改革完善方面的生动报道；三是有重点、有针对性和有限度地开展涉法领域的舆论监督，用舆论批评的武器促进法治进步，促进司法体制和机制的完善。

核心影响力之关键元素三：努力提高法治传媒话语的感染力，始终紧跟互联网+新媒体时代变革的脚步，用广大受众喜闻乐见的传播形式打动受众。当我们讨论娱乐化和“泛娱乐化”时代提高法治传媒核心影响力这一话题的时候，应该清醒地意识到，无论是娱乐化和“泛娱乐化”本身的兴起和发展，还是传媒业自身受到的种种冲击，都离不开互联网+新媒体时代这个特殊的语境。因此，在探讨娱乐化和“泛娱乐化”文化背景下重新打造法治传媒核心影响力的时候，不能不紧紧围绕互联网+新媒体时代的特点，紧紧围绕互联网+新媒体时代种种变革带来的挑战，这是法治传媒再造影响力所处的环境，也是法治传媒不得不变革自我的原因所在。

当今的传媒生态环境可以说是日新月异，这诸多改变的背后无不显露着互联网+新媒体的魅影。法治传媒欲再造影响力，也必须紧跟互联网+新媒体时代的脚步，也必须循着互联网+新媒体时代改革的规律，以变革顺应变革。那么，在传媒生态诸多的改变之中，什么是具有标志性的改变呢？

当我们细细厘清近年来传媒生态发生诸多改变的时候，会在技术层面发现这样一种改变，就是以信息技术运用为核心，在新闻传媒工作的各个环节，从工作设备到技术手段都今非昔比，无论从工作效率还是工作质量上，都有了质的飞跃；会在传媒形态层面发现这样一种改变，就是以两微一端为代表在新型媒体方面正在衍生出更多的媒体产品，媒体融合的脚步正越来越大、越来越快地决定着新闻传媒的今天与未来；会在舆论环境层面发现这样一种改变，就是随着互联网+新型媒体的飞速发展，伴随着经济、社会转型中日益复杂的情况，伴随着不同阶层、不同思潮、不同权利主张者们的各种复杂多元的思想主张，多种舆论场并存、多种立场多种声音混杂的现象长期存在，新闻传媒正面对着从未有过的舆论环境……然而，这些变化还不能称为当前传媒生态方面最具标志性的变化。种种迹象表明，在传媒生态方面最为值得重视也是最具标志性的变化，是新闻传播受众方面的变化：从新闻传播的主体与客体的关系上来看，信息传播者和信息接受者两者间的边界越来越模糊，在不同的时空和不同的条件下，两者在不断转换。信息传播者和信息接受者两者间相互依赖、相互作用日益紧密的状态不同于新闻传媒出现以来的任何一个时期，在这种相互紧密依赖、相互作用活跃的状态中，新闻传媒相对新闻受众从以往占据绝对主导地位的状况已经演变为相对日益平等的地位。如果深入地分析新闻受众，我们会发现，无论是作为集体受众还是个体受众，也无论是单位受众还是个人受众，都在很大程度上不再是被动地接受新闻信息，也不再是被动地接受新闻传媒对于新闻信息的判断和评价，他们往往可以根据自身的需要，随时随地发布信息或者转发信息，他们也往往可以根据自身的需要和判断，随时随地发表或者转发对于新闻信息的评价和评论。在任何人都既可以是信息传播者也可以是信息接受者的情况下，信息接受者的选择权利变得如此之大和如此之充分，使得任何一个新闻传播者都不可以自恃强大、自恃拥有某种传播霸权而忽视新闻受众的权利、意见和主张。

分析至此，我们就很容易得出结论：在互联网+新型媒体时代再造法治传媒影响力，只有尽最大可能尊重涉法新闻受众，尽最大可能了解涉法新闻受众并且满足他们对于涉法新闻信息以及相关方面的需求，尽最大可能研究并且遵循互联网+新型媒体时代新闻信息传播变化的规律，从传播方式、传播手段、传播语言、传播风格等方方面面完成全方位转变，方能适应互联网+新媒体时代的需要，也才可能实现再造法治传媒影响力的初衷。

第十章　法治传媒人的思维方式

关于新闻职业，普利策先生有句名言："倘若一个国家是一条航行在大海上的船，新闻记者就是船头的瞭望者。他要在一望无际的海面上观察一切，审视海上的不测风云和浅滩暗礁，及时发出警报。"普利策先生的名言影响了一代又一代人，多年来，瞭望者、观察者、守望者……这一类名词成为新闻记者职业责任精妙的缩略语，也饱含着社会各界对于新闻记者职业责任殷切的期待。

的确，记者是瞭望者，是观察者，也是守望者；但是，记者的瞭望和观察，仅仅是凭借眼睛吗？当政治风云变幻莫测的时候，当国际局势云谲波诡的时候，当财经天空阴晴不定的时候，当法治社会云遮雾罩的时候……作为国家这只大船船头的瞭望者，要靠什么去审视"不测风云"和"浅滩暗礁"，要凭什么能先于芸芸众生发出准确的警报？

对于职业记者而言，观察是一种生活习惯，也是一种生活方式。对于记者的观察而言，从来就不只是看，也不仅仅使用眼睛这一个器官。一个优秀的新闻记者，在观察事物的时候，从来都是边观察边思考、边思考边观察，观察和思考是两个须臾不可分割的过程。对于观察而言，在观察的同时思考和在思考的基础上观察，是防止眼睛受骗的必要条件，是拥有深刻观察力的必备要素。对于思考而言，持续不断且日渐深入的观察，可以为思考提供源源不绝的素材，使思考如不竭的江河长流不息。可见，勤于思考和善于思考，才能使记者成为冷静的观察者，能够透过世间百态纷繁复杂的表象，洞察其核心；才能使记者成为清醒的智者，能够不为芸芸众生嘈杂议论所左右，把握其真谛。思考是如此重要，那么，决定思考能力和水平的关键因素是什么呢？是经验积淀？是理论素养？还是自身天分？……这些，是也不是。对于记者这个职业而言，决定思考的关键因素是思维方式。

当下的世界和当下的中国，正处于几百年以来从未有过的大变局之中，一个变字道尽了国际国内各行各业所处境况的真谛所在。大千世界万事万物需要记者观察思考的事物是如此之多，作为优秀的新闻传媒人，特别是法治传媒人，迫切需要具备三种思维方式，这就是法治思维、新闻思维和互联网思维。

一

法治传媒人所具有的法治思维，具有一种特殊要求，就是运用法治理念、法治原则、法治精神判断新闻和处理新闻的能力，这种能力的元素都有哪些，它的核心又是什么呢？

什么是法治思维呢？法治思维是将法治的基本原则、基本精神和基本要求运用于认识、分析和处理问题的思维方式，是一种以法律规范为基准的逻辑化的理性思考方式。它的基本特征是将法律作为判断是非和处理事务的准绳，要求崇尚法治、尊重法律，善于运用法律手段解决问题和推进工作。

在推进全面依法治国的进程中，全社会都要学习和运用法治思维，对于各行各业不同部门、不同专业、不同层次的人们来说，学习和运用法治思维的重点和要求也各有侧重。对于法治传媒人来说，运用法治思维，意味着要将其作为基本的职业思维方式，也就是以法治思维指导法治传媒的职业活动，以法治思维作为辨别和衡量涉法新闻的思维方法，以法治思维作为指导涉法新闻采编的思维方式，以法治思维作为推进法治传媒事业的思想武器。具体说来，掌握法治思维的方法，首先要具备五个意识：

一是规则意识。

法治的基本意义就是依法治理，依法之治就是规则之治。这是法治与人治的分水岭，也是法治传媒人判断新闻事件是非、价值的基本依据。

法治思维中的规则意识，就是把严格依规办事置于首位，养成严格依规的意识和习惯，用规则的精神和要求作为行为的规范，也以规则的要求和精神作为判断涉法事物和行为的基本标准。作为新闻传媒人，特别是法治传媒人，应该将规则意识作为基本职业思维方式中的重要元素，时时、事事、处处自觉地运用，不仅运用规则意识指导个人的行为和生活，而且将规则意识作为从事职业活动的基本参照系：熟练和准确地运用规则意识指导涉法新闻的采编活动，熟练和准确地运用规则意识判断涉法新闻事件的是非和价值，熟练和准确地运用规则意识决定涉法新闻处理中的进与退，如此等等。

从民族的生活习性、行为习惯和传统思维方式来看，我们是缺乏规则意识、守规习惯和合规思维的民族。拥有悠久的农耕文明史和灿烂的农耕文化，使我们的祖先习惯于用儒学、礼法、道德来指引行为，也以儒学、礼法、道德作为评判事物和行为的准则。这种传统和习惯至今都对我们的思维方式造成惯性的影响，以至于在面对诸多涉法事物时，不少人仍然习惯于用传统的思维方式去分析和判断。比如，时常把道德尺度、伦理尺度等作为评判事物或者行为的首选尺度，而在道德尺度和伦理尺度方面，又往往将传统的甚至是封建的道德、伦理要求混杂在现代理念之中。这种思维和评判便难免脱离了现代法治的轨道，与社会主义法治精神和原则相去甚远。在新闻传媒界也是如此，甚至一些法治传媒人也时常陷于传统思维方式中而浑然不觉，以至于在一些涉法新闻事件的采编中出现伪法治和非法治的判断和表述。

二是权利意识。

在法治的基本意义当中，权利意识是核心内容之一。法治保障的主要内容之一就是公民权利。在法治社会里，权利是法治的源泉，现代法治社会应当体现为公民权利对国家权力的有效制约。权利与权力由对立走向平衡和统一，是民主政治发展的必然结果。

在一般的意义上说，所谓权利意识是指人们对于一切权利的认知、理解和态度，是人们对于实现其权利方式的选择，以及当其权利受到损害时，以何种手段予以补救的一种心理反应，它构成了公民意识和宪法精神的核心。权利意识包含三个层次的内容：一是公民认识和理解依法享有的权利及其价值；二是公民掌握如何有效行使与捍卫这些权利的方式；三是公民自觉地行使公民权利的行为规约于法律规范之中，以免损害其他主体的合法权利。

在法治思维中包含的权利意识，要求将依法维护和保障公民（包括法人）权利置于重要地位，要将尊重公民权利作为普遍的社会认知和社会意识。不仅要将依法维护和保障公民权利作为法治的根本出发点，而且要将能否切实维护和保障公民权利作为法治成败与否的基本标准。在全面推进依法治国的语境下，作为新闻传媒人，特别是法治传媒人，要将权利意识作为思考和判断新闻事件的基本方法和尺度，用权利意识考量和判断事物和行为的对错与是非。

在我们的社会意识里，权利并不是一个普遍的存在元素，权利意识更是相对缺失。在几千年的封建历史当中，皇权至高无上，皇权意识也是上至王公贵族、下至黎民百姓的普遍思维方式。即使在封建制度在形式上被打碎，皇权已成为历史的遗迹以后，公权又在某种程度上成为皇权的替代品。回顾辛亥革命以后，在历次革命的时代，公权力每每凭借着最为应时的包装，总是无比堂皇，总是通行无阻，总是所向披靡。相形之下，普通民众的权利则常常被忽略，特别是作为个体的私权利，缺乏法律的认可，缺乏刚性的保障。作为民众，只有被要求、被约束的份儿，只有承担各种义务的份儿，只有为各种公共名义承担牺牲的份儿。在社会的普遍认知当中，公民权利似有若无，时有时无，似乎是个可以随时认可也可以随时否定、可以给予尊重也可以随意忽略的东西。这种长期形成的习惯意识，至今普遍而顽固。在包括法治传媒人在内的新闻媒体人的思维中，这种习惯意识的阴影也处处可见。公民权利在抽象的语境下，不时被提及，甚至强调，但在涉及具体事件，涉及具体言论、行为时，媒体人仍旧自然而然地把道德标准、社会责任等放在第一序列优先运用，而忽略了从公民权利的角度去考量。从尊重公民权利的角度上说，新闻媒体人（包括法治传媒人）还没有形成职业意识。从强调运用法治思维的语境上说，不能不说这是一个不能忽视的缺憾。

三是权责意识。

在法治的基本意义当中，权由法定、权责相符、权责一致，是非常重要的内容。这主要是针对公权力，并且是针对政府而言。政府在行使公共权力从事社会管理（包括社会治理）的时候，权力是明确的、有限的，责任也是明确的、有限的，权力与责任相一致。政府的权力具有明确的边界，政府的责任也有明确的范围。政府的权力是法律赋予的，法有授权方可为，法无授权不可为。对于政府而言，未经法律授权而行使权力，属于越权，是滥用权力；相反，如果法律已经授权而政府怠于行使，便是失职、渎职。无论滥用权力还是怠于行使权力失职、渎职，都应被依法追究相应的行政责任甚至法律责任。法治，从某种意义上说，就是依法治权、依法限权，就是依法明确责任，就是将政府的权力关进制度的笼子里，就是用法治的手段监督和保障政府依法履行社会管理（包括社会治理）责任。

在不同的语境下，权责意识有不同的含义和要求。一般来说，对于政府以及政府工作人员来说，权责意识意味着要严格明确自身的权力和责任，既要明确权力的内涵，也要明确权力的外延，时时处处严格依法履行职责。对于法律授权并且明确要求政府履行的职责，必须积极行使权力，积极履行责任，并且保证其行政管理行为不逾越至权力的边界之外；对于法律没有授权、没有赋予管理职责的，必须严格遵守法律规定，绝不越权行事。

对于新闻传媒人，特别是法治传媒人而言，权责意识的含义和要求有所不同。在这里要求新闻传媒人运用法治思维中的权责意识严格考量相关涉法新闻，在处理与政府权责相关的涉法新闻事件时，用权由法定、权责相符、权责一致的原则准确判断和把握政府的责任。在这方面的关键之处在于，对于涉法新闻中相关的政府以及工作人员来说，其权其责是否真的是法律所赋予、所授权，其权力的边界到底在哪里，是判断、衡量时要着意推敲的重点所在。现在时常出现的现象和问题是，在一些出现了某种后果的涉法新闻事件时，新闻传媒，甚至包括某些法治传媒，常常并未进行严肃、专业的法律推敲，便在一边倒的舆论鼓噪中，将监管缺位的责任一味推给政府，在法律责任的判断上出现误判，使舆论导向出现严重的偏差。就普遍的情况来说，新闻传媒，包括法治传媒，尚未完全形成完整、专业的责权意识，在判断和处理相关涉法新闻时，偏差甚至失误时时可见。

四是法理意识。

法治的基本要义是依法治理，就是依照宪法和法律治理一切，作为国家和政府层面，治国依法、执政依法、行政依法；作为企业和公民层面，经营依法、办事依法、维权依法。依法治理的前提是依法，法是什么？是宪法和法律，也是与宪法和法律相一致的法规和规章，还包括法的基本理念、基本精神和基本原则。

提倡法理意识，有两个不同层面的要求：对于各级政府，对于社会组织，对于各类企业，对于公民个人，法理意识主要是针对行为而言，必须养成依法办事的习惯，无论政府行为，还是企业行为、个人行为，也无论大事小事、公事私事，只要是受到法律规范约束的事项，都要依法办理、以法为据，无一例外。必须形成依法办事、以法为据的意识，必须养成依法办事、以法为据的习惯。

对于新闻传媒人，特别是法治传媒人，法理意识则是针对新闻职业活动的特殊要求，不仅要依法从事一切新闻活动，而且还要将法理意识融入一切新闻活动之中——用法理意识判断新闻事件，用法理意识思考新闻内容；在法理意识的指导下用事实说话，在法理意识的指导下评论涉法新闻事件……无论是用事实说话，还是直言阐述，都要以法为据，据法说理。从目前看，新闻传媒人在这方面还普遍存在差距，即使是法治传媒人，在新闻职业活动中也还习惯于凭着个人感觉，凭着职业积习从事采编评论等各项活动。于是乎，在涉法新闻事件的报道和评论当中，时时会有于法相悖的情况出现，有时是该说法理时却抛开法理说情理，有时是据法分析时却错用法条张冠李戴，有时是法理矛盾颠三倒四……

相对于规则意识、权利意识和权责意识，法理意识是对新闻传媒人，特别是法治传媒人更高层次的要求。从现阶段看，存在差距在所难免。但着眼于长远，在全面推进依法治国的语境下，培育和养成法理意识，则是必需的、迫切的。

五是公正意识。

法治追求的终极目标是公平正义，法治维护的核心元素是公平正义，法治理想的彼岸是公平正义，法治社会的基本标志仍然是公平正义。公正，是法治的基本要求，也是法治的最高要求。在法治思维的元素中，公正意识是最核心的元素。

对于不同的社会角色，公正意识具有不同的含义，也有不同的要求。对于国家工作人员，公正意识，意味着信念和理想，意味着职责和使命，意味着工作的目标和方向，也意味着职务行为的分寸和尺度。对于新闻传媒人，特别是法治传媒人，公正意识具有更多的含义，既包含着职业的使命感，包含着职业的理想和信念，包含着将公平正义作为职业的根本目标，包含着以公平正义为职业行为的基本定位，也包含着将公平正义作为衡量法治元素的根本尺度，更准确地说，是将公平正义作为度量涉法新闻事件的基本价值标准。

在这里，需要做一个必要的澄清。在新闻职业的道德标准中，历来有一个基本的要求，就是新闻媒体（包括新闻记者等）在采访和报道新闻的一切职业活动中，都应该居于公正、客观、中立的地位，都应该选择公正、客观、中立的立场，其所采访和报道的新闻也应该是公正、客观的。在新闻学里使用的公正，往往就是这种特定含义，其内涵和外延都很清晰，与法治思维元素中公正意识里的公正截然不同。因此，此公正非彼公正，而且应该强调的是，在法治思维中，公正意识居于核心地位，从某种意义上说，相对于其他四种意识，公正意识具有统领作用。当下，在新闻传媒人，包括法治传媒人中，对于法治思维的掌握和运用尚处于比较朦胧、比较初级的阶段。在新闻采编活动中，还不善于完整、准确和自觉地运用法治思维，在涉法新闻事件的报道当中，常常容易陷入个案的是非中，或是只见树木不见森林，或是纠结于某些具体案情甚至某个案件细节的真伪而失去对整个案件法治价值的理性判断，或是过度强调法律元素中的某个因素而在司法审判的根本导向上作出误判……究其原因，都是没有具备公正意识，不善于在具体的涉法事件中运用公平正义的原则指导新闻采编活动。在这方面，典型的事例有不少。由此可见，在涉法领域的新闻采编活动中，自觉、熟练、准确地运用法治思维，以公正意识为统领，将规则意识、权利意识、权责意识和法理意识有机地运用，对于新闻传媒人，特别是法治传媒人来说，非常必要，也非常迫切。

对于新闻传媒人来说，法治思维还是相对陌生的思维方式，因而在涉法事件的采编活动中，还习惯于运用传统的思维方式去思考和判断，于是留下了不少缺憾甚至谬误。

推进全面依法治国，建设中国特色社会主义法治国家，是一项崭新的事业，接受法治的洗礼和熏陶，培养法治意识、提高法治水平，是一个渐进和持续的过程。作为新闻传媒人，特别是法治传媒人，在推进全面依法治国事业中处于先导地位，负有特殊的职责，亟须率先养成法治意识，亟须率先提高法治水平，亟须率先用法治思维从事涉法新闻采编活动，从而用更多高水平的新闻作品促进全社会更快更好地形成尊法、信法、学法和守法的社会意识和社会环境。

然而，当下相当一些新闻传媒人，甚至包括一些法治传媒人，对于法治思维还多感陌生而不自觉。传统思维带着强大的惯性，还在很多时候和很多情况下，统治着他们的思维领地，使得他们在诸多涉法新闻事件的采编活动中，时常自觉或不自觉地滑入传统思维的窠臼之中，在新闻报道中留下缺憾甚至谬误。

法治思维缺失典型事例剖析一："宝马案"。

王宝强与马蓉离婚事件是一起具有标志性意义的涉法事件，在网络上被戏称为"宝马事件"。2016 年度，在此事件持续过程中的每个时间节点上，都在舆论上掀起一波波热潮。

2016 年 10 月 18 日，北京市朝阳区人民法院就这起离婚诉讼召开庭前会议，当日媒体记者云集。此时，一家权威的新闻通讯社以新媒体专电电头，抢先发出了一条评论色彩浓厚的报道，报道的标题为"有的明星靠炒作家丑扩大社会影响令人不齿"，全文如下：

> 今天上午，备受关注的某明星离婚案官司与名誉权纠纷案，在北京市朝阳区人民法院召开庭前会议，引发大批媒体和群众围观。作为影视

明星，把家事当公事，拿炒作家丑来扩大社会影响，实在令人不齿。

常言道："家丑不可外扬。"普通人尚且明白这个事理，作为影视明星更应明白。发生家庭婚变，一般人都会低调处理。作为某些影视明星，却是唯恐天下不知，又是微博发布，又是在新片发布会上大讲此事，把家丑放到如此巨大的舆论场中并持续发酵，形成强大的关注度效应。这种违逆中国传统道德，利用家丑来造影响的行为，真是毁人"三观"。

正如一些网友所称，一场本很正常的婚变，竟带火了其执导的影片，使其未映先火。沸沸扬扬的离婚事件，不过是为了公司利益而精心策划的一出闹剧。试想，当这些信息被媒体报道放大，一次次引爆各大社交媒体平台，网友再讨论，形成新的所谓"线索"，从而形成叹为观止的互动效应。难怪有网友一针见血地指出，这种炒作家丑的行为，已经成为影视娱乐公司内部的一种"盈利模式"。

一场"明星离婚闹剧"透出如此吊诡的味道，而一些媒体、商业网站和营销平台利用"明星效应"去跟进时，广大网友其实是被利用了，无形当中成了有关推手的造利工具。

也许，围在朝阳区人民法院门口的媒体和群众迟早会明白，其实一个明星的婚变和一个普通人的婚变并没有什么区别，是利益让它产生了区别。

作为权威的新闻通讯社就"宝马事件"发声，这篇报道在第一时间就引起各方关注，并在各新型媒体上被纷纷转发。然而，人们很快发现，这篇评论性报道从始至终反映出的都是传统道德和传统思维的逻辑、观点，没有一丝一毫法治思维的影子，也没有一丝一毫规则意识的元素。报道的核心观点是，"作为影视明星，把家事当公事，拿炒作家丑来扩大社会影响，实在令人不齿。""这种违逆中国传统道德，利用家丑来造影响的行为，真是毁人'三观'。"而它的理论依据是"家丑不可外扬"。

如果是处在非法治的时代，如果针对的是一起非法治的事件，这种报道的方式和角度不无不可。然而，恰恰是处于中国全面推进依法治国的时代，恰恰针对的是一起已经进入诉讼程序的离婚案件，即便主角是影视明星，这篇由权威的新闻通讯社发出的报道，在方式、角度和观点上显然都十分不妥。从根本上说，报道忽略了法治思维的根本原则，是将法律作为判断是非对错和处理涉法事务的准绳，是将法治原则和法治精神作为推断和评判涉法事件是非短长的基本标准和尺度。这篇报道也忽略了法治思维判断涉法事件是非的基本参照物是法律规则，符合法律规则即为是，违反法律规则便为非。具体到“宝马案”，王宝强在其离婚事件中的所作所为符合法治原则和法治精神，也并未违反法律法规，完全属于其权利范围内的事务。这篇报道错即错在用传统道德和传统观念衡量涉法事务，用传统道德思维代替现代法治思维。也许作者以及相关编辑尚未意识到全面推进依法治国时代与以前有何不同，而且也没有意识到依法治国给意识形态领域带来了怎样的变化，更没有意识到作为权威的新闻通讯社记者在报道涉法领域事件时应该怎样适应这种变化带来的职业要求。

果然，这篇报道见诸媒体不久，很快受到各方质疑，批评和驳斥的声音不绝于耳。随后，一家法治媒体刊发评论，标题是：“评王宝强离婚，自曝家丑是个人自由”，评论指出，“从法治角度看，既然法律没有禁止，自曝家丑就是个人自由。当然，这要以不侵犯他人权利为前提”。另一家权威的法治媒体也刊发评论，标题是：“王宝强离婚案，与其看作炒作，不如当普法剧”，评论提出，“问题的关键是，大家为什么关注‘宝马案’？是否都集中在了娱乐八卦的谈资上？答案应该是否定的，人们关注的目的恐怕还在于事件背后为法律和道德所不能容忍的一些社会现象”。此后，此文作者以及其背后的新闻通讯社没有就“宝马案”再刊发后续报道和评论，这篇“新媒体专电”也从这家通讯社的网站上消失了，并在人们的记忆中渐渐淡忘。今后也许它只能作为非法治思维的典型作品而留在某些专业人员的资料中，以供学术活动中反思、研究了。

在“宝马案”的报道和评论中，体现出一种普遍的现象，在面对非典型的涉法事件时，比如公众人物之间的纷争、文体明星的绯闻、知名人士家庭内部财产争议等，众多新闻传媒人往往表现出法治无意识，即基本忽略事件中的涉法元素，基本是凭着感觉、凭着习惯性思维、凭着或新或旧的道德观念，叙述和评论着新闻事件的是非。因为面对的是非典型的涉法事件，涉法元素不那么显著，容易被忽略，所以这种普遍存在的法治无意识现象似乎具有了一定的合理性，易于获得人们的理解。但是，不那么易于理解的是，当典型甚至极端的涉法事件出现在媒体人视野的时候，仍然有法治思维缺失的现象出现。

法治思维缺失典型事例剖析二：魏则西事件。

魏则西事件是一起非常典型的涉法事件，也是2016年度各类媒体高度关注的舆论事件。一个病入膏肓的大学生在百度搜索排名的误导之下，在一家备受争议、声名狼藉的莆田系民营医疗机构承包的部队医院，接受一种已被国外淘汰的名为“DC-CIK细胞免疫疗法”的治疗，在花尽了几十万元治疗费后，终于不治身亡……魏则西事件集中了多种问题事件的荒唐元素，也就使得这个悲情故事的悲剧色彩更加浓厚。于是乎，几乎所有媒体在报道和评论这起问题事件时，都在口诛笔伐中倾注了愤怒、厌恶、同情和忍无可忍的悲愤。然而，大多数的报道和评论都忽略了这是一起严重的涉法事件，因而在魏则西事件的报道和评论中，很难寻到法治思维的踪影。下面仅举一例。这是一家颇有影响力的都市报就魏则西事件刊发的反思性报道，标题是：“魏则西事件之后的几点思考”（以下简称为“思考”）。全文如下：

“魏则西事件”持续发酵，工作组已进驻相关医院。有关领导表示，将全力配合国家卫生计生委等部门调查，对发现的问题将依法依纪严肃查处，绝不姑息迁就。昨天上午，深陷“魏则西事件”旋涡的医院贴出停诊通知，宣布暂时停止一切对外服务。

一位正值青春华年的青年病逝，令人悲伤；他生前在网络揭示的“恶”，让人愤慨。魏则西在《你认为人性最大的“恶”是什么？》的回答中，不满集中在“百度竞价排名”与“生物免疫治疗”上，其实，更多问题他并没有触及，更值得我们反思。

思考一，作为提供搜索服务的商业网站，商业推广收费是其经营模式之一，无可厚非。只是，“有奶便是娘”，谁出的钱多，就将谁排在搜索结果的前面，结果被“无良商人”钻了空子，坑了消费者，这种行为就值得追问。网站经营方式有问题，外部规范管理哪去了？如果制度缺位，理当及时补上短板。

思考二，诱导魏则西上当的“DC-CIK 细胞免疫疗法”。魏则西表示，一位留学生帮他查明，这是一种因为效率太低而被国外淘汰的疗法。一种在国外被淘汰的疗法，在国内却被吹成“新技术”，把患者宰得“鲜血淋漓”。这方面，医院固然有责任，但管理者呢？医疗技术事关重大，管理岂能放任？

思考三，“魏则西事件”令人震惊的内幕还在于，靠电线杆贴小广告起家的莆田系居然堂而皇之进入公立医院，承包相关科室，利用公立医院品牌、资源大发其财。公立医院科室外包，扰乱医疗市场秩序，危害医院的公益性和服务性，对患者更是不利，已是共识。北京市卫计委相关负责人 3 日表示，国家卫生行政部门早已明确要求，公立医院科室不能对外承包经营。既然“早已明确要求”，为何肇事医院不把规定当回事？这种现象并非个别，行政管理不能满足于“欢迎举报”的被动状态，要有主动意识。

思考四，近年来，一系列的负面新闻几乎让“莆田系”成为一个贬义词，其唯利是图、忽略道德的经营理念与手法，与医院的公益性相悖，难以让人认同。过度逐利是“莆田系”遭人诟病的主观原因，客观上，恐怕亦与民营医疗发展不顺有关。我国于 2001 年就开放医疗市场，鼓励发展民营医疗机构，然而直到今天，营利性民营医院仍然无法与公立医院站在同一起跑线上。于是一些民营医疗机构走旁门左道，甚至歪门邪道。民营医疗事业发展，一方面要强化管理，规范民营医疗机构行为，另一方面要加大开放力度，让不同资本主体公平竞争。

有关部门迅速介入“魏则西事件”，表示“决不姑息迁就”，态度很坚决，希望尽快弄个水落石出，给魏则西家人以及公众一个交代。同时，必须看到，魏则西的不幸，不完全是一个医疗集团、一家医院和一个网站造成的，深层问题牵涉宽广，需要更多反思、更深追问，尤其在外部管理环节，该松要松、该紧要紧，一切围绕患者利益，围绕提高群众医疗保障水平。

“思考”一文是一篇评论色彩很浓的反思性报道，用新闻写作的一般标准来衡量，应该算是一篇具有一定质量的新闻作品了。然而，如果就其是针对一起影响重大的涉法事件所刊发的反思性报道而言，却不能不说，它存在着明显的缺憾。“思考”一文主要提出了四方面的思考内容，并相继进行了分析，从而形成了四个主要的观点：（1）百度作为提供搜索服务的商业网站，“有奶就是娘”，谁给的钱多就把谁排在前面，结果被不良商人钻了空子，坑了消费者，可见网站经营方式有问题，管理、监督缺失，这是造成魏则西事件的悲剧之源。（2）一种在国外被淘汰的疗法——“DC-CIK 细胞免疫疗法”，在国内却被吹成“新技术”，把患者宰得“鲜血淋漓”。医院有责任，行业管理监督方面更是难辞其咎。这是造成魏则西事件悲剧的主要原因。（3）声名不佳的莆田系利用公立医院招牌大肆牟利，坑害患者，破坏医疗市场秩序，有关部门主动监管意识不强，监督管理缺位，这是魏则西事件折射出的突出问题。（4）莆田系因过度逐利而遭人诟病的背后，是民营医疗事业发展不顺畅。这是魏则西事件暴露出的深层问题。民营医疗事业发展，一方面要强化管理，规范民营医疗机构行为，另一方面要加大开放力度，让不同资本主体公平竞争。这四个角度、四个原因、四个观点，都切中魏则西事件，然而，它们都不是这一事件法治层面的根本原因。就法治精神和法治原则而言，法律规则是判断是非的核心元素，任何行为的对与错都以是否违规、是否违法来衡量。就魏则西事件来说，百度营利性搜索排名的做法从法律规则角度来看究竟是合规还是违规、是合法还是违法？将一种在国外被淘汰的疗法引进国内从规则角度上如何看、如何定性？莆田系承包公立医院并借机牟利的行为是否违规？是否违法？民营医疗发展不畅从法治角度上该如何看待？它与魏则西事件在法律上是否有必然的因果关系？这些问题，这篇报道均未涉及。本来是针对具有重大涉法性质的魏则西事件撰写和刊发的反思性报道，却在这些涉法角度的主要问题上，没有运用法治思维进行深入分析，没有在违规和违法与否的核心问题上提出令人信服的观点和结论。作为有一定影响力的都市类媒体，就具有重大影响的涉法事件上刊发如此水准的报道，在全面推进依法治国的语境下，这难道不是令人遗憾的缺失吗？如果将这个缺失称为错的话，“思考”一文可能错就错在对魏则西事件重大涉法性质的忽略，正是由于根本忽略了这一事件重大的涉法性质，因而在思考和评论当中，作者既不运用法治思维，也不联系相关的法律法规对魏则西事件中的是与非在违规违法与否方面进行分析，只是习惯性地按照医疗事故进行一般化的分析和说理。从这个典型事例的剖析中，可以看出当下相当一些新闻媒体的采编人员以及媒体作者，对于全面推进依法治国的进程和要求还缺乏意识，对于新闻媒体在全面推进依法治国当中的责任和要求还缺乏意识，对于新闻媒体人在依法治国时代所应该具有的素质和水平还缺乏意识，因而还不善于运用法治思维来认识和分析涉法新闻事件。应该说，思考一文所折射出的问题具有相当的普遍性，值得新闻媒体人，特别是法治媒体人认真借鉴和深刻反思。

如果说魏则西事件是一起典型的涉法事件的话，贾敬龙死刑应否执行的争议就是极端的涉法事件了。在极端的涉法事件面前，一些新闻媒体人又有怎样的表现呢？

法治思维缺失典型事件剖析三：贾敬龙事件。

贾敬龙死刑应否执行的争议，是2016年度最具关注度且争议强度最高的涉法事件。“报复杀人”“手段凶残”“强制拆迁”“未婚妻改嫁”“刀下留人”……诸如此类的关键词聚集在贾敬龙案件上，使这起案件自2015年11月24日一审法院作出死刑判决以来，数次强烈地吸引住了广大公众的眼球。在一轮轮舆论热潮滚滚涌动的过程中，传统新闻媒体、各类新媒体和自媒体都异常踊跃，新闻媒体人（包括法治媒体人）、法学专家成为最为活跃的主角。他们纷纷以评论、专论和访谈等详述观点，一时间主张“刀下留人”的呼声不绝于耳。这是一篇来自某中央媒体的评论，标题是：“贾敬龙身上不该只有一道生死选择题”，全文如下：

如今，贾敬龙正站在一个危险的边缘，摇摇欲坠。

曾经，和我们身边的每位普通人一样，这个河北石家庄的年轻人人生也蕴含了无数可能。在精心装修的婚房里，婚礼眼看就要举行，随之展开的应该是全新的生活。突如其来的拆迁成为他人生的转折点。因为对拆迁处理不满，贾敬龙四处申诉，申诉无果后，他最终选择在一次团拜会上，用射钉枪射杀了村支书何建华。

法院一审、二审均对贾敬龙作出死刑判决。据上海电视台报道，10月18日，最高人民法院送达对他的死刑核准裁定书。

立于死刑边缘的年轻人引起人们关注。还有法学家和律师或基于少杀、慎杀的理念，或出于裁量轻重的考虑，呼吁停止行刑。今天，裁定书送达的第9日，生或者死，是存在于贾敬龙身上一道残酷的选择题。

各级法院独立作出判决的权力应该被尊重，法学界自由讨论的声音同样值得尊重。无论博弈结果如何，一个无可改变的事实是，只有30岁，本可能也本应该丰富多彩的人生，最终只剩下非生即死两个走向。或许，当我们凝视立于危险边缘的贾敬龙时，也应该调转目光，看一看他是沿着怎样的道路，走到如今的境地。

贾敬龙在北高营村的住宅被强行拆除时，距离他的婚期只有18天。在此之前，村委会张贴的旧村改造方案和拆迁补偿方案，遭到包括贾敬龙家在内部分村民的质疑。

但是，从张贴布告到强拆的差不多两年里，质疑和矛盾并没有被逐渐抚平，反而激起了层层波浪。贾敬龙的姐姐记得从那时起，“村里的福利待遇一分都没发”。贾敬龙的同村亲戚也因贾家拒绝拆迁而受到连累。这样的窘境迫使贾敬龙的父亲签订了拆迁协议。

本来应该是一场围绕着经济利益你进我退的谈判，最终随着时间的流逝固化为难以调解的矛盾，贾敬龙的人生也被冰冷坚硬的现实一步步紧逼。

有律师以此为由提出死刑裁量失当，但这不是解开贾敬龙身上这道生死选择题的唯一钥匙。

其实，从《土地管理法》到国务院《城市房屋拆迁管理条例》，每一个字都为推土机的运行划定了规则。但是，当市场经济的浪潮裹挟着城市更新的步伐加速前进，法律划定的框架没有被牢牢严守，一些权力总是试图越轨运行。

有报道称，贾敬龙所在的北高营村对不服从拆迁的村民实施停水停电制裁，甚至这些村民“不再享受村民的各种福利待遇，包括社保、养老保险、分房、分款等一切福利待遇”的通知还写进了盖有村委会印章的通知里。

脱离了法律规定的有序轨道，也没有有效的缓冲和调节，理应团结一致的社会就这样在矛盾中一次又一次地撕裂成不可调和的两方力量，激烈地碰撞，把含义丰富的发展进程最终挤压成为一道非此即彼的两难选择题。

在这个意义上，拆迁的悲剧或许只是呈现这种弊端的一个窗口。

当贾敬龙的命运悬于一线，很多人希望拉起这个年轻的生命。但是，同样平等的村支书何建华的生命却早已没有回旋的余地。相比于这道生或是死的选择题，我们更应该注意到贾敬龙对社会提出的更大考问。毕竟，当社会只剩下不可调和的矛盾双方，夹在中间的只有受害者。

这是一篇具有一定风格的评论类作品，语言简洁、犀利，富有激情。然而，作为对于典型法治事件的评论，此文具有重大的缺陷。这篇评论语义含混，它想表达什么，除了一种浓烈的情绪以外，很难让人理解清晰。也许作者想表达的主题包含在标题中，“贾敬龙身上不该只有一道生死选择题”。是的，如果贾敬龙没有举起那把射钉枪而且没有向着受害者的后脑扣动扳机，那么，他的身上就不会只有一道生死选择题了；作者意欲表达的难道仅仅是对贾敬龙杀人行为发生的一种遗憾之情吗？我猜想，作者也许更想阐述的是，如果贾敬龙原来生活的村庄没有那个旧村改造方案和拆迁补偿方案，也没有后来那个强制拆迁行动，那么，贾敬龙报复杀人的前提原本不存在，因而贾敬龙的杀人行为自然不会发生，他的身上也就不会只有一道生死选择题了。从人情常理上讲，对一个即将失去生命的青年人表达痛惜之情，是可以理解的，然而，如果这个青年人是一个被两级法院认定为“故意非法剥夺他人生命”，“犯罪手段极其残忍，社会影响极其恶劣，人身危险性极大，罪行极其严重”且已经被最高人民法院核准的死刑犯，作为新闻媒体再刊发评论表达如此的痛惜之情，就应该打个问号了。

也许作者想表达的主题在这个段落，“本来应该是一场围绕着经济利益你进我退的谈判，最终随着时间的流逝固化为难以调解的矛盾，贾敬龙的人生也被冰冷坚硬的现实一步步紧逼。”作者似乎想阐述的是，贾敬龙之所以犯下杀人的恶行，原因在于“难以调解的矛盾”和“冰冷坚硬的现实”的“一步步紧逼”，因而贾敬龙是如此地令人同情，而且“冰冷坚硬的现实”又是多么值得反思和抨击。从社会学上讲，任何犯罪都有来自客观方面的原因可以追溯，通过新闻报道对于犯罪的社会原因进行反思是新闻传媒人的职责，也是社会守望者的寓意所在。但是，反思犯罪原因的目的是有助于修复和完善社会建设，而不是为“故意非法剥夺他人生命”，“犯罪手段极其残忍，社会影响极其恶劣，人身危险性极大，罪行极其严重”的死刑犯进行开脱，或为其死期将至而痛表惋惜。

也许作者想表达的主题在如下段落，“脱离了法律规定的有序轨道，也没有有效的缓冲和调节，理应团结一致的社会就这样在矛盾中一次又一次地撕裂成不可调和的两方力量，激烈地碰撞，把含义丰富的发展进程最终挤压成为一道非此即彼的两难选择题。”“相比于这道生或是死的选择题，我们更应该注意到贾敬龙对社会提出的更大考问。毕竟，当社会只剩下不可调和的矛盾双方，夹在中间的只有受害者。”在这里，贾敬龙“故意非法剥夺他人生命”，“犯罪手段极其残忍……”的极其严重的犯罪行为，变成“对社会提出的更大考问”，这个“考问”是什么呢？结论在这里“当社会只剩下不可调和的矛盾双方，夹在中间的只有受害者”。“矛盾双方”且是“不可调和的”指的究竟是哪两方，“夹在中间的……受害者”指的又是谁，是贾敬龙还是那个已丧命的村支书呢？这篇评论行文至此，一起“故意非法剥夺他人生命”，“犯罪手段极其残忍，社会影响极其恶劣，人身危险性极大，罪行极其严重”的杀人案件的是非和善恶逻辑已经被演绎得面目全非。在这里，行凶杀人者和被害人通通成为了受害者，而一个莫名的致使“社会只剩下不可调和的矛盾双方”的始作俑者，则成为应该被推上审判台的真正的罪人。这是作者真正要表达的主题吗？

笔者以为，没有必要怀疑、揣测甚至深究作者怀有什么不良的用心，更没有必要就此给作者戴上一顶什么什么性质、什么什么罪名的帽子，但是确有必要在法治的层面上将这一话题上的是非明辨。因为这一话题本来就缘起于贾敬龙是否罪该判死刑，按照上帝的归上帝、法律的归法律的原则，所有的争论和研讨都应该在法律的范围内，围绕着犯罪的事实、后果和法律的原则来进行。让我们回过头来用法治的思维和逻辑来分析一下这篇评论。此文涉及法律的地方有五处：（1）“法院一审、二审均对贾敬龙作出死刑判决。据上海电视台报道，10月18日，最高人民法院送达对他的死刑核准裁定书。”这是作者对贾敬龙死刑判决以及法院核准的事实陈述，没有涉及观点。（2）“立于死刑边缘的年轻人引起人们关注。还有法学家和律师或基于少杀、慎杀的理念，或出于裁量轻重的考虑，呼吁停止行刑。”在这段短短的文字中，作者观点隐现，似乎借人们对贾敬龙命运的关注和法学家们发出停止行刑的呼吁，来表达舆论的倾向。（3）“各级法院独立作出判决的权力应该被尊重，法学界自由讨论的声音同样值得尊重。”在这里，作者犯了一个逻辑上的错误，或者是无知，或者是忽略，作者忘记了：司法权不是一般的权力，在法治国家和法治社会，法院独立审判权必须受到特别的尊重，而且这种尊重具有明显的排他性：如果法院独立作出判决的权力应该被尊重并且在客观上得到尊重的话，那么，就不应该存在同时要尊重法学界对于刑事判决的自由讨论（并借助各类媒体形成舆论声势给司法机关形成压力）的情况。这两个“值得尊重”不可并存，更不能并列，这后一个“同样值得尊重”实际上否定了“应该被尊重”的前提。实际上，这个逻辑错误是这篇评论根本性的错误，是此文的致命伤。（4）“从《土地管理法》到国务院《城市房屋拆迁管理条例》，每一个字都为推土机的运行划定了规则。但是，当市场经济的浪潮裹挟着城市更新的步伐加速前进，法律划定的框架没有被牢牢严守，一些权力总是试图越轨运行。”在这里，作者离开了贾敬龙杀人案这个特别的语境，抽象地以《土地管理法》和《城市房屋拆迁管理条例》作为声讨那个将贾敬龙逼上绝路的所谓真正罪人的利器，这也是作者真正的锋芒所向。（5）“脱离了法律规定的有序轨道，也没有有效的缓冲和调节……”显然，这里作者在抨击强拆违法，也在向社会考问。这分明是在强烈地表达贾敬龙杀人具有某种合理性。通过上述分析，可以得出结论，虽然作者在五处提及或涉及了法律，但是反复阅读此文，还是难以找到作者在论述中哪怕运用了一丁点法治思维或者体现了一点点法治精神和原则。根据法治精神和原则，在人身权中，人的生命权理应受到最高的尊重和敬畏，相应之下对于生命权的践踏和剥夺，也当然是最严重的刑事犯罪。在贾敬龙杀人案中，两级法院判决和最高人民法院核准后的犯罪定性都是“犯罪手段极其残忍，社会影响极其恶劣，人身危险性极大，罪行极其严重”，这四个“极”字道出了贾敬龙死刑的罪不可赦。在这种情况下，作为具有影响力的中央级媒体，刊发评论一味地为贾敬龙喊冤，一味地阐述贾敬龙杀人有理，一味地将罪过推向莫名的社会身上，还有一点对于法治原则的尊重和敬畏吗？还有一点对于司法的尊重和谦抑吗？还有一点新闻媒体的社会责任感吗？

二

与法治思维相结合的新闻思维，是法治传媒人基本的职业思维方式，在何种水平上建构起法治新闻的专业思维系统，决定着法治传媒的新闻传播能力和水平。当下，在互联网+新媒体的媒体生态环境下，新媒体思维作为新闻思维的一个重要分支，作用凸显。

新闻思维是新闻传媒人的专业思维方式，它是以新闻传播规律作为基本遵循，以相关新闻采编技术规范作为基本参照，以指导新闻传媒人采编职业活动作为根本目的的职业思维方式。作为法治传媒人，单纯的新闻思维不足以有效地指导其专业采编活动，必须以法治思维与新闻思维相结合，形成法治新闻思维。

法治新闻思维由价值意识、策划意识、角度意识、技巧意识和新媒体推送意识等元素所构成，这五种意识各自独立，又相互联系、相互影响，在法治新闻采编活动的不同阶段发挥着重要的作用。

价值意识：价值意识是法治新闻思维的基础性元素，价值意识强弱、价值判断准确与否和价值判断水平高低，往往决定着法治新闻采编活动的成败。所谓法治新闻价值意识，就是法治传媒人对于法治新闻价值的判断、评估意识，通俗地说，就是对法治新闻重要与否以及重要程度的评判意识。价值意识强弱、价值判断能力高低，对于法治传媒新闻传播质量、能力和效果影响很大，甚至起着决定性的作用，是法治传媒人新闻素质的重要体现。纵观近年来的重大法治新闻，尤其是突发的重大法治新闻事件，形形色色、五花八门、种类繁多、千奇百怪，而且变化不定。事件初起时各具形态，此后随着不同阶段情节变化发展起伏跌宕，相当一些事件常常披挂着各种假象或伪装，真相时时遮蔽，新闻不时反转……能否先人一步深刻和到位地洞悉事件实质从而准确地判断价值，考验着法治传媒人的水平。决定新闻价值意识和水平的因素，既包含着新闻从业经验的积淀，也与传媒人个人素质密切相关，如新闻敏感性、思维敏锐性等。准确、到位的价值意识，加上高超的策划意识和水平，往往决定着法治传媒的专业高度，也在相当程度上决定着媒体影响力。

策划意识：策划意识是法治新闻思维最基本也是最重要的思维元素，是一个优秀的法治传媒人最基本的专业意识之一，也是考察和衡量法治传媒人专业水准的重要砝码。所谓法治新闻策划意识，就是法治传媒人在法治新闻价值判断的基础上，对新闻选题设计、新闻报道角度和体裁选择，对新闻报道形式、规模等方面设计、确定，对新闻采访力量组织、调配，对重要稿件加工、整合的意识。法治新闻策划贯穿于法治新闻采编活动整个流程的始终，在重大法治新闻和重大突发性法治新闻事件的采编活动中，策划意识运用、体现得尤为突出也尤为充分。新闻策划意识强弱和新闻策划能力高低，对法治传媒来说非同小可。从战略和战术层面看，重大报道组织者及其实施团队核心成员的策划意识强弱和策划水平高低，决定着一个个重大报道行动的成败，决定着一个个重大报道战役专业水平的高低，决定着一个个重大报道计划实施效果如何，也决定着报道团队整体能力的强弱。从单兵作战的角度看，新闻策划意识强弱和新闻策划能力高低，在很大程度上决定着传媒人个体的专业能力。新闻策划意识和策划能力强的记者、编辑，其采写、编辑的稿件或者设计编辑的版面，新意足、亮点多，在形式和内容的结合上恰当，而且富有创意。新闻策划意识和新闻策划能力是法治传媒核心竞争力的主要决定因素之一，在新型媒体风起云涌的时代，更应该是法治传媒的优势所在。不断增强新闻策划意识和不断提高新闻策划水平，应是法治传媒更加重视和更加努力的主要着力点。

角度意识：角度意识是法治新闻思维最基本的元素，当新闻价值判断已定，新闻采编成败常常取决于新闻角度的选择。所谓法治新闻角度意识，就是根据法治新闻报道要求而选择新闻报道角度的意识和能力。角度意识强弱和角度能力高低，与法治传媒人的专业能力有关，与法治传媒人的阅历和经验有关，与法治传媒人的才气有关，与法治传媒人是否具有执着的专业气质有关。对于法治传媒人来说，无论从事记者还是从事编辑，报道角度选择的能力和水平，在新闻写作和编辑当中，时常决定新闻报道的成败。优秀的新闻稿件和出众的新闻标题，其角度一定独特。如果说，最好的技巧就是没有技巧，指的就是最佳新闻角度。从某种意义上说，角度胜过任何技巧。独特的报道角度，可以遮掩采访素材单薄和内容相对平庸的短处；反之，平庸的报道角度可以使很有价值的报道素材黯然失色。

技巧意识：技巧意识是法治新闻思维的基本元素，是法治传媒人掌握和运用新闻技巧的能力和水平的综合体现，是衡量法治传媒人专业能力的主要元素之一。在新闻策划总体要求的统领之下，在报道角度确定之后，善于选择和使用新闻技巧可以在相当的程度上弥补和完善新闻采访、写作和编辑上的缺陷和漏洞，可以尽最大可能放大新闻的亮点，是圆满实现新闻报道意图的有效手段，具有锦上添花的特别功效。在法治新闻技巧意识中，善于选择和使用恰当、得体的策划技巧和报道组合技巧是法治新闻技巧意识中的主体，无论是在重大的法治新闻报道当中，还是在一般的日常重点报道当中，策划方案和报道形式都是最根本的选择。策划方案设计成功、报道形式选择得当，整个报道就成功了一半；相反，策划方案设计不良或者根本没有策划方案，报道形式选择不当或者根本没有选择，那么，整个报道就没有什么技术含量，充其量也就是完成了报道。在当下传媒业竞争持续不断，报道影响力之争全方位进行的业态形势下，要力争并保持报道影响力，法治新闻重大报道和日常重点报道必须保持尽可能高的技术含量。在这方面，高水平的策划和精致考究的报道形式，是必要的技术保障。在策划技巧和报道组合形式技巧运用得当的基础上，新闻采访技巧、新闻写作技巧、新闻编辑技巧和版面处理技巧等也是法治新闻技巧意识当中不可或缺的元素，是在新闻报道全流程中力争高质量、高水准的必要手段。

新媒体意识：新媒体意识是法治新闻思维中的新元素，从新闻传媒未来发展的趋势看，新媒体意识的重要性不言而喻。在涉法领域，新媒体的发展可以说是无处不在，从庭审直播到各类涉法新闻的发布，新媒体传播的风头强劲。新媒体的风行给新闻传播方式和手段方面带来一系列新变化，从新闻写作、编辑和发送（当然也包括新闻视频的制作、编辑和加工）等全流程中都充分体现出来。作为法治传媒人，无论是从事新媒体方面的新闻传播，还是在传统媒体的岗位上工作，具备并不断强化新媒体意识已是必然的要求。新媒体意识的新字不仅仅体现在新平台（比如新闻客户端）的使用方面，也不仅仅表现在新技术（比如大数据和人工智能）的运用方面，而是传播方式根本性的变革，新闻传播不再是定时定点我发你读和我播你看（听），而是随时随地全天候的新闻推送；作为新媒体受众，也不再是被动的媒体读者（或观众）了，你传播的新闻好，我读我订（加装客户端或关注两微）我转我评我赞；反之，无人阅读，更无人喝彩。因此，从根本上说，法治传媒人的新媒体意识就是法治新闻新媒体推送意识。其基本要求是充分尊重新媒体不同信息平台的新特点，充分尊重新媒体受众新闻读取的新习性，充分尊重互联网＋新媒体生态环境下的信息传播新特性，根据不同类型法治新闻的性质、特点和传播要求，从报道角度、报道重点、报道风格等方面，订制出最具新媒体风格的新闻产品，并以最快捷的方式推送出去。在这里，有两点值得特别强调，一是法治新闻推送能力和技巧，目前法治传媒在这方面不仅没有优势可言，而且颓势明显，相当一些法治传媒人信心不足，手段欠缺。因此，在千方百计加快融媒体步伐力争后来居上的同时，法治传媒人力求在法治新闻思维方面强化新媒体推送意识，就更具迫切性了。通过强化新媒体推送意识，最大限度地提高法治传媒人在新媒体传播方面的主观能动性，特别是有意识地强化自身具有优势的方面，弥补推送能力和技巧方面的不足。二是快速和深度加工法治新闻能力，这是法治传媒的优势。无论是在采编人才的储备和使用上，还是在法学专家资源的调动和运用方面，都绝非其他媒体可以比肩。在不断强化法治传媒人新媒体推送意识的基础上，进一步巩固、提高和扩大法治传媒在快速和深度加工法治新闻能力方面的优势，非常迫切。在涉法新闻中，需要和值得深度加工的内容不在少数，无论是在新闻事件法律层面的深度解读上，还是在新闻背景等方面的多点分析上，法治传媒人都大有可为。当下，在各类新型媒体上，涉法新闻事实错讹多多、法律理解上偏差巨大的情况时时可见。应该说，只要法治传媒人持续努力，通过大力增强新媒体推送意识不断提高新媒体推送能力，在新媒体推送方面力挽颓势并且不断扩大在新媒体平台上的舆论影响力还是大有希望的。

三

互联网思维就是以变革意识看待一切涉法事件，就是以改革思维解析纷繁复杂的涉法难题，就是以创新思维从事新媒体时代的转型与升级，就是以合作思维推动法治传媒事业的跨越式发展。

我们正身处互联网无处不在的时代，我们正面临互联网时代全面深刻变革的当口。与此同时，一种全新的思维方式悄然走近人类，它以不可抗拒的方式促使人们接受它、适应它、掌握它和运用它。这种思维方式就是互联网思维。

互联网思维是具有普遍指导性的现代思维方式，对于各个部门、各个行业都有指导意义，关键在于如何运用。各个部门、各个行业都有各自不同的部门和行业特点，都有各自不同的特殊情况，也都有各自不同的运行规律。因此，在倡导互联网思维的时候，各个部门、各个行业也各有侧重。

对法治传媒人来说，互联网思维就是以全新的视角看待一切涉法事物和涉法事件，就是以改革思维解析纷繁复杂的涉法难题，就是以创新思维对待新媒体时代的转型与升级，就是以合作思维推动法治传媒事业的跨越式发展。

就法治传媒而言，互联网思维是指导其职业活动的专业思维方式之一，是法治传媒业专业思维方式中最新的一族，是以互联网＋法治传播规律为根本指导的专业思维方式，与法治思维、新闻思维一同构成法治传媒业的专业思维体系。

互联网思维变革意识。

变革意识是互联网思维的基本元素，当今天下地不分南北东西，人不分各行各业，都在经受以互联网＋为主导的深刻变革。互联网正在深刻地变革人类世界、社会生活和未来发展的方方面面。如果说，以蒸汽机发明为代表的第一次工业革命改变了工业生产对于人类体力的依赖，改变了人类以付出体力为特征的生产方式，也在一定程度上将人类生产、生活从人体肌肉的束缚下解放出来的话；以火车、轮船、飞机和电报、电话等发明为代表的第二次工业革命改变了人类生产、生活对于地域的依赖，改变了人类依靠本地劳动力、原料等供应和产品销售为特征的生产方式，也在一定程度上将人类从地域距离的束缚下解放出来的话；以电脑发明、信息革命为代表的第三次工业革命改变了人类生产、经营和管理对于人类脑力的依赖，改变了单纯依靠人体自身脑力付出为特征的生产方式，也在一定程度上将人类从人体脑力的束缚下解放出来的话；那么，以互联网＋为代表的第四次工业革命已经和正在改变人与人、人与物、企业与企业、行业与行业和部门与部门之间的传统关系，已经和正在全方位改变人类种种以传统方式运行为特征的生产方式，已经和正在将人类从地域、空间、行业、部门和生产上下游关系等的束缚下解放出来，对一系列传统的生产方式产生了巨大、深刻乃至颠覆性的变革，不仅产生了数不胜数的新型产业以及新型产品，也催生了一系列新型的生产方式，更催生了数不胜数的新气象、新理念、新方式、新机制……这就是正在向人类大步走来的第四次工业革命。

种种迹象表明，第四次工业革命给人类社会方方面面带来的变革将超过以往任何一次工业革命，而在人类社会方方面面随之而来的变化中，法律和传媒都处在相对敏感和相对重要的领域。对法治传媒业和法治传媒人来说，面对每日每时正在发生和明日后日即将发生的涉法方面重要、深刻乃至某些带有颠覆性的变化，只有运用互联网变革意识指导观察、指导思维，才可能准确、深入和恰如其分地认识、理解和把握。

互联网思维的变革意识是观察、认识和把握变化与改革的基本思维方式，对于在当下面对法治领域和新闻传播领域种种互联网时代突出问题的法治传媒人来说，具有特别重要的意义。法律制度的特性是规范性、制约性、强制性和稳定性，相对于互联网时代不断变革的特性和变化无所不在的现实，两者之间的矛盾、冲突和摩擦时时处处皆有体现。怎样以富有改革精神的目光观察当前不断变革的现实，怎样以发展的思维认识现实中法律与变革不时发生矛盾的困境？仅仅有法治思维是不够的，必须与互联网思维相结合，将互联网思维的变革意识与法治思维有机结合，才能在不断观察与认识互联网变革和变化的职业活动中保持正确的方向。

对于法治传媒人来说，互联网思维的变革意识有两个要点。第一个要点是对于互联网时代变革特点和规律的基本认识和把握。互联网时代变革的显著特点是颠覆性，就是颠覆传统手段、颠覆传统方式、颠覆传统思维，这种变革自然也在相当大的程度上会与传统规则和传统规律相抵触。从某种意义上说，互联网时代变革的规律就是无规律，也就是不再遵从传统的规律，在打破传统规律的基础上，探索和发现新的规律，这就是互联网时代变革的规律。第二个要点是创造性地运用法治思维，正确认识和把握互联网时代变革对于法治社会的影响。法律制度的稳定性决定了在变革面前，具有稳定性的法律制度便意味着一定是滞后性的法律制度。当互联网时代的变革带来种种新事物并且面对法律制度的审视时，大体会出现四种情形：一是现有法律未曾涉及，也就是说新事物的出现遇到了法制上的盲区；二是在现有法律的规定中有相类似的情形，可以依据立法本意适用法律，但是需要通过司法解释予以明确、调整并作出一些具体的规定和限制，以便执行法律时有利于具体操作；三是现有法律并未禁止，但随着新事物的生长产生诸多亟须法律法规予以规制的情形；四是现有法律根本禁止，新事物的出现遇到了红灯……

由此可见，运用互联网思维的变革意识对于认识和把握互联网+时代层出不穷的变革现实，是十分迫切和非常必要的。只有善于及时、准确地认识和把握那些形形色色的新事物，才能为法治传媒准确找到报道定位打下坚实的基础。当下以互联网+名义出现的新事物有如过江之鲫，且都会打着各种令人炫目的幌子，但其实质如何，对法治传媒人的鉴别力来说，确实是考验。只有掌握并且善于运用互联网思维的变革意识去把握互联网+时代变革、创新事物的本质特点和规律，才可能及时分辨出哪些是真正具有变革、创新价值的新事物，哪些是包裹着互联网变革、创新的外衣而内含巨大法律风险的骗局；只有掌握并且善于在运用互联网变革思维的过程中与法治思维创造性地相结合，才可能在互联网+时代变革、创新当中产生的新事物与目前法律制度出现摩擦、碰撞等复杂的情形时，在维护法治的根本原则、根本精神与鼓励、提倡改革、创新之间找到最佳的平衡点。

互联网思维创新意识。

互联网思维的创新意识是指导法治传媒人及时、正确应对互联网+时代媒体和舆论环境诸多挑战的专业思维方式，对于解决当下传媒界和涉法领域的种种难题具有特别重要的意义和价值。互联网技术的出现本身就是人类的一大创新，而这一创新的成果本身具有的特性之一就是推动创新和孕育创新。互联网不仅成为创新的孵化器和推进器，而且使创新成为思维方式、工作方式和生活方式。在以互联网技术发明为代表的第四次工业革命风驰电掣地来临之际，创新求变、创新求存、创新求进成为人们明智的选择；相反，拒绝创新、拒绝变革则意味着等待淘汰、等待死亡。传媒界处于互联网创新相对敏感的领域，涉法领域则是承受着互联网+时代创新、变革挑战最为强烈的地带，这双重叠加就使得法治传媒界拥有非常迫切地迎接创新和拥抱创新的理由。从这个意义上说，掌握互联网思维的创新意识对法治传媒人来说，早已迫在眉睫。

互联网思维创新意识的要点是以具有互联网＋时代特征的、符合互联网技术发展规律的思想方法，来认识、分析和破解当下法治传媒所面对的诸多发展课题，以互联网创新思维来解决法治传媒的发展难题，以创新求生存、以创新求变化、以创新求发展、以创新求超越、以创新破解当下媒体生态和舆论生态环境方面出现的一切难题。

运用互联网思维创新意识来指导法治传媒人破解当下媒体生态方面出现的难题，亟须辨识清楚媒体生态新变化的核心和实质，绝不能被种种现象所迷惑，既不能被新技术种种令人炫目的性能所迷惑，也不能被某些信息平台营销的喧嚣声势所迷惑，更不能被新媒体兴起所带来的一些乱象所迷惑。必须着力认清互联网＋时代媒体生态变化发展的规律，必须着力认清未来媒体生态变化发展的方向。

互联网＋时代的创新特点是从无到有，它给相关行业带来的改变往往带有颠覆性质。具体到传媒行业，已经强烈地感受到一种剧变来临时的阵阵劲风，大数据＋人工智能 +N 将给传媒行业带来怎样的变化？有这样四种可能性变得日渐清晰：满足用户信息需求更加精准，私人定制可能成为新一代新媒体产品的典型属性；贴心的相关服务＋精准的优质信息将成为新一代新媒体产品的标配；在一般性的信息选择、加工和整合等工作中，人工智能将在相当大的程度上替代人工操作；在满足一般性信息提供和相关服务方面，新一代具有一定规模的信息服务平台横空出世，并宣告以 APP 为代表的信息产品即将过时……

这些日渐迫近的变化，对于法治传媒业意味着什么呢？可以这样推断，能否以互联网思维的创新意识，以专业性为核心，通过开拓创新，精心打造法治传媒内容产品、服务产品和信息平台，将决定着法治传媒的今天和明天。在专业性这个核心要素方面有三个关键词，分别是专业人群、专业内容和专业品质。专业人群：就是围绕专业人群的日常阅读需要、信息需求和专业交流等方面的特殊需求，提供全天候、全方位的优质信息和精准服务，应该成为法治传媒的全新定位和要求；专业内容：就是将法治内容做深、做精、做透，特别是在以调查性报道和深度专业解读等为主要内容的原创信息产品上充分发挥法治传媒的多种优势，使法治专业水平达到新的层次和新的境界，使人工智能所不可能企及，应该成为对法治传媒专业水平的基本要求；专业品质：就是用包括人工智能和大数据在内的最新技术装备武装，用一切创新手段，使法治传媒的信息平台、新媒体产品以及所有信息产品达到专业品质，令任何非专业信息平台、新媒体产品所不能企及，应该成为对法治传媒整体品质的基本要求。这是运用互联网思维创新意识的出发点，也是根本归宿。

互联网思维的合作意识是互联网时代特有的思维方式，是指导法治传媒人在当下以顺应互联网＋发展趋势的方式实现各项事业良性发展的专业思维方式。互联网合作思维方式来自互联网的特有属性，互联网的基本特点是开放性和包容性，技术进步日新月异，发展范围跨国界、无疆域。由此决定了互联网相关产业发展的基本特点也是高度的开放性，往往跨越国界、跨越行业、跨越部门，将多种资源以惊人的方式迅速地整合在一起，从而使内在相关的产业以互联网的独特方式结合起来，在相当短的周期内开创出一番崭新的事业。一系列互联网＋N 的成功发展事例充分说明，以共赢为原则通过变革创新、合作发展成为互联网＋时代相关产业的基本发展方式。在信息传播相关领域，互联网＋带来的种种变化也充分说明了这一点。

一直依靠传统发展方式走过来的法治传媒，在发展理念、发展思路和发展行为上，同互联网＋的发展方式在一段时间内很难完全接轨。体制性的制约是一方面因素，资本、资源和实力等方面的制约是另一方面。此外，新闻传媒的独家情结也在一定程度上束缚着法治传媒人的思维、精神和手脚。作为新闻传媒人都有追求独家的心理，特别是在做新闻内容上，调查报道最好是独家的，拿到新闻信息最好是独家的，选择报道角度最好是独家的，推出报道时机最好是独家的……其实，在互联网＋时代，传播方式和受众接受方式等都有了颠覆性的改变，在人人都有麦克风、个个都有摄像机的当下，在信息传播速度以分秒计算的互联网时代，绝对的独家新闻和独家报道已经非常稀少乃至趋近于无了。因此，如果还一味地追求独家新闻、独家报道并且以独家的思路从事新闻传媒事业，就只能使新闻传媒人发展的路越走越窄，就只能使新闻传媒的事业越来越萎缩，就只能使新闻传媒的影响力越来越衰弱。因此，法治传媒人必须尽快改变执着追求独家的传统心理和相应的工作模式。与此同时，充分运用互联网合作性思维指导法治传媒人的职业活动已成为一种必然要求。

互联网合作性思维的要点是，以符合互联网＋时代规律的合作性思维方式筹谋发展，将合作发展作为未来发展的主要模式和主要方向，通过合作更加有效地整合优质资源，通过合作实现传播手段、相关技术、运行资本等方面的有效结合，通过合作实现相关合作方之间的优势互补，通过合作实现内容与平台之间的优化配置，通过合作实现内容与服务之间的良性结合。总之，以更加良性的合作方式，实现法治传媒业的跨越式发展，将法治传媒各项事业做优、做精、做强。

第十一章　职业精神与专业素质

职业精神是个令人敬畏的概念。有部日本电影名为《入殓师》，讲的是一位大提琴手误入入殓师（专门为逝者整理修饰遗容的美容师）这个特殊行当后的一段人生经历。电影中，那些因各种各样遭遇突然离世而带着种种特殊印迹的逝者，经过入殓师精心地整理和修饰，仿佛被重新赋予生命，容貌神态宛若再生。镜头里，入殓师每一个眼神、每一个细微动作凝结的那份专注和从容，令人叹为观止。其中透射出的职业精神，可以说达到了令人难以企及的高度。

每一项职业都有自身的职业精神，职业精神是职业价值的集中体现，是职业人文精神的高度浓缩，是职业优秀品质的升华。在那些为社会普遍赞誉的职业当中，有些职业特点突出，职业符号显著，其职业精神也因而很容易为公众所认知。比如：以救死扶伤为天职的医护职业，被称为“白衣天使”就是最典型的例证。与此相比较，法治传媒人的职业符号就没那么显著，职业特点也不那么突出，对其职业精神的认知也不那么容易获得。

纸上得来终觉浅，法治传媒人的职业精神是什么？有过许多经历，有过许多体验，有过许多思考，才终于知晓：法治传媒职业精神的核心，是对公平正义的追求。

一

能够真正认知并且具备职业精神，一定是对这个职业有了深刻的认识和体验。很多理论和知识，都可以从书本或者课堂上得到，唯独职业精神例外。在人民大学新闻系学习时，一批大学者在各种专业课上讲授了很多理论知识，也讲述了一些技术要领。尤其在新闻采访、写作、报纸编辑和新闻摄影等专业课上，同学们自认为这些授课内容与将来从事的新闻专业关系紧密，听课时都格外认真和投入，仿佛落下一点内容，都会给未来的职业生涯造成损失似的。记得在新闻采访课上，有节课涉及新闻记者的职业精神，老师那句生动形象的比喻，给同学们留下深刻印象：在采访时当你被从门里推出去的时候，要想办法从窗户爬进去……

记得老师笑眯眯地讲完这句话的时候，同学们哄的一声笑了。现在回想起来，老师这段话在当时之所以激起满堂笑声，大多是因为激起了同学们对未来充满挑战的新闻记者职业的向往和想象。至于这段话背后隐藏的些许内涵，是不是涉及新闻记者的职业精神，只是懵懵懂懂。等到自认为已经认知了新闻职业并有了一些职业精神的时候，已经是从事法治新闻职业多年以后。那时确已有过许多经历，有过许多体验，有过许多教训，有过许多思考。正是经过“衣带渐宽终不悔”的追寻，顿悟在“蓦然回首”之时。

法治传媒人的职业精神分三个层次。

第一层次，是新闻职业人的基本职业精神，作为法治传媒人，自然不能例外。就是在从事职业活动时，善于坚持、不轻言放弃是基本的职业要求，也是基本的职业精神。之所以将善于坚持作为法治传媒人首要的职业精神，是新闻记者的职业特点所决定的。新闻记者不同于那些一贯受求于人的职业，比如医生、教师等，几乎总是在谦恭者（求医者、学生或者家长）的面前从事工作；也不同于那些一贯以操纵或者操作机械为主要内容的职业，比如驾驶员、机床控制师等，只要掌握了驾驶或者控制技术，便能将那些机械物体操控自如；更不同于一贯从事文学或者艺术创作的职业，只需畅游在天马行空的创作世界里，便可呈现出五色斑斓的新鲜作品……从某种意义上说，新闻记者是一生与陌生人打交道的社会性职业，总是从不愿开口的知情者那里探询事情的真相，总是在婉言相拒、断然拒绝与敷衍以对等状态中软磨硬泡并千方百计获取新闻素材。多数采访从开始就注定困难重重、举步维艰……因此，新闻记者的职业活动与阻碍、干扰等活动天然相伴，如果不擅坚持轻言放弃，那就根本无法从事这个职业。当年在新闻采访专业课上老师讲授的“在采访时当你被从门里推出去的时候，要想办法从窗户爬进去”，说的确是新闻职业的真谛：就是新闻职业精神中的坚持不懈，在获取新闻信息时须不惧任何困难、任何阻力、任何障碍，坚持不懈，采访不成，绝不罢休。

对法治传媒人来说，采访遇阻是最平常的经历，不少记者都有这样的体会，越是有价值的采访选题，其采访难度越大。特别是在调查性报道当中，采访往往涉及案（事）件的真相，涉及各种各样的隐秘、隐私和问题，当事人会因种种原因心存戒备，或是在采访中三缄其口，或是顾左右而言他令你无可奈何，或是干脆将你拒之门外。因此，作为法治传媒人，必须有非常坚强的内心，必须有非常顽强的意志，必须有百折不回的毅力。从某种意义上说，法治传媒人的职业精神第一是坚持，第二是坚持，第三还是坚持。法治传媒人的职业历程，注定是荆棘丛生、困难重重，紧要处甚至险象环生。坚持是法治传媒人职业精神的最低要求，也是最高要求。在一些优秀记者的职业生涯中，多少次采访调查都面临绝境，往往是在“最后一次”的努力之下，才峰回路转，柳暗花明。

与善于坚持这一职业精神相关联的还有一个职业品质不可或缺，那就是：坚忍不拔。作为职业的法治传媒人，对于事实本身的细节、逻辑关系等，穷追不舍；对于相关问题钻研不止；对于新闻案（事）件的追踪，紧盯不放。从某种意义上说，优秀的法治传媒人，其性格中总会有那么点认真得近乎变态和执着得近乎偏执的特性。一个素来性格温顺、平和待人的老好人，也许可以做个好厨师、好医生、好学者，但是唯独难以成为一个优秀的法治领域调查性记者。

与善于坚持这一职业精神还有一个相关联的职业品质不可缺少，那就是：坚守不辍。古人云：行百里者半九十，在法治传媒这个非常具有挑战性的新闻行当里，有多少志向远大的年轻记者都失之于半途而废，最后只落得空怀壮志一声叹息。作为职业的法治传媒人，攀登职业的最高峰是一生的使命，在职业生涯陷入低谷时，坚守职业理想，对心中的职业目标追寻不止；在新闻职业上坚守不殆，即使生活清贫家徒四壁，即使遭遇挫折困难重重，即使面临危险承受压力，即使在媒体转型中遇到重重挑战种种冲击，坚守职业理想，坚守职业信念，坚守职业阵地，绝不轻言放弃。那些法治传媒业中的佼佼者之所以值得人们钦佩，因为他们都具有这样一个共同的品质，尽管他们绽放得或早或晚、耀眼时或长或短，但都用一生的坚持将职业中最美好的年华变成耀眼的星光，也使他们的名字载入法治传媒业的“纪念册”。

法治传媒人职业精神的第二层次，是社会责任意识。一般说来，无论东西中外，新闻传媒人都会把社会责任作为自身承载的职业义务，并引以为自豪。新闻媒体历来以负有强烈社会责任感而自诩，对于维护社会公平、正义，对于保障社会大众的知情权，对于维护社会的公序良俗等负有天然的责任，并被冠以“社会的守望者”的职业称谓。著名新闻人普利策曾经说过：“倘若一个国家是一条航行在大海上的船，新闻记者就是船头的瞭望者。他要在一望无际的海面上观察一切，审视海上的不测风云和浅滩暗礁，及时发出警告。”这一形象论述成为对新闻媒体社会责任最经典的概括。

然而，不同传媒之间，由于定位不同职能各异，自然存在或大或小的差异。就社会责任而言，笔者以为，法治传媒所承载的以维护法治正义为核心内容的社会责任，在所有媒体中如同鹤立鸡群，“无人能出其右”。法治传媒作为社会涉法领域的观察哨，在维护法治正义，保障社会、公民和企业法治权益方面责任重大；在保障法治机制正常运行，防止因为人为干预、破坏而造成法治停摆失效方面责无旁贷；在监督公权力依法运行，防止公权滥用、公权私用或者借用公权侵害公民权益等方面任重道远。尽管传媒的责任并不等同于传媒人的责任，传媒的义务也未见得就与每个传媒人的义务画等号；但是权威的法治传媒多年来形成的传媒文化，将以维护法治正义为核心的社会责任意识融入法治传媒人的心灵深处，融入法治传媒报道策划组织者的指导思想当中，进而融入法治传媒主流报道的方方面面。当社会责任意识转化成传媒文化，进而变成主流报道的灵魂的时候，法治传媒的报道就具有了更为强大的专业影响力和社会影响力。与此同时，处于法治传媒各个专业岗位上的职业传媒人，在潜移默化之中，社会责任意识会更加强烈，维护社会公平正义的行动会更加自觉，体现在报道当中的专业水平也日益提升。

对于法治传媒人来说，维护法治权威，护佑公平正义，是职责也是使命；以此为核心的社会责任意识，不是空洞的口号，需要化为切实的职业行为，需要溶化在日常的职业生活中。因此，具有强烈的社会责任意识，还须具备敏锐的专业辨识能力，对于有违法治精神、公平正义的言论、行动，具有非常敏锐的专业辨识力。当下，虽然非常明显的以权压法、以权抗法、以权扰法等行为仍然存在，但已不是太多，毕竟全面推进依法治国正在日益成为遍及华夏的大气候；相形之下，在有违法治精神、有违法治权威、有违社会公平正义方面，如下倾向值得警惕：一是以法治的名义压法、抗法、扰法，比如以冠冕堂皇的口号，干扰阻碍法治的进程；二是以法制的手段压法、抗法、扰法，比如运用地方立法权，以有违法治精神、有违法治统一的地方法规干扰、阻碍法制的施行，维护地方的利益；三是以种种潜规则阻碍干扰法治的进程，比如干预司法案件的审理，干扰冤假错案的纠正。需要特别强调的是，近些年来，以种种潜规则为导向，以干预、影响司法公正为目标，以“勾兑”“交易”等为手段的一种“亚文化”正在悄然流行，在潜移默化中毒化社会风气、消磨司法人员意志、钝化社会对于社会公平正义的认识和期待，这种“亚文化”对于法治传媒人也产生了不可低估的影响。在这样的语境下，强调法治传媒人对于有违法治精神、有违法治权威、有违公平正义等言行抱有敏锐的辨识力就更有针对性、更有必要性、更有紧迫性。

对于法治传媒人而言，具有强烈的社会责任意识，还须具备全面运用传媒手段的水平和能力。对于有违法治精神、有违社会公平正义的现象和问题，法治传媒的调查能力是基本功。将现象和问题的真相、背景等第一手材料调查清楚，才可能将有违法治精神和有违社会公平正义的种种问题暴露在阳光之下。在将现象和问题真相调查清楚的基础上，需要适度的分析和解读能力做后盾，将复杂的问题抽丝剥茧，才能将舆论监督的报道直指问题的核心。在当下全媒体的传媒语境下，灵活、适度、有效地运用新型媒体和传统媒体，才能够发挥舆论监督的最大功效，从而将法治传媒社会责任意识的精神能量，充分转化为捍卫法治精神、维护公平正义的物质力量。

法治传媒人职业精神的第三层次，是从事传媒活动时保有严格的职业操守。从广义上说，新闻人的职业操守，是新闻人对自身职业权利边界的严格掌控，是新闻人对自身职业禁忌的天然敬畏，是新闻人对社会、公民和企业权利的充分尊重，是新闻人对自身职业纪律的自觉遵守。具体就法治传媒而言，围绕法治领域采访报道的内容，涉及社会、公民和企业权利的密度大、强度也大，相当一些报道内容事关社会、公民和企业生死利害，相当一些报道内容涉及公民隐私和企业秘密……如果说，新闻报道，特别是舆论监督是柄双刃剑的话，那么，法治报道，尤其是法治传媒舆论监督就体现得尤为典型、尤为突出。从某种意义上说，决定法治传媒舆论监督这柄双刃剑是利是害和利多害多的关键因素，就在于法治传媒人职业操守方面把控得如何。近年来，传媒业，特别是法治传媒和财经传媒，被某些利益集团或者某些企业、个人利用，介入商战或其他方面争斗的情况相当突出，某些传媒本身和某些个人在各种利益的诱惑和腐蚀之下，职业操守方面一退千里。在这方面，21世纪传媒公司原总裁沈颢以及内部一批高管的罪案便是经典案例。

作为法治传媒人，其职业操守的核心，来自对法治原则、法治精神和法治价值的由衷敬畏。由于这种敬畏，他们对自身职业权利的边界严格信守，他们知晓采访报道权利的底线在何处，他们明了采访报道权利的边界在哪里，他们深知职业技巧、职业手段的底线是什么，因此对个人、企业和社会团体的权利格外尊重。在履行采访报道职务行为时，他们使用职业手段和采访技巧时谨慎有度，努力不逾越职业底线；他们谨言慎行，严格把握采访和报道分寸，努力不滥用采访报道权侵害被采访报道者或相关人员的权利，不干扰他们的生活；由于这种敬畏，他们自觉地将职务行为和个人行为划分清晰，严格遵守职业禁忌，不屑于借媒体的权威为个人行为埋单，更耻于借舆论监督的名义为个人或者媒体做任何交易；由于这种敬畏，他们将法治原则、法治精神奉若神明，自觉将权利意识、规则意识融入职业行为和个人行为，对职业纪律严格遵行，努力做法治社会的先行者，努力用法治和规则的标尺衡量自身的一切行为。

在论述法治传媒人努力保有职业操守的时候，并不意味着法治传媒在职业操守方面都是一股清流，而没有一点点污垢。事实上，任何一个职业都存在处于正反两极的两类人，一类人无论或多或少，都是这个职业价值、理念和前进方向的代表者。他们在从事职业活动时，很自然地会信守准则、理念，也会小心翼翼地避免逾越职业的底线。而另一类人则相反，他们大多属于误入此行的过客，正像他们进入此行时纯属偶然一样，在某一时刻离开也完全依赖于任何一个偶然性的因素。对于他们而言，信守准则、理念并避免逾越职业底线，可能在某个时间、某个阶段和某种程度上能够做到，但若要求他们在所有时间、所有阶段和各种程度上都能达到上述标准，显然要求过高。于是乎，在他们无法做到的时候，就可能铸成大错并被职业所淘汰。当下整个社会正处于转型期，几乎所有行业都在洗牌或被洗牌，剧烈的震荡感波及每个人的生活；加之经济下行，在这个时候，每个行业、每个门类、每个人的职业操守都在经受考验。在这种时候、这种情况下，某些传媒和某些传媒人出现职业操守问题，并不令人意外。

在回顾法治传媒的历史时，可以发现，法治传媒领域从来都不是真空地带，而且曾经在一段时间内，在一定程度上被演变为鱼龙混杂的江湖。在一些欠发达地区，相当一些社会上的混混、痞子等纷纷混迹其中，趁着经济搞活而监管缺位以致经济秩序失范，打着法治传媒的旗号，以舆论监督为手段敲诈企业和个人，一时间整个法治传媒的社会形象和公信力受到极大损害。其间，一些法治传媒内部的人员也把持不住自身，曾经发生过几例影响相当恶劣的事例。在这方面，提及山西曾经发生的“封口费”事件，仍然能够调动起人们的相关记忆。伴随整个新闻传媒界的行业整肃，法治传媒业也以壮士断腕的精神严厉整顿队伍、严格清理门户、严格依法依规管理传媒内部，经过多年持续性地整治，当初那种曾经的混乱无序已经不在。然而，在职业操守方面的越轨，仍然是个时时笼罩业界的阴影。对此，法治传媒界必须保持应有的清醒。

其实，在传媒界，职业操守是个永恒的课题。即使在发达国家，其传媒界也不时爆出有关传媒人职业操守方面的丑闻。职业操守如同一面镜子，总是能在关键的一瞬间，映照出某些因种种原因混入传媒界败类们的嘴脸；也总是能在关键的一个个瞬间，映衬出职业传媒人令人钦敬的背影，并能流传出一些激动人心的故事和传说。

的确，职业操守和职业精神往往是在最优秀的从业者身上得到充分的展现。在法治传媒蓬勃的发展历程中，一批批出类拔萃的法治传媒人，不仅以优秀的作品、传奇的经历和生动的故事，留在人们的记忆中；而且在他们身上，法治传媒业的职业操守和职业精神如同晨光中耀眼的星辰，分外夺目。

二

专业素质，提供了不竭的职业能力；对真相的不懈追寻、对法律关系的执着探究，是专业素质的核心元素；这种专业素质并非行业内所有人都具备，只有优秀的法治传媒人，才是这种专业素质的拥有者和实践者。

每个职业都有其特有的专业素质，越是为社会普遍关注的职业，越是为公众寄予期待，其专业素质方面的要求便越高。法治传媒业，更是如此。专业素质，可以提供不竭的职业能力，也决定了法治传媒人的职业高度。

一般来说，探寻事实真相，是新闻职业最一般、最普遍的职业内容，持续不懈地揭开遮蔽真相的幕布、千方百计地还原事实真相，便成为新闻职业人最基本的职业素质。在新闻教科书上，时常引用美国水门事件作为调查新闻黑幕的经典案例，这起经典案例中的两名记者——《华盛顿邮报》的鲍勃·伍德沃德和卡尔·伯恩斯坦在新闻学院的学子们眼中，自然成了神一样的人物。即使在今天，在那些刚刚踏入新闻界的年轻记者们眼中，鲍勃·伍德沃德和卡尔·伯恩斯坦依然是令人仰止的楷模。

就我国传媒业的实际来说，相比新闻职业一般性地探查事实真相，法治传媒对于以罪案为代表的涉法案（事）件法律事实真相的追寻，其难度不可同日而语，其凶险度也大很多。因此，围绕探查法律事实真相的主要环节，法治传媒人必须具备一系列专业素质。具体说来，首先是不轻信、善察疑。在罪案调查的经历中，有两类情况司空见惯，一类是当事人基于某种目的有意识地提供虚假情况，另一类是由于某种原因当事者出现记忆的偏差。因此，作为法治传媒人专业素质的具体体现，不轻信是指对于未经直接验证、未经间接证实、未经可靠确认的采访素材必须以待查待核的态度视之。具有丰富经验的职业记者都知道，无论遇到任何采访对象，必须以两种职业态度对待：一是尊重、谦逊和耐心，无论采访对象身份地位高低贵贱，也无论其学识是渊博抑或是疏浅，只要是见证者、知情者，就一概平等待之。二是以不轻信的态度对待一切采访对象，不为任何因素所惑，特别是不为提供情况者的身份所惑，即使是号称目击者，即使身居官位或者身穿警服、法袍者；不为提供情况者的情绪所惑，即使情真意切，即使痛哭流涕；不为呈现情况的形式所惑，即使是官样十足的公函，即使是装订成册的案卷……这才是职业的采访态度。拥有这种采访态度，辅之以必要的采访技巧和技术，才是应有的专业调查素质。

善察疑，是指在采访中和采访后整理、分析采访素材时，善于剥掉对方精心布置的伪装，发现疑点，并以逻辑推理、细节推敲和相互印证来确认疑点、揭穿疑点。在这里，采访过程中的察疑和解疑相当重要，采访进程中对于含有疑点的蛛丝马迹及时发现，并且不露痕迹地运用采访技巧迂回询问，就可能在一定程度上排除对方遮蔽真相的企图，进一步接近真相。相对于采访过程中的察疑，在每次采访完成后整理、分析采访素材也非常重要，其中对于真伪方面的分析和推敲最为关键。离开了真实，远离了真相，再精彩的素材也毫无价值。在分析、推敲采访素材时，前后的梳理非常必要也非常有效，对于已有的采访素材通过梳理结成事实链条，用相关的细节相互验证，可以最大限度地验明真伪。再通过相关联的事实之间的逻辑关系，进行严密的分析推敲，将那些暗藏的疑点逐个排除，便会一步步接近真相。

其次是现场观察，还原真相，推敲细节，印证事实。对于法治传媒人探查案（事）件法律真相的专业素质而言，现场观察的功夫至为关键。现场是客观的存在，尽管可能有伪装、有矫饰，尽管可能被破坏、被改变，但现场永远是案（事）件最关键的见证者。如何让现场这个无言的见证者，客观地叙述案（事）件的真相，无情地揭穿一件件伪装和矫饰，是对优秀法治传媒调查记者专业素质的综合测试。在现场，调查记者须把已经掌握的相关素材带进案（事）件发生环境中，在现场环境中努力还原案（事）件发生时的真相，对情节的内在逻辑关系进行分析，对重要细节一一推敲，最终在脑海里完成案（事）件发生情景的重现……

作为职业法治传媒人，重大案（事）件的调查性采访是职业经历中最精华的部分，最令职业法治传媒人引以为自豪，也自然留下最深刻的记忆。在笔者的职业生涯中，多次深度调查重大案（事）件的真相，最深刻、最真切的记忆是重登千岛湖失事游轮的经历：1993年春，波光粼粼的千岛湖上，笔者重登那条从湖底打捞上来的游轮，经过炼狱一般的劫难，曾经的豪华气派早已荡然无存，只是无声地蛰伏在岸边，仿佛还在那熊熊大火中惊魂未定……笔者将探寻的目光寻遍游轮的每个角落，然后停留在底舱，细细打量一处处痕迹，将采访中的相关情节、细节一一对应。那一刻，那场震惊两岸的千岛湖大劫案在脑海中仿佛重现……

应该说，千方百计追寻案（事）件的真相，虽然常常艰难、时时凶险，但是也只是法治传媒人职业中的重要内容，只是主要的职业手段，并不是终极目标。维护社会公平正义，才是法治传媒人孜孜以求的职业方向。因此，在法治传媒人的专业素质中，坚定地追求公平正义，才是最核心的内容。

作为优秀的法治传媒人，必须深知对于社会公平正义的追求和维护，意味着什么。虽然就一般而言，维护社会公平正义是新闻人普遍的信仰和追求，但是对于相当一些加入此行的人们来说，入行不过是寻求谋生的饭碗。对他们来说，新闻工作可能是未来从事的一系列职业中的一个，可能是过渡性职业，也可能是一个相对较长的职业阶段。因此，严格说来他们不过是新闻职业的过客，不可能成为职业新闻人。要他们做到将维护社会公平正义作为信仰和追求，既不现实也不可能。

对于这类新闻人来说，每一次采访、每一次对于真相的探寻，更具体、更直接的意义不过是采访之后形成的那篇报道，至于这一报道与社会公平正义之间存在什么联系，以及为了实现社会公平正义具有何等意义他们并不会有多少考虑，更不准备为此做更多的努力和付出。即使仅仅从采写和发表报道的角度来分析，当探寻事实真相与形成一篇成功报道之间是统一的时候，他们自然会尊重事实真相并尽可能在报道中比较真切地反映事实的原貌；然而，当探寻事实真相与形成一篇成功报道之间存在矛盾的时候，他们便可能选择不那么尊重事实真相的立场和方法。为了报道能具有某些特色和影响，他们宁可牺牲整体事实的某些真相，甚至在某种程度上曲解事实。这种状况在当下的传媒界屡见不鲜，即使对于法治传媒业来说，情况也大同小异。

如果准确地表述，应该这样说：对于法律事实真相不懈地探寻，对于社会公平正义坚定地维护，是法治传媒人的职业信仰和追求，因此总是在职业法治传媒人的身上才能得到普遍的体现，也总是在最优秀的法治传媒人身上才表现得淋漓尽致。也就是说，作为专业素质，只有最优秀的法治传媒人才能够具备。

三

职业精神和专业素质，仅仅是优秀传媒人的职业专利吗？望着昨日优秀传媒人的背影，当下的法治传媒人该作何感想呢？

回望法治传媒发展历程，那些交替出现的优秀职业人如同熠灿的群星，他们留下的故事和作品，生动折射出的那种职业精神和专业素质，令人钦敬也令人惆怅。望着他们神一样的背影，对比今日匆匆奔跑在采访路途上的年轻记者们，我们会有怎样的发现呢？

也许我们会深深怀念那个生机勃勃的时代，那些优秀的法治新闻人，他们心怀理想，不懈奋斗、不惧坎坷；他们的品质和素养，至今令人钦佩。

笔者有一位令人怀念的同事、朋友和兄长，对他，常常怀念却不忍回想，习惯于把相关的记忆封存在内心的一个角落。算起来他离开我们、离开令他魂牵梦萦的法治传媒业、离开他最衷情也最擅长的法治新闻摄影岗位已有 17 个年头了……

初识他，是在夏日青岛的海滨，1983 年的七八月间。因为不同的采访而巧遇于他乡，作为同一家报社的记者，一下就有了哥们儿的感觉。手提着鞋子赤足走在热腾腾的沙滩上，我俩一边聊天一边观海，伴着忽轻忽重的涛声，“生活并不缺少美，只是缺少发现”这句源自罗丹的美学名言此时出自他口，顿时令我刮目相看。那天，我俩聊了很久。

最后一次见他，却是隔着医院病房的窗户，依稀地望着他瘦弱的身躯——经历了肝切除等大大小小十一次手术，经历了数月与病魔的搏斗，昔日的高大、健壮和英俊已无影无踪，此时躺在病床上的仿佛是另一个人。不久之后，便是最后的送行……

那些往昔的职业经历片段，如同电影镜头一般一幕幕回放：

是他，1998 年长江遭遇百年不遇洪灾，前去湖北省抗洪前线采访。在即将决口的公安县，作为最后撤出的记者，他随干警在救援船上拍摄解救被困群众。那天，小船周围水深十几米，水面上只露出树冠和电线杆顶的尖尖，水患的威胁是如此之近，似乎随时都有灭顶之灾；在烈日下暴晒四五个小时，裸露的皮肤早已晒爆。但他全然不顾，只是不断地端起相机将干警解救群众的一个个画面抢拍下来。有一段路船过不去，他不顾那里是血吸虫病高发区，毫不犹豫跳进水中，奋力向前游去……

是他，1999 年新中国成立五十周年庆典采访，背着六七十斤重的器材，从凌晨 3 点钟去排队、占位置、拍摄，到返回报社编辑、发稿，一直干到第二天早晨 6 点，他累吐了，但没吭声，默默坚持着……

是他，2000 年，听说浙江定海一座有千年历史的古建筑遭到野蛮拆除的消息，就去当地走街串巷拍摄，中途病倒，在地方医院打了三天点滴，又投入采访……

是他，2001 年冬天有一段最寒冷的日子，为采访东北大兴安岭盗伐林木问题，冒着零下 40 多摄氏度的严寒进了林子，脚后跟都冻烂了，回来还总是发烧，眼睛出血，大家伙儿都劝他去查查，他却不以为然，说自己身体好得像头牛，哪儿会有病，弄了几粒药吃就又忙去了……

是他，当年盗卖国宝猖獗一时，自己乔装打扮，麻袋里藏着相机，一连数日跟文物贩子混在一起，终于将他们盗卖国宝的情景抓拍下来；他为拍盗墓贼，孤身一人独闯大西北荒野，跟盗墓贼们混在一堆儿，直到取得他们的信任，暗中将盗墓活动的瞬间一一凝固下来；为拍沙漠深处监狱改造罪犯的真实生活，他长途跋涉于新疆的沙漠腹地，深入采访之后，拍回了《大漠深处的再生之地》……

这就是王毅（按：法制日报社原摄影部主任，曾被连续三次评为全国十佳新闻摄影记者），一位曾经享誉业界至今令法治传媒人倾慕的拼命三郎。他用一次次特别的采访，用一幅幅特别的作品，用一个个特别的故事，用一串串特别的荣誉，构成了他 49 年的精彩人生，也真实生动地诠释了优秀法治新闻人的职业精神和专业素质。

望着他的背影，笔者在想：是什么可以使生命的含量高度浓缩，使 49 年的人生旅程充满意义；是什么可以将人生的厚度成倍提高，让每一段经历都远离平庸；是什么可以令生活的内容不断产生化学反应，把一次次职业创造演化成无数传奇……

一定是高远的职业理想，一定是澎湃的职业激情，一定是不懈的职业追求，一定是扎实的职业奋斗。

从某种意义上说，王毅是法治传媒人职业精神和专业素质方面的纪念碑，面对他，后来的业内人该用什么样的方式去表达敬意呢？

笔者的另一位同事，同样令人尊敬。他不像王毅那样，让短暂的人生尽情燃烧，以 49 年生命的匆匆定格去圆一个法治传媒人的职业梦想；笔者这位同事，是另一种类型。

身矮体壮，其貌不扬，平日里说话办事有种耿劲儿，在读书人成堆儿的报社里面，有时会显得有点不合群儿。然而，就是他，却干出一件轰动业界的事。

离山西运城不远，有座古县，唤作绛县。绛县历史悠久，史称古绛。据《左传》记载，春秋时晋平公称“绛”为“绛县”，这是我国古代县作为区域设置的最早称呼。因此，有人称绛县为“天下第一县”。这里历经数千年雨雪风霜，一砖一瓦皆阅尽沧桑。当这座古县的历史翻到20世纪90年代的时候，此地又出了一位奇人并且一时间名噪四方。

这位奇人，姓姚，名晓红。此人三岁丧父，家境贫寒，只上过几年小学，一直在社会最底层挣扎。1983年，姚晓红作为临时工被招进绛县法院，因为给院长家做家务极其出色而深受赏识，进而调进法院。凭着在社会底层练就的一身功夫，察言观色，溜须拍马，咬牙隐忍，他很快站稳脚跟，后来又成为院办公室副主任、主任。当姚晓红当上办公室主任的时候，实际上他已经可以控制整个法院。姚晓红“服务”了三任院长，其控制院长的法宝只有一个：用公款到运城市买套房子送给院长，院长收下房子便意味着让姚晓红攥着把柄从此对其言听计从。姚晓红管着全院的人、财、物和枪械，坐着院里最好的轿车，等到当了法院副院长的时候，他在院里早已经说一不二，甚至在公开场合抽某位副院长的耳光。

姚晓红手段下作，心狠手辣，他勾连上社会上的“八大金刚”，网罗一批打手，结成为害一方的黑恶势力。其家族20多人被他安排到绛县至省城的政法系统和权力部门。有了权力做屏障，他们将流氓恶势力的黑帮手段与手中的司法权结为一体，无恶不作，在短短几年间，非法拘禁群众300多人。在绛县，姚晓红被称为“活阎王”，县法院则被称为“阎王殿”。在法院的树上、水泥柱上、楼梯上，经常可以看到被捆绑、吊打并惨遭折磨的可怜百姓……

尽管笔者这位同事常年从事舆论监督报道，接触过不少揭露黑恶势力罪恶活动的材料，但是当他接到来自绛县的告状材料时，还是被强烈的义愤点燃了心中的怒火。他决定，一定要从事这项揭黑调查。此后一年间，他先后多次前往绛县、运城市和太原。在采访初期，他一一寻访受害者，采访了不下20人，不管是在绛县、在运城，还是在交通极不便利的中条山，只要知道受害人大体住址，便立即前往。其间跟踪盯梢、威胁利诱如影随形，这位同事全然不惧。在当地采访，他得一天换一个住处，每次住宿，他或是把身份登记为学校老师，或是登记为广告公司文员，尽管如此，身份仍会暴露，好心的“内部人”会提示：你又被盯上了。即使是采访承办姚晓红案件的办案主力，也得把采访安排在夜里，拉上窗帘，连大灯都不开，用报纸把台灯包裹起来……

从1999年8月26日至2000年1月19日，《法制日报》连续报道山西绛县人民法院原副院长姚晓红贪污、非法拘禁一案，共刊发稿件10篇左右，此外还刊发内参，将姚晓红的恶行揭露于天下。

这组报道在全国引起巨大反响，在司法界引起震动。在2000年的全国“两会”上，最高人民法院的工作报告专门提到对姚晓红案件的查处、审理情况。在多家中央主流新闻媒体的共同努力下，姚晓红的种种罪行引起中央领导同志的关注，中纪委和最高人民法院等先后派员调查并推动案件的查处，司法机关经过一审、二审和再审，最终以贪污罪、非法拘禁罪、报复陷害罪数罪并罚，对姚晓红判处无期徒刑。

在2000年中国新闻奖评选中，《法制日报》针对山西省绛县人民法院原副院长姚晓红贪污、非法拘禁一案的连续报道获得中国新闻奖一等奖。作为国家级新闻奖，将一等奖授予针对个案的舆论监督报道，十分罕见。

一年多时间的采访调查，一件轰动全国的新闻案（事）件，一组震动全国并荣获中国新闻奖一等奖的新闻报道，构成了法治传媒人职业经历中辉煌灿烂的主要元素。此前我这位同事似乎一直籍籍无名，经过了这一年多的非常经历，他的职业生涯会发生什么断然的变化吗？他从此会被一种职业名号框定住并义无反顾地走下去而且就此追求不断的轰动效应吗？也不，此后的他，习惯性地将工作、生活归于平静，一如从前继续做着法治传媒人日常应做的本分工作，采访，报道；报道，采访……他习惯于每天处理一桩桩告状材料，习惯于从告状材料中选择最具舆论监督价值的报道素材，习惯于对一件件即将从事的批评性报道进行风险评估……是啊，惊天动地的新闻不会常有，尽职尽责地完成日常采访才是本分。问题是，从置身于日常琐碎的传媒业务到投身轰动四方的新闻报道之间，到底是怎样的职业距离？一个本分的法治传媒人与一个大牌记者之间又是怎样的职业关系？应该说，职业传媒人超越于常人的职业精神和专业素质恰恰体现在这里，他们似乎一直在默默地等待着某件惊天动地的新闻事件发生，仿佛早已料到，早晚会与其在时空的某个维度上相逢。为了这次相逢，他们用一生的职业经历作储备，包括胆识，包括智慧，包括技巧，甚至也包括关键时刻的献身……而在平时，他们会淡定如常地做着那些有些琐碎、有些重复，甚至有些单调的传媒业务。这是他们的等待，也是他们的准备，更是他们的坚守。

在笔者这位同事身上，法治传媒人令人称道的职业精神和专业素质，都在这一年多的非常经历中得到充分的展现。应该说，在法治传媒人既有的职业成就中，调查“三盲院长”应该记下浓墨重彩的一笔；而我这位同事的名字，也应该记入那一批优秀法治传媒人的名录中。请记住，笔者这位同事的名字——袁成本。

说起职业精神和专业素质，还要提到一位优秀的法治传媒人。本来，身材颀长、面容姣好，作为女孩子，她也许该选个更加时尚的职业。然而，她却认定，自己注定就是一个法治新闻摄影记者的材料。一旦选择，便是终身。她用自己的职业经历，诠释着一种精神：什么叫做坚持！

她曾经用6年时间用镜头追踪“丢丢”的命运，以吸毒母亲和一个曾经遍体鳞伤的孩子跌宕的命运，深刻揭露毒品的罪恶。她曾经用20年时间将长镜头对准拘留所、戒毒所和各类监狱，从卖婬女、重刑犯到各种各样的服刑者，她用心记录着他们在罪与罚的纠结中怎样经历漫长的改造；她采访的足迹遍及各地的罪犯羁押场所，从城市腹地到大漠边陲，从历经沧桑的百年监狱提篮桥到一座座现代化监狱，她悉心捕捉监狱这个特殊执法场所的不同表情，从服刑者这个特殊人群改造生活的变迁，反映大时代法治文明的生动历程。她曾经以洋溢的激情和职业的克制，用广角镜头真实记录司法改革的进程，从北京知识产权法院的助理法官，到最高人民法院第一巡回法庭接访记事，再到北京检察官入额改革……她用影像语言讲述着司法改革进程中法官和检察官们的生动故事。

对于法治新闻摄影，她有足够的灵气，也有足够的运气。所以，成名，仿佛是得来全不费工夫，也仿佛是水到渠成。当最年轻的新闻摄影奖获得者，年轻的摄影部主任，中国新闻奖二等奖、中国摄影金像奖、范长江新闻奖等各种光环纷纷环绕在她周围的时候，她也曾有片刻的晕眩感，但没用多久她便悟到，灵气再多、运气再好，都转瞬即逝。作为法治传媒人，要想攀得更高、走得更远，一要靠积累，厚积才可薄发。于是乎，在法治新闻影像的钻研上，她如痴如醉研习不止，在法治新闻摄影题材的开掘上，她日积月累步步深入。二要靠情怀，只有大情怀才能有直抵人心的作品。于是乎，在纪实性的摄影专题中，她将富有人文情愫的细节悉心拈来，在故事性的专题报道中，她让公平正义有了温度，用一张张图片深情地诉说。三要靠境界，唯有境界决定高度。她喜欢看李安拍摄的影片《藏龙卧虎》，推崇手中有剑心中无剑的李慕白，她企盼着有一天也能达到"心中无剑"的境界，让自己在法治新闻摄影上拥有更加自由的天空。

如今，身材依然那么颀长，面容仍旧那么姣好，仍然保持着那个职业习惯——不断策划着更具挑战性的摄影专题，不断地忙碌在实施选题的路途上；一旦闲暇下来，便去一家专业公司保养相机，她要让自己的武器永远保持着随时出击的状态，一旦听到地球的某个角落发生了什么事件，便冲动着想立刻出现在那个现场……

这就是居扬——一个永远靓丽的法治新闻摄影记者，她的职业经历、她的职业成果、她的职业精神、她的生活态度，都一如她和她的名字一样飘逸，一样美好。实际上，居扬如同法治传媒人的一张名片，代表着法治传媒人的职业精神、专业素质，代表着法治传媒人执着对待法治传播事业的态度，代表着法治传媒人不断攀登事业高峰的意志，也代表着法治传媒人永远年轻的青春状态。

四

当新闻传媒界随着媒体生态环境整体性地出现天翻地覆的变化时，法治传媒人发现，在环境、条件、方式骤然改变的同时，与其相关的一切也在悄然生变，包括职业精神和专业素质。

传媒界正在经历一场从未有过的洗牌，这次洗牌所引起的变化涉及媒体自身和传媒生态环境的方方面面，而且传导到传媒的各个角落，也让传媒人切身感受到这场变化引起的或强烈或细微的种种感觉。最终，这种变化从传媒人职业精神和专业素质上也渐渐体现出来。

老一代的传媒人时常暗自羡慕：当今的传媒小辈有两件东西不离手，一是笔记本电脑，二是智能手机。走到哪儿，只需敲敲电脑，拨弄拨弄手机，一会工夫新闻稿件就攒巴出来了。想想早先，采访、调查一个新闻选题，没有半天工夫，连采访、调查的门儿都找不着。这些老辈儿的传媒人在羡慕业内新人的时候，也百感交集地注意到，这些业内新人在装备、技术日益先进的条件下，不仅工作方式有了极大的改变，而且职业精神也在日益疏离：他们离新闻现场越来越远，他们离新闻的源头越来越远，他们离新闻的本质越来越远。的确，随着新闻传媒业内容生产方式和新闻传播方式的演变，传媒业的职业精神正在衰减，专业素质正在滑坡。就法治传媒来说，令法治传媒人引以为荣的职业精神和专业素质，在当今的业内新人身上日益匮乏。

这种职业精神和专业素质的衰减，在法治传媒的新闻采访和写作方面表现得最为集中也最为突出。新闻采访是传媒业内容生产的头道环节，也是新闻传媒的核心环节。在这个环节上，类似变化尽人皆知：记者与采访对象面对面地交谈，已经在很大程度上被电话采访、邮件短信询问所替代；记者与采访对象三番五次地深入交流，已经属于比较稀有的职业活动了；记者反复调查核实重要事实和关键数据的新闻实践，已经不多了；记者直接观察体验并且搜集新闻素材的采访，已经很少见到；记者暗访调查和长时间跟踪采访的职业实践，更属凤毛麟角……与此同时，新闻抄袭现象比较普遍地存在，并且正在成为业内新人们彼此心照不宣的职业手段。从对部分新闻素材、个别专家观点、某个新闻细节的移花接木，到大段大段地照搬和整篇整篇地套用，新闻抄袭以前所未有的无耻和大胆，在传媒业内流行。

职业精神和专业素质的欠缺，在法治传媒人的职业操守方面也表现得比较突出。如果说，新闻抄袭已经越过职业操守的底线的话，那么，商业元素对于法治传媒业的腐蚀，商业交换、利益互偿在侵蚀法治传媒人方面产生的诸多负面表现则在有违法治传媒人职业操守方面走得更远。作为法治传媒人，对于法律的信仰与信守，对于社会公平正义的维护，本是其职业精神的两个相互关联不可分割的核心元素。但是，近些年来，资本控制和商业元素的腐蚀，正在相当程度上动摇和侵蚀着法治传媒人的精神根基。当商战过程中各种手段无所不用其极的时候，刑事手段也被作为利器或明或暗地屡屡使用，法治传媒记者遂被利用。某些法治记者在丰厚的利益诱惑面前，早已将法律信仰置之脑后，将维护社会公平正义的使命遗忘得干干净净。他们利用采访和报道手段，或是栽赃陷害一方，或是影响公安机关的侦查和司法机关的审理、裁决。

资本控制和商业元素的腐蚀，更多地体现在对于法治传媒报道的干预和干扰上，这种干预和干扰，往往以两种模式出现，一种是披着党委宣传部门的外衣，以党委、政府的名义，明面上有某种层级的领导干部出面，有公函、有文件，有冠冕堂皇的官方压力，私底下又以“红包”等作润滑，比较有效地实施新闻干预和干扰；第二种是日益成熟的商业模式，所谓各种公关公司，以各种人脉资源加之广告、商业合同和“红包”等润滑剂，将对新闻报道的干预和干扰商业化、经常化，比较普遍也相当有效。至于新闻干预和干扰的内容和形式，目前为各方普遍诟病的是两类，一是有偿新闻，二是有偿不闻。从发展趋势上看，近年来有偿不闻的比例悄然上升。将有违新闻报道原则的报道见诸媒体，和将符合新闻报道原则，特别是针砭时弊、维护法律正义的舆论监督报道消弭于无形，极大地损害了法治传媒的社会公信力，也沉重地打击了法治传媒人维护社会公平正义的职业信心，并且在更大范围内腐蚀了法治传媒人的职业信念。

职业精神和专业素质的欠缺，还有一个突出的体现，就是法治传媒人职业忠诚度锐减，年轻精锐和职业骨干正纷纷逃离。曾经，法治传媒人有种由衷的职业自豪感；曾经，法治传媒人将建设法治国家共铸法治时代作为自己光荣的使命；曾经，法治传媒人甘愿做社会的守望者悉心关注并记录着法治进程中的风风雨雨；曾经，法治传媒人用深刻影响法治进程的报道向社会宣示：选择法治传媒业今生无悔……然而，伴随着传媒业整体业态的变化，那些激荡人心的曾经，正在悄然变成记忆、变成纪念品、变成对于往昔的讲述。当整个传媒业都在经历一场业态变革的洗礼，人才流动必然是其中最敏感也最快捷的部分，法治传媒界也概莫能外。那些年富力强的职业骨干，正处在职业选择的黄金期，向相对高端的行业流动是必然的选择。于是乎，大型企业的媒介公关总监或者高管纷纷成为他们新的职业岗位，转职后很快他们就用业绩向老板证明自己的能力和贡献，对得起企业付给他们的年薪。那些风华正茂的新锐们，正处在职业通道的上升期，在职业选择上步步高升，是他们自然的希望。于是乎，他们纷纷把在法治传媒的供职经历，当成下一个求职行动的敲门砖，在他们求职的视野里，大型企业、外企，公务员，法务部门……都是理想的职业选项。当他们背对着法治传媒的大门，兴奋地走向新的供职部门的时候，法治传媒人应该如何看待他们的离去呢？

不由分说，一味指责这些纷纷转行的年轻人太过武断，也不尽情理。职业流动的背后是人才价值规律之手在控制阀门，人才流动是社会进步的需要，也是社会进步的体现。即使对于法治传媒自身，人才流失也是一个信号：昭示着法治传媒业在整体的改革创新上要迈出更大也更实在的步子，在人才战略上尤其需要拿出有效的应对方略。只有不断的改革创新可以吸引人才和留住人才，只有不断的行业进步和发展可以吸引人才和留住人才，只有不断的培养和锻造可以源源不断地造就人才。

至于如何认识并且应对当下法治传媒人职业精神和专业素质方面出现种种问题和欠缺的课题，需要用改革的思维逻辑去分析，需要用发展的战略眼光去看待，需要用创新的应对策略去面对。

从本质上说，法治传媒的职业精神和专业素质从属于法治传媒职业文化的范畴，与特定时期、特定阶段法治传媒内容的生产方式、传播方式相关联。毫无疑问，法治传媒的职业精神和专业素质产生于传统媒体内容生产方式和传播方式发展的巅峰时期，如今，当以互联网＋新型媒体为代表的新型传媒风起云涌之时，法治传媒其传统的内容生产方式和传播方式面临着变革的洗礼，其职业精神和专业素质也必然随之发生或多或少的改变。在有些方面，法治传媒的职业精神和专业素质需要赋予新的内容，比如：在职业精神当中，需要赋予互联网思维和法治思维的方式和方法，只有这样，才能最大可能地理解当前与未来全面推进依法治国当中出现的新课题与新挑战，才能最大可能地理解当前与未来科技革命和互联网+知识经济对法治建设提出的新课题与新挑战；在专业素质当中，某些过于传统的意识和方法必须革除，同时，需要赋予融媒体的意识和本领，熟练掌握不同的媒体传播特点、规律以及方式方法，善于打造新型媒体新闻产品，善于运用不同的媒体语言和叙述方式，从容运用不同媒体有效地进行法治信息传播。如此等等。

与此同时，作为法治传媒职业精神的核心——以维护社会公平正义为主要内容的社会责任意识，以坚持、坚韧、坚守为基本依托的新闻专业精神，和以严格职业操守为执业底线，仍然是整个行业安身立命的精神基石，仍然是整个事业凝聚人心的精神旗帜，仍然是回望往昔、立足当下和着眼未来的精神动力。在新媒体纷涌而生的当下，传媒业供给总体过剩的基本国情不仅不会改变，还会有所加剧，在这种情况下，以媒体公信力为基础、以优质新闻信息为主体且具有一定规模效应的融媒体团队才可能笑到最后。照此观之，以传统媒体为基础、以融媒体发展为支撑的法治传媒业，其最大的优势正是法治传媒多年来以品牌为基础的媒体公信力，正是以传统媒体为基础的专业团队和团队人员所普遍具有的职业精神和专业素质。拥有这两大优势，在融媒体迅捷发展的推动下，法治传媒的明天仍然是蓝天丽日、一派春光。

第十二章　法治文化与法治信仰

古希腊哲学家柏拉图在《理想国》中曾经论及法治与信仰的关系，这被普遍认为是最早论述法治信仰的文字。柏拉图认为，一般群众和游民的欲望是被少数优秀的人的欲望和智慧所统治着，统治者和被统治者在谁应该来统治的问题上有着一致的信念，也就只有我们这个国家了。柏拉图在《理想国》中指出，建立国家的一条普遍的原则是，每个人必须在国家里面执行一项最适合他的天性的职务，正义就是注意自己的事不要干涉别人的事。由此可见，在柏拉图的意念中，国家的法治秩序起源于对信念或正义的信仰。

美国最具影响力的法学家哈罗德·J. 伯尔曼谈及法律信仰时，有句名言："法律必须被信仰，否则它将形同虚设。"在论述法律理想和原则的普遍性时，伯尔曼指出："所有法律制度都不仅要求我们在理智上承认社会所倡导的合法美德，而且要求我们以我们全部的生命献身于它们。所以，正是靠了宗教激情，信仰的一跃，我们才使法律的理想与原则具有普遍性。"伯尔曼将信仰视为法律的灵性和灵魂，"没有信仰的法律将退化成僵死的法条，而没有法律的信仰将蜕变为狂信"。

党的十八届四中全会公报在论述法治信仰时指出："法律的权威源自人民的内心拥护和真诚信仰。人民权益要靠法律保障，法律权威要靠人民维护。必须弘扬社会主义法治精神，建设社会主义法治文化，增强全社会厉行法治的积极性和主动性，形成守法光荣、违法可耻的社会氛围，使全体人民都成为社会主义法治的忠实崇尚者、自觉遵守者、坚定捍卫者。"

一

法治信仰的本质是什么，它的源头在哪里？它的土壤又是什么？一种名为法治文化的概念进入人们的视野。

从人类蒙昧的远古到科技高度发达的当今，形形色色的信仰，从来都是人类赖以固守心灵、支配行为的精神武器。法治信仰，不仅具有一般意义上的固守心灵、支配行为的精神力量，而且可以在科学技术和现代工业高度发展的当今时代昭示人们为实现理想的法治社会而共同奋斗。法治信仰不同于宗教信仰，也有异于一般的政治信仰。对于法治的信仰而言，包含着对于理想的法治社会状态的向往和追求，包含着对于法治精神和价值的认同，包含着对于法治体系的信赖和敬畏，包含着对于法治原则的信守和维护。

对于成熟的法治社会来说，法治信仰如同水和空气，与人们的日常生活息息相关，须臾不可或缺，却又浑然不觉，是那么司空见惯。尽管也会不时爆发相当极端的宪政危机和涉法事件等，以致引起局部范围的民众示威游行，甚至街头暴乱事件，但总体来说，法治秩序的稳定、法律制度的健全与公众对法治社会、法治秩序的信赖，如同历尽沧桑的古城，饱经风雨，稳固依旧。相形之下，对于正在走向法治社会的国家而言，法治信仰却是一个问题。目前我们正处于推进全面依法治国、全面建设社会主义法治国家进程中，面临社会转型，法治信仰的缺失是我们必须面对和亟待破解的重大课题。

提及法治信仰，有人可能会问：法治信仰从何而来？是来自那些寥若晨星的天才法学理论大家的非凡大脑吗？是来自法学院校教学讲堂上日复一日的不断传授吗？是来自无数件司法审判案例的无声讲述吗？是来自倚仗国家权力的强制灌输吗？……诸多答案都似是而非，似乎很难完整准确地完成对“法治信仰从何而来？”这一问题的解答。

对于个人而言，一个信仰的建立和形成相对单纯也相对简单，而且最初引燃信仰激情的那粒火种往往来自一个相当偶然的方向。就以法治信仰为例，最初燃起信仰火焰的种子可能就是来自一位精神导师的演说，比如，有幸聆听了哈罗德·J.伯尔曼的一次精彩演讲；也可能就是来自一本名著的阅读，比如，因为读懂了孟德斯鸠的《论法的精神》；或者可能是来自一次司法案件的庭审，比如，20世纪90年代影响整个美国的辛普森涉嫌杀人案……然而，作为一个社会乃至国家而言，建立起一种普遍的信仰绝非易事。而且作为普遍的信仰，其来源为何，基础是谁，就更是一个严肃的问题。具体到法治信仰上，更是如此。也许用两个形象的比喻作答可能更加讨巧，也能解答得更为清晰——如果把法治信仰比作一座大厦的话，那么它的地基就应该是法治文化；如果把法治信仰比作满园盛开的鲜花的话，那么它的土壤也应该是法治文化。

何为法治文化呢？对法治文化，目前有各种解读。具有共识性的观点认为，法治文化应该包括法律制度结构和法律观念结构，以及自觉执法、守法、用法等行为方式，是包含民主、人权、平等、自由、正义、公平等价值在内的人类优秀法律文化类型。

上海师范大学法学院蒋传光教授认为，法治文化是以追求民主、自由和权利保障为目标，在一定的治国理念和与此相适应的制度模式确立过程中，形成的一种社会文化形态和社会生活方式。具体而言，法治文化就是在建立法治社会的过程中，形成的一种文化形态和社会生活方式，其核心是法治理念和法治思维模式的确立，以及在此理念支配下相应制度和组织机构的建立与运行。

从理论上说，法治文化是建构在法治社会基础之上的社会文化形态和社会生活方式，法治文化的本质属性从属于法治社会，具有法治社会的根本属性和基本特征；它的现状和水平与法治社会的现实状况互相吻合，从本质上说，既是法治社会的忠实反映，同时也受到法治社会的根本制约。法治文化的基本形态是社会文化形态和社会生活方式，因此，从最易为社会大众所感知的角度讲，它就如同法治社会的河流、湖泊、山泉和小溪，如同林林总总的绿树、鲜花，如同数不胜数的空中飞鸟……是社会大众最为常见和最为熟悉的社会元素，为社会大众所感知，又影响着社会大众和社会生活；也在社会大众和社会生活的影响之下，不断丰富自身的内容，不断调整自身的角度，不断提高自身的水平。

法治社会的核心价值是始终不懈地追求、保障和捍卫社会的公平、正义、民主、自由和权利，这也理所当然地成为法治文化的核心价值观。法治文化具有不同层次，有理念层面的法治文化，有制度层面的法治文化，也有社会文化层面的法治文化。但无论是何种层面的法治文化，追求、保障和捍卫社会的公平、正义、民主、自由和权利都是其孜孜以求的核心价值观，也是法治文化的基本目标和方向。而这种核心价值观恰恰是法治信仰的信念支柱，也恰恰是法治信仰之所以能为社会和广大民众欣然接受并赖以信服的根本理由。从这个意义上说，以追求、保障和捍卫社会公平、正义、民主、自由和权利为核心价值观的法治文化越强大，其传导、影响社会和民众的精神力量也越强大，在社会和广大民众心理层面自然形成的法治信仰也越普及越牢固。由此可见，从民众信仰的角度看，法治文化是法治信仰得以产生的源头，是法治信仰赖以生长的土壤，是法治信仰借以传播的载体，是法治信仰借以深化的动力。

二

法治文化的生成、发展和成熟本来是源远流长的过程，然而在华夏大地，法治的速生，使得法治文化没有充分孕育的时间和空间，当人们高声呼唤法治信仰的时候，培育法治文化成为当务之急。

在西方，法治文化早已经历了漫长岁月的孕育和生长，它的成熟如同成百上千年的森林，那些苍老的古树可以凭着树干上无数年轮的印迹，无声地讲述着一个个沧海桑田的故事。所以，当提及有关法治启蒙的动人传说时，当提及一部部著名民法典籍的历史价值时，当提及某个著名司法判例对相关领域的影响时，当提及某位著名法学家流传至今的论断时，那一个个令人肃然起敬的名字与一个个令人无法忘怀的故事，都足以让我们对一种绵延数百年乃至上千年的法治文化心生敬意。

从法治的进化史可以看出，它伴随着人类文明的脚步走过漫长的征程，在这个历程当中有一代代哲人前仆后继地著书立说，有一批批法律人孜孜不倦地泣血奋斗，其间甚至伴随着战争的烽火硝烟。在这种源远流长的法治文明的催生下，法治文化的生成、发展和成熟，有着自然、从容的过程。然而，当翻开华夏文明和社会进化史的漫长画卷时，我们会清楚地发现，华夏文明和社会进化以另一种文明和另一种文化的逻辑形式缓慢而执着地向前演进。即使在屈辱的近现代，当一次次域外强敌入侵、域内农民起义、军阀混战和政治动荡，屡屡将经济、社会、文明发展进步的正常周期强行斩断，在经济一再陷入贫穷、落后的低谷的同时，华夏文明与法治文明也如同两条遥遥相对的平行线，相距日渐遥远……1949 年 10 月，当中国共产党人艰苦卓绝地创建了新中国并且豪迈地宣布“中华人民共和国成立了，中国人民从此站起来了”的同时，曾经用“一穷二白”来形容新中国创立时国家贫穷落后的种种现实。现在看来，“一穷二白”中的白字就包含着新中国成立时法律制度等方面的空白和落后。尽管以毛泽东同志为核心的第一代中国共产党人曾经在创建社会主义法制方面做出过一定的努力和实践，并且取得了一些成效，但是新中国法制建设空白和落后的现实并没有得到根本性的改变，特别是当时的中国共产党人从执政理念到执政方式等方面没有及时完成从革命党到执政党的全面转变，突出表现在执政理念和执政方式上对于法制的忽视，以致法制建设和司法构建屡屡受到干扰和破坏，致使华夏民族在新中国创建后政治动荡的年月里吃尽了无法无天的苦头……

出于对法制缺失的切肤之痛，自从党的十一届三中全会后，在中国共产党人吹响了改革开放集结号的同时，重建中国法制的巨大工程也以惊人的速度全面展开。四十余年卧薪尝胆，四十余年栉风沐雨，四十余年披荆斩棘，四十余年风雨兼程，2011 年 3 月，时任全国人大常委会委员长的吴邦国在第十一届人大第四次会议上宣布：中国已初步建成中国特色的社会主义法律体系、在中国现代法治史上这是一件具有重大意义的事件。2014 年 10 月 23 日，中国共产党十八届四中全会通过关于全面推进依法治国若干重大问题的决议，标志着以全面推进依法治国为特征的中国法治建设进入新时期。此后，中国特色社会主义法治建设更是不断提速、不断深入，从进一步健全完善立法、全面推进法治政府建设到稳步实施深入推进司法改革等，中国全面法治进步掀开了新的一页。

然而，法治建设的快速推进提出了一个严肃的问题：在法制重建上，可以相对快速地立、改、废，法治政府建设可以以政务公开为突破口倒逼各级政府步步推进，司法改革也可先以试点的方式由点及面地逐步展开……但是，广大民众对于法治的向往感、认同感、信赖感和敬畏感，却不是在短时间内就可以培养建立的。而社会公众对于法治未来目标的共同向往，对于法治基本价值的普遍认同，对于法治现状的基本认可，对于法治约束的共同敬畏，这些民众内心对于法治的共同认知就构成了社会层面的法治信仰。换句话说，当下社会层面民众对于法治的普遍认知与国家法治全面推进的现状之间，存在着较大的落差，突出表现在社会公众法治信仰上的普遍不足，或者说是民众层面的法治信仰存在着普遍缺失的现实表现。

这种法治信仰缺失的现实表现主要有如下几个方面：首先，包括社会精英在内的各界中坚，对于社会的法治现状认可度偏低，并对法治的未来走向信心不足。其次，民众对于法治的信赖感和敬畏感普遍比较缺乏，表现在主张权利或寻求救济时，法律途径往往并非他们的首选，而且即使已经进入法律程序，他们也千方百计寻求行政权力或者媒体舆论的干预，相信行政权力和媒体舆论等比法律途径更快捷、更可靠；在行为上，对于法律的基本约束表现出集体无意识，特别在道路交通行为等方面的法律约束上，表现出惊人的漠视甚至抗拒。再次，包括媒体在内的社会舆论对于法治现状缺乏认同感，对司法和执法机关的评价不高。最后，司法、执法人员以及律师等法律从业人员执业环境有待改善，法律职业群体社会尊严感相对缺乏，职业认同感和自我评价不高。

从广大民众在法治信仰上普遍存在相对缺失的现实状况来看，必须承认我们尚且处于法治国家和法治社会建设的初级阶段。造成民众法治信仰缺失的原因是复杂多样的，既有可追溯久远的历史原因，也有错综复杂的现实原因。其中，一个更为直接也更为深层次的原因就是尚未形成法治文化的普遍环境。没有法治文化的土壤，法治信仰的鲜花是不可能处处盛开的。

一个不容回避的课题是：在中国的现实条件下，应该怎样加速培育社会主义法治文化呢？尽管从理论上说，法治文化的产生、培育、发展和成熟，需要一个逐渐孕育、充分滋养、自然生长和渐趋成熟的过程，西方发达国家在这方面用了数百年乃至上千年。但是，在华夏大地上，用较短的时间，让这个孕育、滋养、生长和成熟的过程加速完成，有无可能？如果有这个可能，还需要什么条件？

从法治文化的构成来看，分为制度层面的法治文化和理念上的法治文化。作为制度层面的法治文化，主要包括法律制度结构。目前我国在法律制度结构方面，已经形成以宪法及宪法相关法、民商法、行政法、刑法和刑事诉讼法、经济法、社会法和环境法七大法律部门的法律结构。截至 2018 年 11 月，我国有 1 部宪法（包括 5 个宪法修正案），有效的法律有 269 部，行政法规 755 部，地方性法规 1.2 万余部。相对来说，我国在制度层面的法治文化方面，建构步伐较快，尽管在以民法典为代表的民法体系方面我们距离健全、完整、科学的法律体系还有一定差距，尽管在一些规范和保障国家经济社会重大发展方面的法律法规还亟待健全、完善，尽管在反垄断、环境资源保护和行政程序等方面的法律法规还有待健全、完善，但中国特色社会主义的法律体系初步形成已是不争的事实，而且我国在健全、完善法律法规方面正在紧锣密鼓、快马加鞭也是有目共睹的现实。可以说，我国在制度层面的法治文化方面已经初具规模。然而在法律观念结构，以及自觉执法、守法、用法等行为方式方面，法治文化建构的路途则相当漫长。

2002 年 12 月 4 日，在首都各界纪念《中华人民共和国宪法》颁布实施二十周年大会上，时任中共中央总书记、中华人民共和国主席胡锦涛在讲话中首次提出社会主义法治理念，并作出详细阐述：坚持党的领导、人民当家作主和依法治国有机统一，是社会主义法治理念的核心和精髓，公平正义是社会主义法治的基本价值取向，尊重和保障人权是社会主义法治的基本原则，法律权威是社会主义法治的根本要求，监督制约是社会主义法治的内在机制，自由平等是社会主义法治的理想和尺度。以后，社会主义法治理念统一、标准、简明的版本由二十字组成：依法治国、执法为民、公平正义、服务大局、党的领导。社会主义法治理念的提出，标志着中国共产党对于社会主义法治建设和全面推进依法治国在基本治国理念上的升华，这是一个了不起的进步。

2012年12月4日，在首都各界纪念《中华人民共和国宪法》颁布实施三十周年大会上，中共中央总书记、中华人民共和国主席习近平指出：我们要在全社会加强宪法宣传教育，提高全体人民特别是各级领导干部和国家机关工作人员的宪法意识和法制观念，弘扬社会主义法治精神，努力培育社会主义法治文化，让宪法家喻户晓，在全社会形成学法尊法守法用法的良好氛围（不久之后习近平总书记的讲话中，“学法尊法守法用法”的顺序调整为“尊法学法守法用法”，此后这一顺序一直沿用）。我们要通过不懈努力，在全社会牢固树立宪法和法律的权威，让广大人民群众充分相信法律、自觉运用法律，使广大人民群众认识到宪法不仅是全体公民必须遵循的行为规范，而且是保障公民权利的法律武器。这里有几个关键词值得注意：宪法意识、法制观念、法治精神、法治文化，毫无疑问，这些都属于观念层面的法治文化；而以下表述则更不能忽略：努力培育社会主义法治文化，在全社会形成尊法学法守法用法的良好氛围。由此可见，加强理念层面的法治文化构建，努力培育社会主义法治文化已经引起中央高层的重视，这在法治文化的构建上具有极为重大的意义。

在理念层面的法治文化上，我们已经有了社会主义法治理念，有了宪法意识，有了法制观念，有了法治精神，在司法领域有了疑罪从无的刑法理念……但是，这些法治文化理念多数还仅仅是领导讲话中的一个个提法和文件精神中的一个个表述；至于疑罪从无的司法理念，虽然已经体现在司法审判当中，但在广大民众的心理层面上影响有限。因此，从整体上说，在理念层面上目前并没有形成法治文化形态，也还不具有一种文化所特有的传播力、感召力和影响力。

在行为方式层面的法治文化上，我们正普遍处于法治全面推进的初级阶段，在自觉执法和严格执法的行为方式上，在自觉守法和严格守法的行为方式上，优劣混杂、善恶交织等现象普遍存在。无论是从执法层面还是从守法层面，民众对于有法不依和群体违法无意识等现象司空见惯，而且一些执法和守法方面的极端事例时时诉诸媒体、诉诸舆论，对于国家和社会的法治形象，以及公众对于法治建设与完善的信心都是双重打击。客观地说，如果从行为方式层面的文化角度来衡量，我们还不具有严格意义上的行为层面的法治文化，或者说还不具有一种完整和良性的行为层面的法治文化。这种状况与当下多数民众法治信仰欠缺的现状也是基本吻合的。

从上述描述和分析可以看出，目前我国社会主义法治文化尚处于培育初期，既没有形成完整的法治文化形态，也没有形成完整的法治文化系统；既没有具备法治文化的主要特点和特征，也还不具有法治文化所特有的影响力、传播力、感染力和渗透力。

三

在法治文化建构初期，面对法治文化尚不完整、尚不系统、尚不完善的现实，特别需要文化载体的作用。一方面，可以有效促进法治文化的传播；另一方面，可以有效促进法治文化的培育。

当下，一个两难命题摆在我们面前：一方面，对大踏步迈向法治中国和法治社会的华夏儿女来说，培养、锻造民众的法治信仰，需要良好的法治文化；陶冶、教化公民的守法行为、守法习惯，同样需要良好的法治文化；引导、培训执法者的执法行为、执法习惯，更加需要良好的法治文化。另一方面，对于现实情况下的中国社会来说，法治文化尚处于初始状态，无论从制度层面还是从理念层面，也无论从执法行为层面还是从守法行为层面，法治文化都处在早期的培育当中，或者说处在培育的初期状态之中。从辩证的角度来看，法治文化、法治信仰，执法行为、执法习惯和守法行为、守法习惯等，在不同的前提和条件下，常常是互为因果的关系。就是说，如果以鸡与蛋的关系来比喻，即把法治文化比喻成鸡，把理念层面、信仰层面和行为层面等的法治文化元素比喻成蛋，既需要马上有健康、成熟的鸡去生蛋，又需要有更多的蛋去孵化鸡，在逻辑上它们互为前提、互为因果，这是典型的两难命题。

然而，这又是个理念性很强的实践性命题，并非无解，而是如何破解以及选择何种破解路径的问题。在法治文化构建初期，面对法治文化尚不完整、尚不系统、尚不完善的现实情况，特别需要文化载体的作用，特别需要相关文化机制的促进和推动作用。一方面，可以有效促进法治文化元素的传播；另一方面，可以有效促进法治文化自身的培育。

首先是法学教育载体，主要是各法学教育院（校）系等专业机构。据《中国法律发展报告（2014）：建设法治政府》（中国人民大学出版社2015年版）披露：就设置法律院系的数量而言，（我国）改革开放前长期保持着9所法学院系，2012年则达到624所；60多年来，法学院系累计为社会培养了超过160万名法学专业毕业生。毫无疑问，法律院系在培育和促进法治文化建设方面具有特别的地位和作用。尽管目前法律院（校）系在法学专业学生教育方面面临着法学系统、专业知识的传授与法律实际操作能力训练之间不够平衡的矛盾，但是，法学专业毕业生作为从事各类法律工作的骨干力量，他们在法治信仰方面的状况，他们在执法和守法行为方面的状态，是影响和决定法治文化的主要因素之一。近年来媒体披露的一些执法者和专业法律工作者违法违纪典型案件所折射出的自身法律素质方面存在的种种问题，集中指向了法治信仰和执法行为以及执法习惯等方面。由此可见，法律院（校）系如何进一步改进、创新法学教育工作，特别是有针对性地在加强法科学生社会主义法治信仰培育方面切实取得成效，使法科学生从法律启蒙时就牢牢地尊法、信法、学法和守法，为毕业以后从事法律工作具备坚定的社会主义法治信仰并且严格执法、守法打下坚实基础，具有特别的意义。

其次是法治文化载体，主要是法治图书、法治文学、法治戏剧、法治电影和法治电视剧等创作、出版方面。文化载体在传播思想、影响人们认识和行为方面历来有着独到的作用，在引导和培养广大民众逐步建立社会主义法治信仰，丰富法治文化内容，培育法治文化自身，扩大法治文化影响等方面，都有着巨大的显性能量和隐性能量。

在法治文化载体中，法治图书或者说是法律图书占有非常显著的地位。耐人寻味的是，我国法治图书业经历了一个与法治建设非常类似的发展曲线。我国著名刑法学专家陈兴良教授是1978年2月进入北京大学法律系学习的，入学前他在家乡的县公安局工作。“那是一个不知法律为何物的时代”，陈兴良清楚地记得，入学之前，他曾在县公安局堆在墙角的破麻袋里翻到一些 20 世纪 50 年代翻译出版的苏联法律图书，“这些图书在‘文革’中幸免于被焚毁之难，真是一个奇迹”。其中，一本名为《苏维埃犯罪对策学》的教科书给陈兴良留下了深刻印象，后来他才知道，这本书是中国人民大学法学院已故教授徐立根翻译的。在陈兴良的记忆中，当时在法律系学习时既无正规教材也缺法律图书，因此业余时间寻觅各类法律图书便成为陈兴良的一个爱好，由此他也对国内法律图书的状况持续关注并且有着清晰、完整和生动的印象。按照他的说法：“建国以来，我国的法律图书经历了一个从无到有、从少到多、从次到好的发展阶段。20 世纪 80 年代以前，我国法律图书行业呈现出一片萧索景象，法律图书主要是‘文革’前残存下来的对苏联法学作品的翻译（之作）（此处为本书作者所加），法学教材也是在立法进程开启以后才逐步出现的。20 世纪 80 年代以后，伴随着法律的制定和法治建设的推进，法学图书逐步完成了从无到有、从少到多的转变历程；目下，法律图书则正在经历着从数量竞争转向质量竞争的行业发展过程。在日益激烈的竞争环境下，法律图书市场上存在着法律教科书、法学专著、法学译著、司法实务图书、司法考试辅导书、法学‘闲书’等可堪培育的法学图书类型”（按：相关内容引自陈兴良：《法律图书的历史演变——以个人感受为线索》，载《北大法律评论》第 16 卷第 1 辑）。

毫无疑问，在当下，法律图书与法学教育并驾齐驱是法治文化最为有力的文化载体，无论是法律学子们最为关注也最为需要的法律教科书，还是法律专业人士们时常涉猎的法学专著、法学译著和司法实务图书等；无论是备战司法考试的考生和准考生们必备必读的司法考试辅导书，还是在法律领域谈天说地的“闲书”等，在传播法治理念、法律知识、法律实务和法学专业高精深的学术理论等方面，都发挥着无可替代的作用。在全面推进依法治国，努力培育社会主义法治文化的语境下，法治图书出版界应当更有针对性地大力开发高品质、高法治文化内涵和高法治文化影响力的法治图书产品。当前，应该特别强调如下两点：

一是努力突出社会主义法治理念的本质特征和深刻内涵，着力体现社会主义法治信仰下的文化自信。在这个问题上，一直存在着一种现象，就是对于法治根本属性有意无意地模糊，这种现象在法学理论界、法学教育界和法律出版界都比较普遍地存在着。在相当一些法律图书中，大讲特讲西方法治理念、法治信仰等内容的比皆是；在抽象的语境下，大而化之地论述法治理念、法治信仰和法治文化等内容的图书也随处可见。然而，针对社会主义法治理念、法治信仰和法治文化等问题而深入详述并具有一定理论价值、理论深度且能做到深入浅出的著述凤毛麟角。这种状况不应再持续下去了。对于中国而言，发展现代法治是个努力学习和着力赶超的历史过程。在相当长的一段时间内，我们一直以学生自居，努力向西方现代法治发达国家学习，并且在法学教育、法学理论研究、法律法规制定等方面学有所得、学有所成、学有所长，卓有成效，这是必要的，也是必需的。然而，必须清醒地认识到并且予以非常明确地强调，尽管在法律制度理念上确实存在一些具有普适价值的内容，而且西方国家在立法和司法等方面也确实有一些值得我们借鉴和仿效的宝贵经验。但就本质和整体而言，法治的国家制度属性和社会制度色彩是如此分明，容不得一点点含糊，更容不得如某些人所盲目推崇并极力主张一味抹杀法治的国家属性和社会制度色彩从而在法治道路上全盘西化。在法治信仰、法治文化的培育上同样如此，如果不能在法治的根本属性上明确突出社会主义法治理念的本质和内涵，那么，就根本不可能建立起具有统一的社会主义法治目标、法治精神和法治价值前提下的法治信仰；即使退一万步说，在一部分民众中建立起了所谓的法治信仰，他们信仰的是什么法治和信仰的是谁的法治仍然是个不容回避的问题。抽去了社会主义法治理念的本质和内涵，信仰那种貌似抽象和普适的法治价值，对于全面推进以社会主义法治理念为统领、以建设社会主义法治国家为目标的依法治国还有什么意义呢？如果不能建立起具有统一的社会主义法治目标、法治精神和法治价值前提下的法治信仰的话，全面推进依法治国的共同目标就难以在广大民众内心中得到普遍认同，全面推进依法治国也就难以成为全体人民的共同意志和共同行动。从某种意义上说，全面推进依法治国就可能走上歧途，全面建设社会主义法治国家也就成了一句空话。因此，在坚持走中国特色社会主义法治道路，努力建设中国特色社会主义法律体系、全面推进依法治国的当今，在培育和建设社会主义法治文化方面努力突出社会主义法治理念的本质和内涵，努力建立并着力体现社会主义法治信仰下的文化自信和理论自信，不仅必须而且迫切。必须承认，在以往法律图书的撰写和出版过程中，在这一点上存在明显的不足，这块短板，今天应该补齐，也必须补齐。

二是着力体现大众阅读角度，努力满足大众阅读兴趣。回溯既往，我国法律图书在出版上一直将法律专业群体和准专业群体作为受众主体，这是自然的，也是必需的。然而，如果从培育和发展社会主义法治文化的角度来度量就会发现，这里面有着相当大的疏漏和欠缺。社会主义法治文化承载着培养社会主义法治信仰的光荣使命，也承担着建设社会主义法治文明的历史任务，这其中，在最广大民众中逐步培养和建立社会主义法治信仰，既是事关法治信仰的根本任务，也是实现法治文明的前提条件。其中包括对于社会主义法治理念的高度认同，包括对于社会主义法治目标的由衷向往，包括对于社会主义法治精神的普遍认可，包括对于社会主义法治规则的自觉信守和高度敬畏……由此可见，法治图书作为培育和发展社会主义法治的有力载体，今后必须以广大民众为受众主体，努力组织、开发适合广大民众阅读角度、满足广大民众阅读兴趣，广大民众喜闻乐读的法治图书作品，这方面大有可为，也大有作为。法治图书出版业只有在这方面大有作为，才能最大限度地充分发挥社会主义法治文化最有力的文化载体的教化作用。

在法治文化载体方面，如何努力发挥法治文学、法治戏剧、法治电影和法治电视剧等形式的功能和作用，是个极为有益的课题。西方国家在这方面的状况，值得我们认真思考。他们在涉法题材上高水准的创作，用精良的艺术形式将法治理念、人文情怀等不露痕迹地托出，不乏佳作，值得借鉴。以美国的电视剧为例，近年来，以长篇律政剧为代表的优质涉法题材电视剧就有《傲骨贤妻》（一至七季）、《美国罪案故事》（第一季）和《律界巨人》（第一季）等，在这些经过精心打造的律政剧中，复杂的法律关系、曲折的故事情节、丰富的人物设计、精湛的表演技艺和奇妙的抗辩技巧等构成整部剧精心营造的艺术氛围，引人入胜，甚至令观众欲罢不能。不得不承认，在浓郁的艺术氛围中，西方所引以为自豪的司法理念、法治价值观和人文主义等已自然而然地打动和影响了观众。近年来，在我国的电影、电视剧创作当中，也涌现了一些涉及法治题材的作品，有以公安侦破案件为题材的涉案剧，也有以法官或以律师为主人公的电影、电视剧，但总体来说，这类作品数量不多，质量平平，无论从法治题材主题的开拓上，还是在人物塑造、剧情设置和拍摄技巧等方面，与西方国家高质量的涉法题材作品相比，都存在着较大的差距。电影、电视剧作为文化载体，拥有巨大的观众市场，也拥有强大的号召力和影响力，如何调动各方面优质资源，充分、有效地开拓法治文化题材的电影、电视剧创作，以最大限度地发挥法治电影、法治电视剧等文化载体在建设社会主义法治文化方面的功能和作用，是一个非常有价值的文化课题。

当前以及今后一个时期，在有效发挥法治文化载体促进社会主义法治文化建设方面有几个问题值得关注：一是如何围绕社会主义法治文化的核心价值有效组织各种法治文化载体的创作；二是如何在泛娱乐化的文化生态环境中，兼顾受众娱乐化欣赏需求与法治文化核心价值艺术化表现并且实现两者之间相对完美的平衡；三是如何在充分尊重艺术创作规律和市场法则的前提下，实现投资主体多元化，使法治文化载体围绕社会主义法治文化核心价值开展积极、有效的创作活动成为可持续和具有一定规模的长效活动；四是如何充分运用互联网思维，在法治文化载体的创作活动中努力创新形式，特别是在善于运用新技术、新平台、新媒体条件下的传播手段创新，努力赢得广大受众群的喜爱和认同。

再次是传媒载体，主要是以法治新闻传媒为主体，以其他新闻媒体为补充的新闻传媒。多年来，各新闻媒体在积极传播法治新闻信息、推动法治建设方面一直发挥着积极的作用。特别是法治传媒，自“一五”普法以来，在努力扩大普法宣传覆盖面，运用多种报道手段，有效普及法律常识方面始终承担着主力军的角色，其作用与成效为各方面普遍认同。但是，传播法治新闻信息，努力推动法治建设，与培育和促进法治文化建设还是既有联系又有区别的不同课题。因此，以文化的性质来考量，法治文化相对于一般性的法制宣传是更高一层次的概念，具有更深刻的内涵和更宽广的外延。从这个意义上说，如果以加速培育社会主义法治文化作为远大目标来要求，无论是法治传媒，还是广大新闻媒体，都面临着更大的挑战。从传媒指导意识到业务操作层面，均须完成一系列转变，方能适应加速构建和培育社会主义法治文化的需要。

在指导意识方面，需要确立法治文化意识。所谓法治文化意识，就是要在法治传媒（包括新闻传媒的相关采编部门及栏目）的编采人员中普遍树立以弘扬社会主义法治理念为核心，以培育社会主义法治信仰为重点的社会主义法治文化的思想意识和工作意识，将法治新闻传播从法治信息传播和法制常识普及的一般性水平提升到法治文化层面。这对新闻传媒，特别是法治传媒来说，既是思想认识和工作理念的升华，也是传播水平质的飞跃。要着力体现法治文化的系统性，这就是以社会主义法治理念为核心，以社会主义法治制度为主体，以理念层面和执法行为、守法行为层面以及文化层面等元素为重要补充的系统性的社会主义法治文化。要努力改变以往法治新闻信息传播（包括法制常识方面的普及和宣传）当中普遍存在的碎片化倾向、就事论事倾向以及简单化、雷同化倾向等，着力通过系统性、高水平策划、组织和实施，逐步实现法治文化报道和传播在主题、内容方面的整体性和系统性，并且努力运用多种创新手段，不断丰富报道内容、不断深化报道主题、不断改进报道形式、不断提高报道水平。

在指导意识方面，需要确立法治信仰意识。所谓法治信仰意识，就是要在法治传媒（包括新闻传媒的相关采编部门及栏目）的编采人员中普遍建立社会主义法治信仰，并且将牢固确立社会主义法治信仰作为法治传媒人职业精神和专业素质的重要元素来要求。作为法治传媒的采编人员，是法治文化的培育者和建设者，是法治文明工程的灵魂工程师，必须发自内心地对社会主义法治精神、法治原则、法治目标等执着地信仰，并且身体力行地在职业活动以及实际生活中忠实地履行，不折不扣地信守；绝对不能口是心非、三心二意，甚至公然违背法治精神、法治原则，绝对不能与法治目标背道而驰。要努力改变以往在法治新闻报道当中的两种倾向：一种是抽象地谈及法治信仰，对社会主义法治信仰避而不谈，而且常常将西方所谓普适的法治理念、法治精神和法治目标与社会主义法治理念、法治精神和法治目标混为一谈，自以为巧妙、自以为得计，其实是混淆了法治信仰的本质属性，抽去了社会主义法治文化的内核，其害大焉。必须旗帜鲜明地将社会主义法治信仰、法治理念、法治精神和法治目标等突出出来，并且千方百计地报道好、传播好，使之如同社会主义法治文化的源头活水，源源不断，四季长流。另一种是将法治信仰简单化、概念化，其习惯表现是把社会主义法治信仰口号化、标签化，这种从概念到概念、从理念到理念，单纯依靠词汇的堆积，只能将社会主义法治信仰的传播束之高阁，使受众味同嚼蜡，难以入脑入心。必须将社会主义法治信仰人文化，将法治精神、法治价值、法治目标、法治理念等用生动、鲜明、有趣的文化符号包装起来，让它们在文化的河流里畅快地流动，对于广大法治文化受众来说，才能自然地入眼、入耳、入脑、入心。

在指导意识方面，需要确立文化传播意识。所谓文化传播意识，就是要在法治传媒（包括新闻媒体的相关部门、相关岗位以及相关栏目）的采编人员中，确立以社会主义法治文化为主要内容的文化传播意识。文化具有系统性、多样性、传承性和渗透性等特点，因此在培育和创建法治文化的过程中，法治传媒人应该着眼于文化的系统性特点，着力于法治文化的系统性构建，无论是在制度层面的法治文化，还是在理念层面的法治文化，都应从系统性出发，有计划、有步骤地进行完整的策划和实施；在培育和创建法治文化的过程中，法治传媒人应该着眼于文化的多样性特点，无论是解构制度层面的法治文化，还是解析理念层面的法治文化，无论是通过事件、案例具体剖析，还是借助人物、作品进行阐释，都应从多样性出发，多层次、多角度、多形式地进行丰富的表现和传播；在培育和创建法治文化的过程中，法治传媒人应该着眼于文化的传承性，无论是对于法治文化构建的宏观设想，还是对于文化产品的微观设计，都应从传承性出发，对法治文化的构建着眼于相对长远的设计和布局，使法治文化的系列产品更具生命力、更具传承性；在培育和创建法治文化的过程中，法治传媒人应该着眼于文化的渗透性，努力提高法治文化传播的艺术性和感染力，努力使法治文化产品摆脱新闻说教的传统套路和习惯，努力让清新、感人、引人入胜成为法治文化产品的新风格。

在指导意识方面，需要确立文化创新意识。所谓文化创新意识，就是在法治传媒（包括新闻媒体的相关部门、相关岗位以及相关栏目）的采编人员中，确立社会主义法治文化创新意识，以充沛、饱满的创作激情，投入到法治文化传媒作品的创作之中。当下是互联网＋新技术条件下的新文化产品时代，文化产品的创作和生产从内容、风格、形态和传播方式上都在日新月异地变革，社会主义法治文化从理念到内容再到形式，都必须适应这种不断创新、不断求变的状态，在创新中创造，在创新中求变，在创新中成长，在创新中成熟。让创新赋予法治文化更为强大的影响力、传播力和渗透力，让创新赋予法治文化更为强大的生命力。

永远在路上（跋）

自从与法治传媒结缘，它便成为我一生的职业，从记者、编辑做到法制日报社总编辑。能够把新闻理想与法治理想融为一体，能够在改革开放的时代为中国法治建设事业奉献所有的职业能量，是我一生的荣幸。

与法治传媒结缘

回想起来，这个结缘纯属偶然。

我大学就读于中国人民大学新闻系七八级，当时国内大学新闻系只有两支，“北有人大南有复旦”，堪称新闻记者的“黄埔军校”，同学当中青年才俊无数。大学实习的时候，我们班分在三地数家报社，三地即北京、甘肃、天津，我和部分同学分在天津日报社实习。

天津，在中国近代史上留传过许多故事，也涌现出许多人物。这是个颇有文化底蕴的城市，随便哪条街道的犄角旮旯都可能给你引出一段意想不到的故事。这里的文人学者可拉出一串串的名单，其中知名报人不乏其中，自然报纸刊物也多种多样。

一条斜街，名曰鞍山道。一座老楼，坐落一家报社，名叫天津日报社。带我的师父瘦瘦黑黑，人称老范。每次差我外出，回来都是仨字：“有词（儿）嘛？”当时老范分管报道的口儿有党委、政府，也有公安、法院。转眼四个月实习期已过，我采写见报了十几篇稿子。临别前一晚，师父老范在家亲自掂勺做了四五个家常菜，算是送行宴。当晚谈天说地，其乐融融。菜吃光、酒喝净，窃以为师徒私情虽在，但新闻行当的缘分已尽。

谁知，虽然未与《天津日报》结上职业之缘，却因《天津日报》而与法治传媒结缘，而且这一结就是一生。

大学毕业那一年，一家新生的全国性报纸到人大新闻系招收毕业生，系里的老师根据学生实习情况，认为本人与这家报纸的性质贴近，便做介绍。于是，我就进入这家报社工作，这一干就是近四十年。

这家报纸当时叫《中国法制报》，后来更名为《法制日报》。

深厚的职业情结

回想起来，在法治传媒行业浸淫近四十年，诸多往事如烟如云，种种经历记忆极深，殊难忘却。

曾记得初出茅庐之时，作为名牌院校新闻系毕业的天之骄子，一腔热血，壮怀激烈，常以范长江、法拉奇（按：奥里亚娜·法拉奇，意大利著名记者）等为楷模，以社会的守望者为己任，立志铁肩担道义、妙手著文章。近四十年来，亲历的重大法治新闻事件无数，见证的重大案（事）件无数，采访的法治人物无数，策划组织的重大新闻报道无数。作为职业法治传媒人，经历了法治新闻事业的各个时期，见证了法治传媒事业的兴衰荣辱。如今当我离开毕生从事的事业，内心五味杂陈，此时此刻，可以用一本书，向这个事业致敬，是我的荣幸。

对许多人来说，新闻只是个过渡性的职业。一些革命家以办报办刊作为宣传、动员民众的有效工具，如马克思、列宁、毛泽东等；一些著名的西方政客，也曾或长或短地与新闻职业结缘，如在布尔战争中，英国的温斯顿·丘吉尔曾作为战地记者赴南非采访，西德总理维利·勃兰特年轻时做记者做得风生水起……的确，对于一般人来说，年轻时从事一段新闻职业，可以增长人生经验，积累人脉资源，可谓好处多多。因此，在年轻人跳槽已如家常便饭的当下，做新闻七八年纷纷转行，已成趋势。

我也时常自问：为什么一生只做了一件事？

我想如下几个原因可能是答案：

一是法治传媒从无到有，在我们手上，像是养育婴儿，一点点培育，一点点收获。伴随法治传媒从小到大、由弱到强，我们也不断成长。对于法治传媒的专业化认识不断加深，对于法治传媒种种规律性的研究日益深入，这些都使得我们与法治传媒的关系越来越密切，越来越难以割舍。

二是在法治传媒的新闻经历，非常特别，记忆深刻。那一段段非常的传媒经历，成为难以磨灭的职业记忆，似乎将我的人生打上鲜明的法治印迹，这印迹将我牢牢地与法治传媒绑在一起。

三是法治传媒成长的时期，也是中国法治全面进步和发展的时期，法治的进步和发展，对于国家和民族的意义，非同寻常。在一个大时代，当个人的职业与国家和民族的进步联系在一起的时候，这个职业的价值和意义，必定获得超越。这很可能是我毕生没有转行的根本理由。

法治传媒之于我，注定是至高无上的人生选择。尽管入行有着某种程度的偶然性，尽管在职业生涯中有过这样那样的曲折与蹉跎，尽管人们对此职业有着这样那样的非议，但是，以此为业，终生不悔。对于将青春和热血奉献给法治传媒事业，我深以为豪。

这就是我的职业情结。

撰写此书的初衷

为法治传媒著书，一直是心底的愿望。这个愿望缘于多种原因。

从业近四十年，思考与感悟多多。做记者多年，报道无数，但融入其中的思考和感悟，多是零星分散的，碎片化的。缺少条理的思考，不成体系的感悟，不论在刹那间有多么深刻，有多少热度，都是短暂的，只能转瞬即逝。只有用思想的链条、系统的框架，将这些思考、感悟串联起来，系统性地阐发出来，才具有真正的学理价值。对此，著书是最好的方法。

尤其在当下，涉法舆论场是最引人关注的舆论热地，那些突然引发的涉法新闻事件，那些时常处于激辩中的热门话题，持续地引爆舆论场。作为一个职业法治传媒人，不可能对此无动于衷。将相关的思考写下来，这是日益强烈的愿望。

从职业的角度将多年来的专业心得条理化、系统化、理念化，是传媒人的职业追求。长期以来，人们对于新闻职业一直有个误解，那就是新闻无学，其实这是对新闻职业极大的偏见。

如果说，在新闻职业的刀耕火种阶段，靠铅字排版、电报发稿，那时传媒的运作相对简单，在这个意义上说新闻无学，可能还有几分道理。然而，当今的互联网+新型媒体已将新闻传媒的生态环境变得天翻地覆，传媒形态、传媒的运行方式与生存方式，也经历着颠覆性的变化，其间值得研究的内容之多，需要探究的谜题之深，待解困局的难度之大，都属空前绝后。而且其研究领域、研究价值，都远远超出传统新闻学的范畴。

身处这个时代，是我们的幸运。将我们对法治传媒发展历程力求精准、深刻地回顾，将我们对法治传媒全方位的认识，将我们对法治传媒未来的猜想与展望凝结成书，奉献给读者，奉献给社会，也奉献给我们引以为自豪的职业，成为我的梦想。

伴随着青春的流逝，伴随着成长的脚步，伴随着激荡内心的感动，伴随着不曾停歇的思考，无数的传媒往事，时时在无眠的夜里萦绕心头……往事的碎片，只有依附在思想的脊背上，才能长久地漂浮在记忆的海面。能否给珍贵的传媒往事，以可以依附的脊背？我努力着，把它们变成珍珠，串起法治传媒人的思考。把这些思考，变成体系，献给业界。

为此，绝不为了立言而立言、为了著书而著书，必须明确需要秉持的原则：

真诚。站在时间长河面前，必须以真诚的态度面对，不以自己的好恶、不以自己的想象、不以自己的某种目的，而做任何涂抹和修正。真诚面对法治传媒的发展历程，真诚面对职业经历，真诚面对职业认知，真诚面对职业同仁……

胆识。法治之于中国，争议之多、误解之多、迷乱之多、期待之多，超过其他，法治传媒随之每每陷入非议与争议之中。许多似是而非，许多张冠李戴，或难以说清，或欲说还休。对此，必须以胆识面对，以胆识面对法治传媒的重大课题，以胆识面对相关争议，以胆识面对未知的挑战，以胆识面对自身的局限……

前瞻。互联网+新技术，使所有传统行业都面临颠覆性的改变，处于传媒业中的法治传媒概莫能外。用千百倍的努力，使关心法治传媒业的人们能更清晰地认识过去，当然重要；但更有价值与意义的是，思考未来究竟会怎样？对此，必须以前瞻面对一切，以前瞻面对法治传媒人曾经取得和拥有的成就，以前瞻面对法治传媒自身的优势与不足，以前瞻面对法治传媒前进的路径，以前瞻面对法治传媒的未来……

当今时代，正处于未来世纪的交叉路口上。对于未来，人们从来没有这样充满期待、希望和想象，也从来没有这样心怀忐忑、畏惧与迷茫。对于过去，怎样回看？对于当今，怎样洞察？对于未来，怎样展望？

必须以超越历史的眼光，回看以往；必须以超越现代的眼光，洞悉当下；必须以勇于颠覆传统的眼光，眺望未来……

感谢所有的帮助

作为“文化名家暨‘四个一批’人才工程”资助项目，从最初策划项目课题到现在完成项目，已经有五年光阴。在这1800多个日日夜夜里，又增添了许多新的经历，积淀了许多难忘的记忆。为法治传媒发展历程立传是个具有相当难度的工程，如果没有诸多朋友、同仁的支持和帮助，是难以完成的。为此，我要衷心地向他们致谢。

首先，我要感谢“法治传媒光辉历程”课题组的全体成员，从课题策划到调研、访谈和多次讨论，你们给予各种有形和无形的智力支持和帮助，使本书在方方面面得到充实和提升，你们对本书得以顺利完成所给予的贡献，将留在我记忆深处。这里，我要将课题组全体成员的名字公布在此：肖黎明、崔立伟、陈晶晶、万学忠、余东明、陈发奋、王晓雁。

感谢你们！

还有多位新闻界、出版界和法治领域的专家、朋友给予各种支持和帮助，不一一具名，在此一并感谢。

群众出版社是一家令人尊敬的出版社，建社以来出版了许多给广大读者留下深刻印象并产生重大影响的图书。本书得以顺利出版，得到了群众出版社的大力支持和帮助，感谢群众出版社的领导，特别感谢友情已绵延多年并引以为傲的老朋友刘灿，感谢白玉生、责任编辑和许许多多相关工作人员高质量的工作，感谢你们！

谨以此书献给已走过四十年历程的法制日报社，献给共同为中国法治建设事业不懈奋斗的法治传媒界，献给所有胸怀理想的法治传媒人——为了曾经的光荣与梦想，法治传媒人永远在路上。

张　亚

2020 年 1 月 15 日